놀이지도

PLAY IN EARLY CHILDHOOD EDUCATION

놀이지도

하연희·문정주·황은희·이성한·한현지 공저

동문사

머리말

아이들은 놀면서 성장한다. 아이들 자체가 놀이이며 잘 노는 아이가 건강하게 자란다. 유아기에 건강한 놀이경험은 성장한 후에도 긍정적인 영향을 미치며 성인이 되었을 때 좋은 추억을 줌과 동시에 문제를 해결하고 극복할 자원을 제공한다. 인간의 발달에 놀이는 필수적인 요소이며 유아기에 많은 놀이경험을 쌓아야 한다는 것은 아무리 강조해도 지나침이 없다. 뿐만 아니라 놀이가 유아의 성장에 중요한 영향을 미친다는 사실은 오늘날까지 많은 학자들에 의해 강조되어 왔다. 그러나 현재 우리는 주변에서 뛰어노는 아이들의 모습을 보기 힘든 시대를 살아가고 있다. 이러한 시대적 상황을 우려하여 유아교육에서는 변화의 바람이 불고 있으며, 교육부 또한 2019년 누리과정을 개정하여 유아중심·놀이중심의 교육과정이 현재 유아교육현장에 적용되고 있다.

본 저서는 유아가 자발적으로 주도하는 진정한 놀이를 지원하기 위해 선행연구들을 기초로 이론적 이해를 도모하고, 현장의 이야기를 담아 실제적 적용을 돕고자 하였다. PART 1에는 놀이를 이해하기 위해 놀이의 개념과 중요성, 놀이 이론, 놀이의 역사, 놀이와 발달을 선행 연구들을 통해 소개하였으며, PART 2에서는 놀이와 주변을 이해하기 위해 놀이에 영향을 미치는 요인과 놀이와 문제행동, 놀이와 관계성, 놀이와 반성적 사고를 중심으로 소개하였다. PART 3에서는 놀이의 실제를 이해하기 위해 현장의 이야기를 중심으로 교육과정을 기반으로 한 놀이지원, 계절놀이, 흥미놀이, 전통놀이, 바깥놀이, 놀이 궁금증을 중심으로 소개하였다.

'나는 선생님으로서 어떠한 역할을 해야 하는 것인가?'라는 물음과 함께 아이들의 놀이를 고민하며 유아교육현장에서 다양한 놀이 속 아이들의 마음을 이해하려 노력하는 마음을 담아 유아교육현장의 이야기들을 담아내고자 노력하였다. 코로나-19 상황과 4차 산업혁명으로 변화되는 놀이 문화를 접하면서 아이들의 놀이가 어떻게 변하고 있으며, 개정 누리과정을 통하여 점점 더 다양해지는 놀이 속에서 아이들이 말하는 것을 교사는 가슴으로 아이의 마음을 느껴야 한다. 유아교육현장에서 놀이를 어려워하고 힘들어하는 아이들이 친구들과 놀이하며 변화되는 모습을 볼 때 다시금 놀이의 긍정적인 힘을 느끼게 된다. 이를 통하여 영유아의 관계성이 확장되고 또래, 교사, 가족들과의 관계 회복도 일어남을 보면서 놀이의 소중함을 다시금 느끼게 된다.

유아교육현장에서 교사들이 관찰일지와 보육·교육일지가 기록을 위한 놀이평가로 생각하는 것이 아니라 반성적 사고를 통해 영유아들을 관찰하고, 이를 바탕으로 교사가 놀이와 놀이를 연결하는 지혜를 가진다면 우리 아이들의 놀이를 지지하는 든든한 지원자의 역할을 잘 감당할 수 있을 것이다.

개정된 교육과정을 몸에 익히기까지 생각의 틀을 깨는 것은 쉽지 않으며, 이는 교사뿐 아니라 아이들도 마찬가지일 것이다. 교사주도에 익숙해진 아이들은 스스로 놀이하기까지 많은 시간이 걸리고 교사도 주도권을 내려놓기까지 적지 않은 시간이 걸린다. 그렇게 새로운 교육과정을 조금씩 익혀가면서 관계의 어려움이 해소되고, 아이의 있는 모습 그대로를 인정하게 되고 존중하게 되는 변화의 경험들을 본 저서를 통해 나누고자 하였다.

이 책을 통하여 영유아의 입장에서 놀이를 생각하고 영유아의 문화적 환경에도 관심을 가지며, 아이들의 놀이의 삶속으로 문을 두드리며 들어가려고 노력하는 선생님들과 예비선생님들에게 도움이 되기를 바란다.

끝으로 지혜와 노력의 열매를 허락하신 하나님의 은혜에 감사드리며, 아이들과 함께 즐겁게 놀이해 주신 제일어린이집 선생님들께도 감사드리고, 또한 출간을 허락해 주신 동문사 이중수 사장님과 직원 분들께 진심으로 감사의 말씀을 드린다.

2021년 8월
변화의 바람으로
저자 일동

Contents

차 례

PART 02

놀이와 주변

PART 03

놀이의 실제

P/A/R/T

01

놀이의 이해

● 1장 생각 열기 ●

놀이가 무엇일까요?

놀이가 왜 필요할까요?

CHAPTER

01 놀이의 개념과 중요성

생각하기

- 놀이의 개념과 정의를 이해한다.
- 놀이의 특성과 구성요소를 탐색한다.
- 놀이의 필요성을 설명할 수 있다.

유아와 놀이는 분리하여 생각할 수 없으며 유아들은 잘 놀아야 건강하게 자라고 아이답다. 유아는 온몸의 감각과 기억으로 자연과 세상을 만나고 놀이는 유아의 삶 자체이다. 놀이는 유아의 일상에서 자연스럽게 나타나며 유아가 세상을 경험하고 배워 가는 방식이다. 유아는 놀이의 과정을 통해 배우고 놀이하며 다른 사람과 관계를 맺고 사회의 구성원으로 성장해 간다.

그러나 현대사회에서 유아들은 진정한 놀이의 즐거움을 느끼기 힘든 생활을 하고 있다. 삼삼오오 모여 동네 놀이터나 공터, 골목 어귀에서 또래 친구나 손위, 손아래 이웃아이들과 어울려 노는 모습을 찾아보기 힘든 시대이다. 유아들은 유아교육기관이나 학원, 집안에서 생활하며 놀이한다. 이에 교육부는 유아의 놀이에 귀 기울이며 유아가 중심이 되고 놀이가 살아나는 유아교육과정을 만들고자 2019년 누리과정을 개정하였다.

이제는 놀이를 바라보는 시각을 점검하고 유아들에게 잃어버린 놀이를 되찾아 주어야 한다.

이러한 관점에서 놀이에 대한 정의와 개념을 알아보고, 놀이의 특성과 필요성을 살펴봄으로써 놀이에 대한 기초적인 이해를 돕고자 한다.

1. 놀이의 개념

놀이에 대한 개념은 고대 희랍어의 플라톤(Platon) 이래로 최근까지 많은 사상가와 교육학자에 의해 다양하게 조명되어 왔다. 플라톤은 놀이를 제천의식에서 비롯된 것으로 보고 놀이와 삶을 동일시했으며 코메니우스(Comenius)는 놀이의 중요성을 강조하며 자발적인 참여로 즐거움을 주는 것이 놀이라고 하였다.

Fröbel은 인간의 가장 순수한 정신적 활동이 놀이라고 정의했으며 Issacs은 놀이가 아동의 삶 자체인 동시에 이 세상을 이해하는 수단이라고 정의했다. Robin은 놀이는 문제해결력, 협동, 도구사용기술, 창조성, 언어발달 통찰력, 성역할, 문화의 전승 등 사회, 도덕, 인지발달에 공헌하는 마술상자라고 보았다. Dewey는 어떤 결과를 얻기 위해 의도적으로 하는 것이 아니라 모든 활동에 강조를 두는 것이 놀이라고 하였다. 이처럼 여러 학자들은 다양하게 놀이의 정의에 대해 언급하고 있다.

현대에 이르러 놀이는 활동 자체가 즐거움과 만족을 주고 자발적으로 행해지는 일반적인 어떤 목적이나 목표와 독립된 활동(두산백과, 2021)이라 정의하고 있으나 이 정의 또한 놀이의 완벽한 개념적 정의라 할 수는 없다. 놀이는 사람, 상황, 여러 환경적 맥락 속에서 다양한 의미를 나타내고, 놀이를 하는 사람의 개인적 경험으로 인해 주관적 해석이 반영되기 때문에 추상적이며 광범위하다고 할 수 있다. 그러므로 놀이는 어떤 활동으로 정의하기보다는 놀이하는 사람의 마음과 상태에 의해 의미있는 태도 또는 행동이라 말할 수 있다.

놀이(play)의 개념을 이해하고 정의내리기 위해서는 놀이와 관련된 세 가지 행동인 탐색(exploration), 모방(imitation), 일(work)과 같은 용어와 비교하며 구분

지어 볼 필요가 있다.

1) 탐색과 놀이

탐색은 시기적으로 볼 때 놀이 이전에 나타나는 활동이며 의도적으로 새로운 물체에 대한 정보를 탐색하기 위한 행동이다.

탐색활동을 하는 유아는 자신에게 새로운 물체가 주어졌을 때 처음 보는 물체의 특성이 무엇일까(What does this object do?)를 생각하며 그 물체가 지니는 다양한 속성에 대해 알고자 한다. 반면 놀이활동에서는 유아는 이미 특정 물체의 특성에 대해 알고 있기에 이 물건을 갖고 무엇을 할까(What can I do this object?)를 생각하고 연관 행동을 한다(Hutt, 1971).

탐색과 놀이는 모두 내적으로 동기화된 행동으로 외적 목표를 추구하지 않는다는 점에서 유사하여 놀이와 탐색은 유사한 개념으로 사용되기도 한다. 그러나 탐색은 사고적인 측면인 반면, 놀이는 행동적인 측면이라 볼 수 있다. 최근 연구들은 놀이는 사물에 대한 정보를 얻어내려는 시도와 관계없이 자극발생과 관련이 있으며 유아의 필요와 욕구에 의해 좌우된다고 한다(김수영, 김수임, 정정희, 2017). 이러한 최근 연구들에 의한 탐색과 놀이의 차이점을 요약하면 다음과 같다.

표 1-1 탐색과 놀이 비교

구분	탐색	놀이
발생시간	놀이 전	탐색 다음
상황	새로운 사물	친숙한 사물
목적	사물에 대한 정보 수집	자극의 창출
행동	정형화된 행동	다양한 행동
분위기	심각함	즐거움
심장박동	낮음	높음

출처: 김수영 외(2017). 저자 일부 수정

2) 모방과 놀이

모방과 놀이의 차이에 대해 Piaget는 동화와 조절을 들어 설명하였다. 모방은 조절이 동화에 선행할 때 발생하고 반면 놀이는 동화가 조절보다 우의를 차지할 때 발생한다. 모방할 때 유아는 자신을 외적 실제에 맞추기 위해 순응한다. 놀이할 때 유아는 현실을 자신의 바람, 요구, 인지적 도식에 맞추려고 한다. 예를 들면 유아가 빈 컵을 들고 물을 마시는 모방 행동을 할 수도 있고, 컵을 들고 인형에게 음료를 주는 즉, 컵을 활용하여 다른 용도 또는 의도를 가지고 활용하는 놀이를 할 수도 있다.

탐색과 놀이의 관계와 유사하게 모방과 놀이 역시 행동상 구별이 되기도 하나 그 차이점을 구분하기는 힘들다. 모방은 창조나 변형이 부족하나 진정한 놀이는 새로운 아이디어, 생각, 행동 등이 함께 일어난다. 즉, 단순히 경험을 따라 한 것과는 다른 유아가 활발하게 재료를 재가공하고 자신의 내면 또는 외부로부터 경험하는 것과 다른 새로운 것을 창조하며 집중할 때 진정한 놀이를 한다고 할 수 있으며 이를 통해 인지적 정서적 발달이 도모된다.

표 1-2 모방과 놀이 비교

구분	모방	놀이
인식	조절 > 동화	조절 < 동화
특성	변형, 생산성 부족	재가공, 창조성

3) 일과 놀이

놀이는 노동과 구별되는 비효용적, 비생산적인 여분의 행동이고 행동자체의 즐거움을 위한 자유롭고 자발적인 행동이다. 놀이를 의도적인 교육활동으로 활용해야 한다고 주장한 대표적인 학자는 프뢰벨이다. 프뢰벨은 놀이는 유아의 내적 세계를 스스로 표현한 것이며, 자기의 내적 본질의 요구에 의해서 내계를 외계에 표현한 것이라고 했다.

일과 놀이는 유아나 성인 모두에게 통합되어 명확하게 구분하기가 어렵다. 놀이는 재미 있고 어떤 목표도 없으며 능동적이고 자발적으로 이루어지는 활동으로 스스로 시작하고 집중하며 마친다. 반면 일은 수동적이며 강요적이고 단조롭고 힘들며 외부로부터 부과된 목표를 달성하기 위해 이루어지는 활동으로 타인에 의해 시작되며 마무리된다. 그러나 이렇게 상반되는 특성을 가지는 일과 놀이도 명확하게 구별하기보다 놀이에 가까운 활동, 일에 가까운 활동으로 설명하며 연속선상에 있다고 볼 수 있다. Dewey도 놀이와 일은 혼돈, 놀이, 일, 고역(하기 싫은 일)의 4개 지점을 가진 연속체라고 주장하고 있다.

표 1-3 일과 놀이 비교

구분	일	⟷	놀이
활동의 특성	• 교사가 지시하고 교사가 계획한 활동 • 연필과 종이를 필요로 하는 활동 • 때때로 조용함 요구 • 결과 중심적 • 끝맺음을 요구함	• 교사가 계획하지만 탐구학습이나 창의성을 수용하는 활동 • 주의집중을 요구하는 자기선택적 활동 • 규칙이 포함된 게임과 읽기, 쓰기, 셈하기 활동	• 자유롭게 놀잇감 선택 • 조작적이거나 다른 놀잇감 포함 • 조용함 요구하지 않음 • 과정중심적 • 끝맺음 필요 없음
아동의 참여	• 아동의 주의집중과 인지적인 활동 요구 • 비활동적 • 때때로 또래와 상호작용 • 때때로 즐거움	• 교사의 의도가 있지만 아동에 더 많은 선택권 주어짐 • 또래와 자유롭게 상호작용 • 대체적으로 즐거움	• 아동의 의도 중요(주의집중이나 인지적 요구 없음) • 신체적 활동 많음 • 또래와 자유롭게 상호작용 • 늘 즐거움
교사의 참여	• 교사의 기대와 의도 많음 • 교사가 결과 평가	• 일반적으로 교사가 결과 평가	• 교사의 기대 거의 없음 • 교사의 평가 거의 없음

출처: 김수영 외(2017). 저자 일부 수정

4) 놀이의 정의

놀이에 대한 정의를 내리기는 매우 어렵다. 놀이는 추상적이며 유동적이고 복합적인 의미를 가지고 있기 때문이다.

오늘날 가장 보편적으로 사용되고 있는 놀이에 대한 정의는 Rubin, Fein, Vandenberg(1983)이 밝히고 있는 놀이가 지니는 특성을 중심으로 한 놀이 정의이다.

첫째, 놀이는 내적으로 동기유발이 된다. 놀이는 개인 내부에서 동기화되는 활동으로 유아는 놀고 싶은 마음이 생겨서 놀이를 한다.

둘째, 놀이는 과정이 중요하다. 놀이의 특성 중 하나는 결과지향이 아니고 과정을 중요하게 여긴다는 점이다. 놀이에 참여하는 유아에게는 놀이과정이 중요하며 놀이를 통하여 달성하여야 할 목표가 있는 것이 아니기에 결과 지향적이라기보다 과정 지향적이라 할 수 있다.

셋째, 놀이는 비문자적이다. 놀이에서 유아는 일상에서 벗어나 상상의 나래를 펼 수 있다. 자신이 다른 인물이 될 수 있으며 물체나 상황을 다른 물체나 상황으로 대체할 수 있다. 놀이의 틀 안에서는 특정물체를 지칭하는 문자가 지니는 의미에서 분리될 수 있기에 비문자적이라 할 수 있다.

넷째, 놀이는 자유롭게 선택되어진다. 놀이에 참여하는 유아는 외부의 강요에 의하지 않고 자신이 놀고 싶은 영역, 놀이친구, 놀이 주제 등을 자유롭게 선택할 수 있다.

다섯째, 놀이는 즐거움이다. 유아들은 놀이경험을 즐거워한다. 놀이를 하는 유아를 관찰해 보면 그들에게서 기쁨과 즐거움 등의 긍정적인 감정을 느낄 수 있다.

이 외에 최근 Pellegrini(2009)는 놀이를 정의하고 놀이와 놀이가 아닌 것을 구분하기 위하여 판단하는 기준을 구조적, 기능적, 원인적인 것의 세 가지 유형으로 제시하였다.

구조적 기준은 근육과 신체움직임에 근거한 동물행동학자들적 접근으로 놀이라고 판단하는 신체적 특징으로는 놀이 얼굴, 약하게 치기, 번갈아 하기, 달리기, 점프하기, 불완전하거나 순서가 뒤바뀐 기능적 행동 등을 포함한다.

기능적 기준에 의하면, 어떤 행동이 기능적인 행동과 비슷하지만 원래의 목적을 수행하는 것이 아닐 때 놀이라고 한다. 예를 들면, 소꿉놀이나 싸움놀이같이 실제와 유사하지만 요리를 만들어 내거나 싸움에서 어떠한 결과를 획득하는 것이 목적이 아닌 것이다. 어떤 놀이를 하는 것이 유아동기에는 별다른 기능이 없으나 성인기에 필요한 기술을 연습하는 것으로서의 결과로 이어질 수도 있는데 이를 연기된 기능이라 한다. 반면 활발한 신체활동을 하는 놀이가 심혈관계 건강을 증진하는 효과를 가져오는 즉각적인 기능도 있다.

원인적 기준은 놀이 행동이 나타난 맥락이나 놀이 행동을 일으킨 동기 같은 놀이발생의 선행조건을 말한다. 놀이가 배고프거나 위험한 상황보다는 풍요롭고 안전한 환경에서 많이 나타나는 것을 들 수 있다.

위 세 조건을 포함하여 Burghardt(2005)는 5가지 기준을 제시하였다.

- 놀이는 행동의 형태나 행동하는 맥락이 지능적이지 않음
- 놀이는 자발적이며 다른 목적 없이 그 자체를 위해서 함
- 놀이는 순서, 완성도, 과장됨에 있어 실제행동과 다름
- 놀이는 반복적으로 행해짐
- 놀이는 적절히 영양공급을 받고, 건강하며, 안전할 때 함

위와 같은 다양한 정의들을 요약하면, 놀이는 내재적 동기에 의해 발생하는 행동으로 놀이 그 자체가 목적이며 가상적이고 현실적으로 수행되는 행동과는 다른 형태로 나타날 수 있으며 안전한 환경에서 이루어지는 행동이라고 정의할 수 있다.

2. 놀이의 특성

1) 놀이의 특성

놀이의 특성상 다원적인 측면이 많기 때문에 세세한 분류나 개념적 정의가 필요 없다고 여길 수 있지만, 그럼에도 불구하고 놀이를 해석하기 위해서 놀이에 대한 특성을 이해하는 다양한 시선을 가지는 것이 적절하다.

놀이를 연구한 다양한 학자들은 공통적으로 즐거움, 자발성, 능동성, 상징성, 비실체성, 과정지향성, 자유로움 등을 놀이의 특성으로 설명한다. 또한 이와 같은 특성을 가진 놀이는 삶의 질을 향상시키는 역할을 하며, 신체적·인지적 발달을 돕는 수단이 되기도 한다(우혜민, 2020; 유한나, 엄정애, 2014).

Levy(1978)는 놀이행동의 특성으로 내적동기(intrinsic motivation), 현실의 유보(suspension of reality), 내적통제신념(internal locus of control)의 세 가지를 지적하였다.

내적동기란 행동의 결과에 의해서 만족을 얻는 외적동기와는 달리 행동자체에서 만족을 얻는 것을 말한다. 내적으로 동기화된 유아는 자아의식과 일치되어 자신의 행동을 인식하지 않고 활동에 완전히 빠져들게 된다.

현실의 유보란 놀이 중에 현실이 잠시 동안 정지되어 유아가 현실적 자아를 떠나서 환상적 자아, 상상적 자아로 변신할 수 있다. 이러한 특성 때문에 유아는 놀이세계에서 현실에 얽매이지 않고 자유롭게 다양한 탐색과 경험을 할 수 있다.

또한 놀이를 하는 유아는 운명에 대하여 자기 자신이 얼마간의 책임과 통제권을 갖고 있다고 믿는 내적통제를 하는 특징이 있다. 내적 통제자는 자신에게 책임과 통제권이 있다고 믿음으로써 외부요인의 영향력에 의존하는 사람보다 인생 전반에 만족할 수 있으며 여가나 일에 만족하게 된다고 한다.

이숙재(2008)는 여러 선행연구자들의 의견을 종합하여 놀이의 특성을 여섯 가지로 정리하였다.

첫째, 긍정적 정서이다. 놀이는 유아에게 기쁨과 즐거움을 준다. 유아들은 배가 고프거나 놀이기구에 올라가는 것이 두려운 상황에서도 놀이를 계속하는 것은 놀이를 통해 느끼는 즐거움 때문이다. 놀이를 하면서 때때로 부정적인 정서가 표현되기도 하지만 놀이 행동 시 가장 지배적인 정서표현은 흥미와 기쁨이다.

둘째, 놀이는 비사실적이다. 놀이에는 가작화 요소(as-if-element)가 내포되어서 실제의 자기가 아닌 또는 실제의 사물이 아닌 '~인 척' 하는 놀이가 많다.

셋째, 내적동기이다. 놀이는 내적으로 동기화된 자연스럽고 자발적인 행동이다. 자발적으로 놀이에 참여함으로써 유아는 놀이를 스스로 시작하고 능동적으로 한다.

넷째, 자유선택이다. 놀이에서 유아의 자유선택은 중요한 요소이다. 유아들은 스스로 선택한 활동만을 놀이로 생각하며 다른 사람이 지시한 활동은 일로 인지한다.

다섯째, 과정중심이다. 놀이는 결과보다는 과정 중심적이다. 유아는 놀이 후의 결과보다는 놀이과정에서 만족을 얻는다. 또한 놀이결과에 대한 부담이 없으므로 놀이를 하면서 다양한 변화를 마음껏 시도해 볼 수 있어 결과 중심적인 활동보다 융통적이다.

여섯째, 내부에서 부여된 규칙이다. 놀이는 외부에서 부과된 구속을 거의 받지 않는다. 놀이에 필요한 규칙은 대부분 놀이자들이 함께 정한다. 유아들은 규칙 있는 게임을 할 때에도 정해진 규칙을 따르기보다 참여자들이 협의해서 새로운 게임규칙을 만드는 경우가 많다.

이를 종합하면, 놀이를 구분하고 특징짓는 데는 자유선택, 내적동기, 과정지향적, 현실유보, 긍정적 감정 등의 본질적인 특성이 포함되어야 한다.

2) 놀이의 구성요소

놀이를 정의하고 그 경계를 확실히 구분짓고 그 특성을 이해하기란 쉬운 일이 아니다. 이에 Eberle(2009)는 놀이할 때 거치게 되는 6단계 과정을 제시하며 이를 놀이의 기본구성요소라고 하였다.

- 기대: 놀이는 기대로부터 시작된다. 놀이가 시작되는 순간까지 놀이를 즐거운 마음으로 기다리며 마음의 준비를 한다. 이 단계에서는 호기심이 발동하고 즐거움이 시작된다.
- 놀라움: 기대 다음 단계는 놀라움이다. 일상적인 생각에서 벗어나 새로운 아이디어가 도출되고 이런 뜻밖의 상황에서 놀라고 즐거움을 경험한다. 놀이에서 놀라움은 보상의 하나이며 이를 통해 즐거움을 느낀다.
- 기쁨: 기쁨은 놀이의 중심이라 할 수 있다. 놀이할 때 기쁨은 기대, 놀라움, 이해, 힘, 침착함과 함께 경험한다. 재미가 없으면 놀이가 아닌 것이다.
- 이해: 놀이를 하는 과정에서 이해가 나타난다. 놀이는 공감능력과 통찰력을 길러줌으로써 정서적, 지적 발달을 돕는다. 공감과 지식이라는 두 유형의 이해는 놀이로부터 길러지고 이것으로 놀이는 더욱 확장된다.
- 힘: 유아는 놀이하면서 경험하는 숙달과 통제의 형태로 힘을 얻게 된다. 놀이는 신체적 기술을 연마할 수 있는 기회이며 정신적 능력을 연마하게 하고 사회적 역량에 대한 통찰을 심화시킨다.
- 침착함: 침착함은 삶에서의 균형 감각을 말하는데, 놀이하면서 힘을 얻게 되면 이 마지막 구성요소인 침착함에 이르게 된다. 놀이하면서 존엄성, 우아함, 평정, 안락, 재치, 실현, 자유의지를 경험하며 이것이 바로 보상인 것이다.

즉, 놀이를 하는 것은 신체를 단련하여 정신적으로 도움을 줌으로써 신체적, 지적, 정서적, 사회적 측면의 발달을 도모한다.

3. 놀이의 중요성

1) 발달적인 측면에서 놀이의 가치

놀이는 유아의 기본적 권리 중 하나로 유아의 건강한 전인적 발달에 필수 불가결한 요소이다. 유아는 놀이를 통해 의사표현을 하며 자신의 역할을 이해하고 사회를 배워간다. 놀이는 감정의 표출구이며 정서적 갈등을 해소하고 즐거움과 평안을 제공해 준다. 놀이를 통해 새로운 환경을 탐색하며 주변을 이해하고 성장해 간다. 이렇듯 놀이는 유아의 발달적인 측면에서 매우 중요하며 필요한 것이므로 정리하면 다음과 같다.

- 놀이를 통하여 신체발달을 이룰 수 있다.
- 놀이는 언어능력을 길러준다.
- 놀이를 통하여 치료적인 효과를 기대할 수 있다.
- 놀이는 자신의 욕구와 소망을 표현해 볼 기회를 제공한다.
- 놀이를 통하여 학습효과를 높일 수 있다.
- 놀이는 창의력 및 사회적 능력을 촉진시킨다.
- 놀이는 바람직한 성격특성을 발달시킨다.
- 놀이를 통하여 어린이의 전반적 발달수준을 평가할 수 있다.

2) 교육적인 측면에서 놀이의 가치

유아들에게 놀이는 교육적 가치를 지닌다. 유아는 놀이에 자발적으로 참여하여 놀이의 모든 과정을 배움과 연결시킨다. 표면적으로는 단순한 유희로 보일지라도 그 내면의 과정은 의사소통을 통한 언어발달, 움직임을 통한 신체 발달, 관계 맺음과 문제 해결을 통한 사회·정서적 발달, 창의적 사고 등 자연스럽게 배움을 찾아간다(윤경욱, 2020). 유아는 놀이를 통해 주변 세계를 이해하고, 스스로 지식을 구성해간다. 또한 놀이의 재미를 통해 주체적이고 능동적인 유아로 자라며, 유아 스스로 구성해가는 교육과정으로서 놀이의 의미를 발견할 수 있다(김순환, 오현주, 2019). 즉, 놀이는 유아의 생활이자 학습의 기본 형식이라 할 수 있다. 특히 유아교육에서의 놀이는 가장 적절한 교육 방법이며, 유아교육이 다른 교육과 구별되는 가장 큰 특징 중 하나이다(임부연, 손연주, 2019).

Frank, Theresa, & Caplan은 놀이의 가치를 열네 가지로 제시하였다(이영석 1998).

① 성장을 돕는다.
② 활동에 자유를 준다.
③ 유아가 극복해야 할 상상의 세계를 제공한다.
④ 탐구적 요소를 지닌다.
⑤ 언어학습의 기초를 제공한다.
⑥ 대인관계를 구축하는 독특한 힘을 지닌다.
⑦ 유아에게 신체적 완성감의 기회를 제공한다.
⑧ 호기심과 주의집중력을 조장한다.
⑨ 유아로 하여금 물질의 세계를 탐구하게 한다.
⑩ 성인의 역할을 학습하게 한다.
⑪ 역동적 학습의 방법이 되게 한다.
⑫ 유아의 판단력을 길러 준다.
⑬ 지식의 구성을 가능하게 한다.
⑭ 생활을 윤택하게 한다.

박정옥, 김미량, 김수희(2017)는 놀이와 교육과정의 연계에서 얻는 교육적 장점을 5가지로 제시하였다.

① **긍정적 정서**: 놀이의 가장 대표적인 특징은 재미있고 즐겁다는 것이다. 놀이와 교육적 활동이 통합되면서 나타나는 즐거운 감정은 학습에 대한 긍정적인 태도를 증진시킨다. 즉, 학문적 기술과 내용이 놀이와 통

합될 때 놀이에서 수반되는 즐거운 감정이 교육과 연결된다.

② 생래적 동기화: 놀이는 교육적 활동에 참여하는 동기도 제공해 준다. 유아의 놀이를 강화하거나 보상할 필요가 없는 것처럼 놀이의 생래적 동기화의 특성은 '읽기'나 '쓰기'와 같은 교육적 활동이 매우 흥미 있고 내적으로 동기화할 수 있게 도와준다.

③ 가작화를 통한 현실 적용: 놀이의 가작화 요소는 학문적 활동이 유아에게 의미 있고 중요한 활동이 되게 한다. 놀이의 가작화 상황에서 나타난 유아의 인식은 현실에서도 적용하여 사용할 수 있다.

④ 과정지향적: 유아가 놀이를 하면 초점은 활동의 목적이나 결과보다는 활동 그 자체에 있게 된다. 이러한 놀이의 특징은 유아에게 새롭고 어려운 도전에 대한 시도 및 노력을 격려하는, 위험 부담이 적은 환경을 제공한다. 그래서 놀이는 새로운 학습에 도전하는 자극을 제공한다.

⑤ 다양한 학습 기회 제공: 놀이 중심 학습은 유아에게 다양한 기술과 개념을 학습할 수 있는 기회를 제공한다. 덧붙여 놀이는 유아들이 이러한 기술을 배울 수 있는 다차원적 방법을 제공해 준다.

3) 치료적인 측면에서 놀이의 가치

놀이는 치료적 가치도 가지고 있다. Schaefer & Drewes(2013)는 놀이가 지닌 치료적인 힘 20가지를 제시하였다. 크게 나누어 보면 의사소통 촉진, 정서적 건강 증진, 사회적 기술 증진, 개인적 힘의 증강이다. 의사소통 촉진과 관련된 놀이의 치료적 힘으로는 자기표현, 무의식으로의 접근, 직접적 가르치기, 간접적 가르치기가 있고, 정서적 건강 증진과 관련된 것으로는 카타르시스, 정화, 긍정정서, 두려움 역조건화, 스트레스 면역, 스트레스 관리가 있다. 그리고 사회적 기술 증진 관련된 것으로는 치료적 관계, 애착, 사회적 능력, 공감이 있고, 개인적 힘 증강 관련된 것으로는 창의적 문제해결, 회복탄력성, 도덕 발달, 가속화된 심리적 발달, 자기조절, 자아존중감을 확인했다고 기술하였다. 놀이의 치료적 힘을 각각 설명하면 다음과 같다.

(1) 의사소통 촉진

① 자기표현

아동은 언어로 하는 것보다 놀이하면서 자신의 생각과 감정을 더 잘 표현한다. 놀이에서 이루어지는 간접적 표현을 통해 아동은 자신에게 문제가 되는 감정과 기억을 인식할 수 있고 치유를 시작할 수 있다.

② 무의식으로의 접근

적절한 놀잇감과 안전한 환경이 주어지면 아동은 무의식적 갈등을 드러낼 수 있다.

즉, 놀이는 무의식의 소망과 충동을 놀이행동으로 전환할 수 있게 하여 의식으로 통합할 수 있게 한다. 놀이는 안전하고 상징적인 영역에서 무의식적인 경험이나 감정을 재인하게 함으로써 의식화할 수 있게 하여 자신이 할 행동을 의식적으로 선택하고 결정할 수 있게 한다.

③ 직접적 가르침

놀이는 지식이나 기술의 부족을 극복할 수 있게 직접적인 가르침을 준다. 손인형극이나 역할놀이, 게임, 환상놀이 등을 통해 배운 것은 아동이 더 잘 기억할 수 있고 배움에 대한 동기부여를 하며 아동이 자신의 문제에 대한 해결방법을 배우게 한다. 이를 통해 아동이 겪고 있는 어려움을 해결할 수 있는 방법을 익혀서 실제 상황에 적용함으로써 치료적 효과를 얻을 수 있다.

④ 간접적 가르침

놀이를 통해 간접적 가르침을 받는 것도 치료적 효과를 지닌다. 이야기 만들기 활동은 아동이 자신의 문제를 직접적으로 직면하게 하는 방법보다 정서적 각성을 약하게 일으키며 아동이 파편적인 기억과 경험을 짜임새 있고 의미 있는 이야기로 조직화할 수 있게 하여 치료적 효과를 얻게 한다.

(2) 정서적 건강 증진

① 카타르시스

카타르시스는 과거 사건에 의해 발생되었으나 제대로 경험된 적 없이 억압되었거나 무시되었던 깊은 감정을 표출하는 것이다. 놀이에서 소리치거나 풍선 터뜨리기, 찰흙폭탄 던지기, 펀칭백 치기 같은 활동을 하게 되면 억제되어 있었거나 방해받았던 부정적 감정을 표출할 수 있게 되고 이것이 카타르시스를 경험하게 하여 치료적 효과를 얻을 수 있다. 놀이에서 발생하는 긍정적 감정은 표출되는 부정적 감정과 균형을 맞추어 심리적 안정을 이루는 데 도움이 된다.

② 해제

해제는 과거 경험에 관련된 과도한 정서를 제거하기 위해 재경험하는 것으로서 카타르시스의 일종이다. 재경험은 억압됐던 사건을 의식화하게도 한다. 따라서 해제를 통하여 통제할 수 없었던 과거 경험을 이해하게 될 수 있다. 아동은 놀이를 하면서 스트레스나 트라우마 경험을 재연하고 그런 경험에 대한 통제감을 얻는다. 놀이하면서 재연을 반복하게 되면 그러한 사건과 관련된 생각과 감정을 점차 이해하고 극복해 갈 수 있다.

③ 긍정적 정서

놀이를 하는 동안 아동은 긴장이나 침울한 감정을 덜 느끼게 된다. 즐거운 활동을 하게 되면 안녕감이 높아지고 걱정이나 괴로움은 줄어들 수 있다.

놀이와 놀이성은 긍정적 정서를 유발하여 불안이나 우울 같은 부정적 정서에 해독제로서 기능한다고 할 수 있다.

④ 두려움 역조건화

어떤 자극과 관련되어 발생하는 부정적 감정을 상반되는 긍정적 감정으로 대체하는 역조건화가 놀이를 통해 이루어질 수 있다. 두려움이나 불안과 함께 나타날 수 없는 긍정적 반응을 두려움이나 불안을 유발하는 자극과 연결시키는 조건화가 이루어질 수 있는 놀이를 한다면 두려움이나 불안은 없어지고 긍정적 반응으로 대체될 수 있다. 예를 들면, 어두움에 대한 두려움이 있는 아동이 어두운 방에서 숨바꼭질놀이를 하며 즐거움을 경험할 수 있으면 어두움에 대한 두려움을 극복하는 데 도움을 준다.

⑤ 스트레스 면역

앞으로 발생할 스트레스 상황을 사전에 놀이로 표현하는 것은 정신적으로 미리 연습을 해보는 것으로서 실제 그 일을 겪으면서 생기는 스트레스에 더 잘 대처할 수 있게 한다.

⑥ 스트레스 관리

자유롭게 하는 놀이는 자신만의 방법으로 스트레스 수준을 낮출 수 있게 한다. 놀이는 스트레스 호르몬 수치를 감소시키고 면역기능을 향상시킨다.

(3) 사회적 기술 증진

① 치료적 관계

인간은 서로 연결되어 관계 속에서 살아간다. 관계는 인간의 생존에 필수적인 것이다. 신뢰할 수 있는 건강한 관계는 서로 바라보고 웃고 터치하고 속삭이는 등 여러 가지 형태의 즐거운 상호작용을 통해 형성되고 발전한다. 놀이도 그런 상호작용 중 하나다. 놀이는 아동이 부모와 건강한 관계를 형성할 수 있게 하는 환경 조건으로서 치료적 힘을 갖는다.

② 애착

놀이는 안정적 애착을 형성하는 데 필수적인 요소이다. 부모와 아동은 즐거운 놀이 상호작용을 하면서 정서적 유대를 돈독하게 형성한다. 영아기에 형성된 애착은 아동의 뇌가 보다 정교한 신경연결과 보조경로를 구축하여 사고-정서-행동 간 조절, 자기조절 능력, 사회적 유능성 등을 발달시키는 데 중요한 역할을 한다. 그런데 이렇게 중요한 애착의 형성 과정에서 부모와 아동의 놀이 상호작용이 필수이므로 놀이는 애착과 관련해서도 치료적 힘을 갖는다고 할 수 있다.

③ 사회적 능력

의사소통, 충동조절, 상호성, 감정인식과 조절 등 사회적 기술을 습득하고 활용하는 사회적 능력은 일생동안 사회적인 존재로서 살아가는 데 필요한 능력이다. 놀이는 아동이 사회적 기술을 배우고 연습하는 주요 환경으로서 이런 기술의 부족으로 적응이 어려운 아동이 적절한 놀이를 통해 사회적 능력을 발달시켜서 적응상의 문제를 줄여 나갈 수 있다.

(4) 개인적인 힘 증강

① 창의적 문제해결

아동은 놀이를 통해 문제를 해결한다. 놀이를 하면서 여러 가지 가능성을 상상하고 문제를 해결할 수 있는 방법들을 생각해 보고 연습할 수도 있다. 놀이는 확산적 사고를 하게 하여 창의성을 발휘하게 한다.

② 회복탄력성

놀이는 하는 사람이 원하는 대로 할 수 있으며 사전에 정해진 계획에 따라 하는 것이 아니므로 불확실하다. 따라서 놀이를 하면서 그때그때 대처해 나가야 하는 경험을 하며 아동의 대처 기술이 확장되고 문제 해결 능력이 길러질 수 있다. 놀이를 하는 것은 삶의 어려움을 이겨내고 다시 일어설 수 있는 능력인 회복탄력성을 길러준다.

③ 도덕 발달

Piaget(1965)의 주장에 따르면, 아동이 놀이하면서 자발적으로 규칙을 만들고 놀이에 적용하는 경험은 성숙한 도덕 판단 능력 발달에 필수적이다. 특히 게임놀이 경험은 규칙이라는 것의 개념을 발달시키는 데 중요하다.

④ 가속화된 심리적 발달

놀이는 인지적, 언어적, 사회적, 정서적 발달을 촉진하는 치료적 가치를 가지고 있다. 정상적인 발달을 이루고 있는 아동에게는 물론이고 학대, 방임, 트라우마, 애착장애, 자폐장애 등으로 인해 발달이 지연되거나 발달이 진행되지 않는 아동에게는 놀이의 발달 촉진 요인이 더욱 중요하다.

⑤ 자기조절

놀이를 할 때는 아동이 일상생활에서 보이는 것보다 발달적으로 수준이 높은 자기조절 능력을 필요로 한다. Barkley(1997)에 따르면 인지적 유연성이 가상놀이를 할 수 있게 하는 것인데 인지적 유연성을 발휘하며 놀이를 하는 것은 자기조절을 가능하게 한다. 특히 또래와 함께 하는 가상놀이는 여러 집행기능을 요구한다. 놀이를 계획하며 각자 맡을 역할을 정하고 거기에 맞추어 행동하며 맞지 않는 행동은 억제해야 하므로 이런 과정에서 자기

조절이 이루어지게 된다.

⑥ 자아존중감

자아존중감은 개인의 사고, 감정 행동에 모두 영향을 미치는 것으로서 정신건강상태와 관련성이 있다. 따라서 자아존중감을 긍정적으로 형성하고 낮은 자아존중감을 향상시키는 것은 아동의 적응과 건강을 위해 필요하다. 놀이는 아동이 자신을 인식하고 자신에 대한 느낌을 형성하게 되는 기회라고 할 수 있다.

실천해 봅시다

모둠별로 놀이의 개념에 대한 브레인스토밍을 해봅시다.

모둠별로 브레인스토밍 후 놀이의 구성요소에 대해 나누어 봅시다.

우리나라 아동의 놀 권리 보장을 위해 부족한 것과 개선방안을 나누어 봅시다.

MEMO

2장 생각 열기

놀이는 왜 할까요?

어떻게 하면 잘 놀 수 있을까요(인적, 물적 환경 포함)?

CHAPTER

02 놀이 이론

생각하기

- 고전적 놀이 이론의 주요 쟁점 및 주요 기능을 이해한다.
- 현대적 놀이 이론의 주요 쟁점 및 주요 기능을 이해한다.
- 각 놀이 이론에서 주장하는 놀이의 개념 및 특성을 비교한다.

유아에게 놀이는 무엇인가? 유아에게 놀이가 필요한가? 지금까지 이런 놀이의 문제에 대해 설명하려는 많은 시도가 이루어져 왔다. 놀이를 연구하는 학문분야와 바라보는 관점이 다양한 만큼 놀이 이론도 다양하다. 놀이에 대한 이론을 크게 나누어보면 19세기 말부터 20세기 초에 등장한 고전적 놀이 이론과 1920년대 이후부터 최근까지 대두되고 있는 현대적 놀이 이론으로 구분할 수 있다.

1. 고전적 놀이 이론

고전적 놀이 이론은 놀이의 생물학적 측면을 강조하였다. 고전적 놀이 이론가들은 놀이가 존재하는 이유와 놀이의 목적에 대해 설명하려고 하였다. 고전적 놀이 이론으로는 Schiller와 Spencer의 잉여에너지 이론, Lazarus와 Patrick의 휴식 이론, Groos의 연습 이론, Hall의 반복 이론을 들 수 있다.

1) 잉여에너지 이론(surplus energy theory)

잉여에너지 이론의 대표적인 학자인 Friedrich Schiller(1967)는 놀이를 '목적이 없는 행동'으로 보았다. 잉여에너지 이론은 인간은 기본적인 욕구를 충족시키기 위해 일을 하고 난 후 남은 에너지(잉여에너지)를 쓰기 위해 놀이를 한다고 주장하고 있다.

Schiller의 영향을 받은 19세기 영국의 철학자인 Herbert Spencer(1973)는 유아는 자신의 생존을 위해 일할 필요가 없으므로, 남아 있는 에너지가 많아 성인에 비해 많은 시간을 놀이를 하면서 보낼 수 있다고 하였다. 즉, 일을 함으로써 많은 에너지를 소모하는 성인들에 비해 유아들은 많은 과잉에너지를 갖게 되므로 놀이를 더 많이 하게 된다는 것이다.

그러나 잉여에너지 이론은 유아들이 피곤하고 지친 상태에서도 새롭고 흥미로운 것이 주어지면 놀이를 지속한다는 점에 대해서는 설명하지 못하고 있다.

2) 휴식 이론(recreation theory)

잉여에너지 이론과는 반대로 휴식 이론은 놀이를 에너지의 잉여가 아니라 결핍 때문이라고 본다. 독일의 시인인 Moritz Lazarus(1883)가 제안한 휴식 이론은 일에서 소모한 에너지를 재충전하는 것이 놀이의 목적이라고 주장하고 있다. 놀이는 일과 반대되는 개념으로 소모된 에너지를 회복하는 방법인 것이다.

20세기 초, Patrick(1916)은 Lazarus의 이론을 계승, 발전시켜 휴식 이론을 정립하였다. 그는 인간은 고도의 집중력을 요하는 정신적인 활동을 많이 하게 되어 쉽게 피로감을 느끼며, 이런 피로를 풀기 위해 뛰기, 달리기, 던지기 등과 같은 운동이나 레크리에이션을 하게 된다고 주장하고 있다. 즉, 인간이 활동을 함으로써 느끼는 피로를 풀기 위해 놀이를 하는 것이다. Patrick의 주장에 의하면 유아들은 피곤하여 쉬고 싶을 때 에너지의 공급을 기다리는 것이 너무 지루하기 때문에 그동안에 놀이를 하는 것이다.

그러나 휴식 이론은 일을 하지 않는 유아들이 성인에 비해 더 많은 놀이를 하는 이유와 놀이를 하지는 않고 일만 하는 성인에 대해서는 설명하지 못하고 있다.

3) 연습 이론(practice or pre-exercise theory)

연습 이론의 대표학자인 네덜란드의 철학자 Karl Gross는 그의 저서 『동물의 놀이』와 『인간의 놀이』에서 놀이는 유아기의 전유물이며, 유아기는 놀이를 위해 존재한다고 주장하였다. 놀이의 목적은 성인생활에 요구되는 생존기술을 연습하는 것이다. 유아들이 부모와 가족과 관련된 놀이활동에 참여하는 것은 성인생활에 필요한 기술을 미리 연습하는 것으로 보았다(박찬옥, 2008).

영아가 걷기 위한 기술을 익히기 위해 기기, 뒤집기, 앉기, 일어서기 등을 반복적으로 연습함으로써 불완전한 행동을 완전하게 발달시키듯이, 유아들은 놀이를 통해 미성숙한 행동을 연습하고 점차 정교하게 발달시켜 완전한 능력을 갖게 되는 것이다.

그러나 이 이론에서 주장하는 것처럼 놀이는 어른이 되기 위한 준비나 생존에 필요한 기술만을 연습하는 것이라고 하는 것은 놀이의 가능성을 크게 제한하고 축소시켰다는 비판을 받고 있다. 또한 유아가 성인기에 필요한 기술을 획득한 후에도 놀이를 계속한다는 사실에 대해서는 충분히 설명하지 못하고 있다.

4) 반복 이론(recapitulation theory)

반복 이론은 19세기 진화론자이자 미국의 심리학자인 Stanley Hall(1904)이 주장한 것으로 다윈의 진화론에 기초하고 있다. Hall은 놀이를 '문화의 반복'으로 설명하였다. 그는 유아기의 놀이과정에 인류의 진화과정이 재현되어 나타날 뿐만 아니라, 전 인류역사가 반복적으로 나타난다고 주장하였다. 즉, 놀이과정은 인간의 진화과정과 동일한 순서를 따른다는 것이다.

Glick도 놀이에서 진화론적 원리가 나타난다고 하였다. 그에 따르면, 현대 인류의 게임은 원시인의 행동을 재현한 것으로, 야구에서 달리기, 던지기, 방망이로 맞히기 등은 초기 사냥활동의 재현이라는 것이다(박찬옥, 2008).

그러나 자전거 타기, 컴퓨터 게임 등 현대 문명사회의 다양한 놀이는 문화의 반복으로만은 설명할 수 없으며, 놀이의 다양하고 복잡한 특성은 진화과정과 동일하다고 하기에는 한계가 있다.

놀이를 하는 이유를 다양한 관점에서 설명하고자 노력한 고전적 놀이 이론은 철학적 측면에 기초를 두고 있다. 여러 가지 문제점들이 지적되고 있지만, 고전적 놀이 이론은 놀이에 대한 최초의 이론이며, 현대적 놀이 이론의 기틀을 마련해 주었다는 점에서 큰 의의를 지닌다.

표 2-1 고전적 놀이 이론

이론	이론가	놀이의 목적
잉여에너지 이론	Schiller, Spencer	잉여에너지의 소비
휴식 이론	Lazarus, Patrick	소비된 에너지 재충전, 회복
연습 이론	Groos	성인생활에 필요한 기술 연습
반복 이론	Hall	진화과정의 반복

출처: 이성한 외(2014). 저자 일부 수정

2. 현대의 놀이 이론

현대의 놀이 이론은 20세기 현대 심리학의 영향을 받아 놀이행동과 발달 심리학적 요인과의 관련성을 밝히고자 하였다. 즉, 놀이행동이 발달에 어떠한 영향을 미치는지에 관심을 가졌다. 현대의 놀이 이론가들은 놀이의 목적보다는 놀이의 역할에 대해 설명하고자 하였다. 대표적인 이론으로는 정신분석 이론, 인지발달 이론, 각성 조절 이론, 상위 의사소통 이론을 들 수 있다.

1) 정신분석 이론(psychoanalytic theory)

정신분석 이론을 창시한 Freud(1856~1939)는 놀이가 유아의 정서발달에 중요한 역할을 한다고 주장하였다. Freud는 인간행동에는 동기가 있다고 가정한다. 유아의 놀이행동은 우연히 일어나는 것이 아니라 유아의 실제 생활에서 인상 깊었던 것, 기분이 좋거나 나빴던 것, 소망 등에 의해 반복적으로 일어나는 행동인 것이다. 즉, 유아는 놀이를 하면서 자신의 감정을 자연스럽게 노출할 수 있을 뿐만 아니라, 현실에 적응하기 위해 타협하는 방법도 배운다. 또한 현실에서는 이루기 힘든 일을 놀이과정에서 실현해 봄으로써 자신의 감정을 정화시키며 욕구를 충족시켜 나간다. 예를 들면, 엄마에게 꾸중을 들은 유아가 인형이나 친구를 야단치는 흉내를 냄으로써 부정적인 정서를 다른 사물이나 사람에게 전환시켜 정화(catharsis)하는 것이다.

Freud의 이론을 계승한 Erikson(1902 ~ 1994)은 놀이가 유아의 자아(ego) 기능을 강화시킬 수 있으며, 유아들은 놀이를 통하여 신체 및 사회적 기술이 발달되어 주변 세계를 경험한다고 보았다. Erikson은 그의 저서 『아동기와 사회(Childhood and Society)』(1963)에서 놀이는 유아의 심리·사회적 발달을 반영하는 다음의 세 단계로 나타난다고 하였다.

첫째, 자기 세계의 놀이(auto-cosmic play)단계로 출생 후 첫 일 년 동안 자신의 신체를 가지고 놀이를 하는 단계이다. 즉, 자기 신체의 감각기관을 이용하거나 운동능력을 반복적으로 시도해 보는 놀이를 한다. 이러한 놀이를 통하여 유아는 자신의 신체를 탐색하고 점차 주변의 세계로 관심이 옮겨가게 된다.

둘째, 미시 영역 놀이(micro-sphere play)단계로 유아가 자기 세계의 놀이 시기에서 벗어날 무렵부터 2~3세에 해당하는 시기로 자신의 신체에서 벗어나 주변의 사물이나 놀잇감을 가지고 놀이를 하는 단계이다. 이 단계에서 놀이는 현실세계인 사회에 적응하기 위한 기술을 경험하고 숙달하는 역할을 하게 된다.

셋째, 거시 영역 놀이(macro-sphere play)단계로 3~4세경부터 유아들은 놀이친구를 갖게 되고 그들과 함께 놀이를 한다. 유아들은 다른 사람과 놀이를 함께 하면서 놀이영역을 확장시켜 나가고 자아를 조절하며, 현실세계에 적응하는 방법도 배우게 된다.

이와 같이 Erikson은 놀이와 심리·사회적 발달단계의 관련성을 주장하며 놀이란 유아마다 독특하고 개별적인 특성을 지니기 때문에, 놀이의 형태나 내용을 세밀히 관찰하지 않고서는 놀이의 의미를 파악할 수 없다고 하였다.

2) 인지발달 이론(cognitive theory)

인지발달 이론에서는 놀이가 유아의 지적 성장을 촉진시킨다고 주장한다. 인지발달 이론의 대표적인 학자인 Piaget(1896~1980)는 놀이란 유아의 인지발달을 촉진시킬 뿐만 아니라, 유아의 인지발달 수준을 나타내는 요소라고 하였다. 유아의 인지발달은 자신을 둘러싸고 있는 주변 세계와 상호작용을 하면서 발달해 나간다.

유아는 새로운 환경을 접할 때, 적응을 위한 노력을 하게 되는데 이러한 노력은 동화와 조절의 균형을 통해 이루어지게 된다. 동화란, 주변의 대상을 유아 자신의 인지체계에 맞추어 수용하는 과정을 말한다. 반면에 조절이란,

외부세계의 대상이 유아의 인지체계에 맞지 않을 때 자신의 인지구조를 변화시켜 적응하는 것을 말한다.

예를 들면 네 발로 걷는 동물은 강아지라고 알고 있는 유아에게 누군가가 "그건 강아지가 아니라 고양이야."라고 말한다면, 유아는 자신이 가지고 있는 기존의 지식에 대해 갈등을 겪으면서, 강아지라는 기존의 개념을 변화시켜 고양이라는 새로운 인지구조를 형성하게 된다. 네 발로 걷는 동물은 강아지라는 개념으로부터 고양이라는 개념을 인지하는 데에는 갈등을 경험하는 것과 동시에 동화와 조절의 기능을 이용하여 평형을 이루게 된다. 학습이 이루어지려면, 이와 같이 동화와 조절 간의 평형이 이루어져야 한다. 그러므로 놀이는 새로운 정보를 받아들이고 적응시키는 일을 반복적으로 수행하면서 유아의 인지발달과 학습을 촉진시키는 것이다.

Piaget는 유아의 인지능력은 단계를 거쳐 발달해 가며 인지발달 단계에 따라 놀이형태가 달라진다고 하였다. 그는 인지발달 단계를 감각운동기, 전조작기, 구체적 조작기로 나누고 각각의 단계에 따른 놀이를 다음과 같이 제시하였다.

표 2-2 Piaget의 인지발달단계에 따른 놀이형태

연 령	인지발달단계	놀이형태
0 ~ 2세	감각운동기	연습놀이
2 ~ 7세	전조작기	상징놀이
7 ~ 11세	구체적 조작기	규칙 있는 게임

출처: 이성한 외(2014). 저자 일부 수정

감각운동기에 해당하는 2세 이하의 영아는 연습놀이(practice play)를 한다. 이 시기에 영아는 반복적인 단순한 놀이행동을 보인다. 예를 들어 침대에 걸린 모빌을 건드렸더니 흔들리며 소리가 났다. 그 소리를 듣고 싶으면 계속적으로 모빌을 흔들어 본다. 이런 행동이 연습놀이이다. 한 번 학습된 행동은 계속 반복되는데 이것이 영아에게는 즐거운 놀이가 될 수 있다. 감각운동기에는 감각기관과 신체운동능력을 활용함으로써 다음 발달단계의 놀이유형이 나타날 수 있도록 단순히 놀이를 반복하게 된다.

2~7세의 전조작기 유아들은 '~인 척' 하는 상징놀이(symbolic play)를 한다. 이 시기의 유아는 자기중심적 사고의 특징을 보이면서 주변 사물을 이용하거나 사물 없이도 한 번 일어났었던 중요한 일을 재연하거나 흉내 내는 놀이를 즐기게 된다. 예를 들면 빈 컵에 물이 있는 것처럼 마시는 행동, 인형을 재운다거나 씻겨 주는 행동, 엄마나 아빠가 하는 일을 흉내 내는 행동이다.

7~11세의 구체적 조작기에 해당되는 유아들은 인지 및 사회적 능력의 발달로 인해 사회적 기술을 적용하는 규칙 있는 게임(game-with-rules)을 하게 된다. 정해진 규칙 내에서 자신의 감정과 행동을 조절하는 방법과 다른 사람의 의견을 수용하고 집단에서 필요한 사회적 기술을 익히게 된다. 그러므로 유아는 자기중심적 사고에서 벗어나는 인지적 경험과 함께 게임을 이해하게 되며 정해진 규칙을 지키는 경험을 연속적으로 하게 된다. 규칙 있는 게임은 운동장에서 하는 게임, 윷놀이와 같은 게임도구나 게임판을 이용하는 게임, 카드 게임, 술래잡기 등을 들 수 있다.

러시아의 심리학자 Vygotsky(1896~1934)는 인지발달에 미치는 놀이의 중요성을 Piaget보다 더 강조하였다. 그의 저서 『Mind in Society(사회 속의 정신)』라는 책의 'The role of play in development(발달에 있어서 놀이의 역할)'이라는 장에서 놀이는 유아의 인지발달과 언어발달에 직접적인 역할을 하며, 특히 상징놀이는 유아의 추상적 사고의 발달에 매우 중요한 역할을 한다고 주장하였다. 그는 유아들은 추상적인 사고가 불가능하기 때문에 구체적인 경험을 통하여 사물로부터 의미를 분리하여 이해하게 된다고 하였다.

유아가 상징놀이를 할 때 하나의 사물을 다른 사물로 대체(ex. 막대를 총으로 생각)하는데 이때 유아들은 사물 그 자체에서 사물의 의미나 생각을 분리하기 시작한다. 다시 말하면, 유아는 의미와 사물을 분리시킬 수 없어서 막대를 총인 것처럼 흉내 낼 수는 없다. 이들에게는 의미와 사물이 하나로 인식

되기 때문에 실제로 총을 보지 않고서는 총을 생각해 낼 수 없다. 따라서 실제로 사물을 보지 않고서는 그 사물에 대해 생각할 수 없다가 상징놀이를 함으로써 점차 사물로부터 의미를 분리할 수 있게 된다. 유아는 놀이과정을 통하여 추상적 사고력이 발달해 가는 것이다.

Vygotsky는 인지발달에서 특히 사회문화적인 요소를 강조하였다. 유아는 놀이를 통하여 문화적 가치체계와 기술 등을 배우고 또래나 성인들과 상호작용을 하면서 환경에 대한 적응 능력을 키우게 된다. 또한 그는 놀이가 유아를 위해 근접발달지대를 만든다고 주장하였다. 근접발달지대(ZPD, Zone of Proximal Development)란 유아가 스스로의 힘으로 문제를 해결할 수 있는 실제적 발달수준과 성인이나 보다 유능한 또래들과의 협동을 통해 도움을 받아 문제를 해결할 수 있는 잠재적 발달수준 간의 차이를 말한다.

Vygotsky는 인지발달의 핵심인 근접발달지대가 놀이상황에서 형성되며 실제 상황에서는 해낼 수 없었던 것이 놀이활동에서 이루어져 이후의 발달을 도모하게 된다고 주장하였다. 이때 성인은 유아가 새롭고 도전적인 과제를 성취할 수 있도록 도움을 주어야 한다. 예를 들면 진희는 평소 수업시간에 가만히 앉아 있지 못하고 이리저리 돌아다니며, 친구들을 방해하곤 한다. 이때 친구들과 학교 놀이를 통해 선생님의 말을 잘 듣는 착한 학생이 되도록 가장해 본다. 이 놀이상황에서 진희는 수업시간에 얌전히 앉아 선생님의 말에 집중할 수 있는 것처럼 행동할 수 있게 된다.

진희의 경우처럼 유아는 놀이상황에서 요구하는 행동수준과 충동적으로 갑자기 하고 싶은 행동 사이에서 갈등에 직면하게 된다. 이와 같은 놀이상황에서 유아는 아직 도달하지 못한 잠재적 발달수준에서 자기조절을 통해 놀이상황이 요구하는 수준의 행동을 하게 된다. 즉, 유아는 놀이상황에서 사회적 규칙에 위배되는 행동은 자제하고 사회적 규칙을 따르는 놀이행동을 함으로써 놀이의 즐거움을 얻고 동시에 지적인 발달을 도모하게 되는 것이다. 유아는 단지 놀이에 참여함으로써 잠재적으로 가지고 있는 새로운 능력을 개발할 수 있게 된다.

이 외에 Bruner(1972)와 Sutton-Smith(1967) 등의 인지이론가들은 놀이가 유아들의 창의성과 융통성을 발달시킨다고 주장하였다. Bruner에 의하면, 유아는 놀이를 하면서 어떤 목적을 달성하려 하기보다는 자유롭게 새로운 방법을 시도해 가며 놀이를 한다. 이런 놀이과정에서 유아는 새로운 행동을 해 볼 수 있는 기회를 많이 가지게 됨으로써 사고의 융통성이 촉진될 수 있는 것이다. Sutton-Smith는 상징놀이에서 발생하는 상징적 전환(ex. 막대를 총으로 사용하는 것)이 유아의 융통성에 영향을 미친다고 하였다. 이러한 경험은 유아로 하여금 기존의 사고방식에서 벗어나 새롭고 독특한 사고방식을 하도록 유도하여 창의력을 증진시킨다고 보았다.

3) 각성 조절 이론(arousal modulation theory)

Berlyne(1960)에 의해 개발되고 Ellis(1973)에 의해 수정된 각성 조절 이론은 인간은 각성을 최적의 수준으로 유지하기 위해 놀이를 한다고 주장하고 있다. 즉, 놀이는 각성을 최적의 상태로 유지하고자 하는 중추신경조직의 활동이라는 것이다.

Berlyne에 의하면 유아는 새로운 자극으로 인해 흥분하거나 혼란을 느끼면, 각성수준이 높아지게 된다. 이때 자극을 감소시키는 놀이를 하게 되고 놀이상황이 친숙해지면 높아진 각성수준이 다시 낮아져 적정한 각성수준이 유지되는 것이다. 반대로 자극이 충분하지 않아 유아가 지루함을 느끼면 새로운 자극을 찾게 된다. 그 새로운 자극으로 인해 낮아진 각성수준을 최적의 수준으로 끌어올려 적정한 각성수준을 유지하려고 하는 것이다. 예를 들어 세발자전거 타기에 싫증이 난 유아는 서서 혹은 두발자전거를 탐으로써 자극을 증가시킬 수 있다. 이것을 Berlyne은 '다양한 탐색 활동'이라고 정의하였다.

Ellis는 Berlyne의 이론을 수정하여 놀이는 각성을 최적의 수준으로 끌어올리는 '자극 추구 활동'이라고 하였다. 즉, 놀이를 통하여 새롭고 다양한 방법으로 사물을 이용함으로써 자극이 증가된다는 것이다.

이와 같이 각성 조절 이론가들은 유아의 놀이가 다양한 자극의 형태를 제공한다고 주장하며 놀이와 탐색 간의 관계에 주목하였다.

4) 상위 의사소통 이론(meta-communication theory)

상위 의사소통이란 유아들이 사회적 놀이에 참여할 때 놀이의 여러 가지 상황, 행동, 사물 등을 놀이를 함께 하는 상대에게 이해시키고 설명해 줌으로써 놀이가 원활하게 이루어질 수 있도록 해 주는 것을 말한다.

Bateson(1955)에 의하면 유아들은 놀이를 할 때 자신의 의도를 상대방에게 전달하기 위하여 언어적, 비언어적인 신호를 발달시키게 된다. 예를 들면 싸움 놀이 상황에서 때리는 소리를 가짜로 내면서 친구에게, "우리 지금 가짜로 싸우는 거야."라고 말함으로써 자신의 가작화된 행동을 상대방에게 알리는 것이다.

유아들이 놀이 중에 하는 행동은 실제생활에서 하는 행동과는 그 의미가 다르다. 놀이 중에 유아가 다른 유아를 때려도 현실세계와 달리 화를 내지 않는다. 유아들은 싸움놀이를 하기 전에 다른 사람들이 실제 싸우는 상황이 아님을 알 수 있도록 놀이의 틀 또는 배경(frame)을 설정한다. 자신들이 하는 행동이 실제가 아니라 단지 놀이 중에 하는 행동임을 전달해야 한다. 만약 놀이의 틀이 만들어지지 않는다면 놀이 중 가짜로 공격하는 것을 진짜로 공격하는 것으로 알고 반응하여 문제 상황이 생길 수 있기 때문이다.

Garvey(1977)는 상위 의사소통을 하는 유아들이 놀이과정에서 나누는 대화를 분석한 결과, 놀이 중에 문제가 생기면 유아들은 놀이의 틀(frame)을 깨고 그 문제를 해결하기 위해 현실세계로 돌아온다는 것을 발견하였다. 예를 들면 엄마 놀이를 하는 중에 엄마가 아기에게 "청소하는 것을 도와줘."라고 말하면, 엄마 역할을 맡은 유아가 놀이의 틀을 깨고 "아기는 그런 일을 하는 거 아니야."라고 말한다. 이와 같이 유아들은 놀이 중에도 그들이 맡은 역할에 충실하면서 동시에 자신이 누구인지 그 실체를 인식하고 있는 것이다.

따라서 유아들은 놀이를 통해 상위 의사소통을 경험함으로써 자신이 맡은 역할의 개념에 대해 배우고 그에 맞는 능력을 발달시켜 나가게 된다.

이상에서 살펴본 바와 같이 놀이를 설명하고 이해하기 위해 오랫동안 다양한 이론들이 제시되었고 각각의 이론들은 놀이에 대해 서로 다른 관점에서 기술하고 있다는 것을 알 수 있다.

그러나 이 이론들 중에서 특정 이론이 다른 이론보다 더 우세하다고는 할 수 없으며, 그 어떤 이론도 놀이에 대해서 완벽하게 설명해 주지는 못하고 있다. 그러므로 다양한 놀이 이론을 넓은 안목으로 이해하고 적용해 볼 필요가 있다.

표 2-3 현대의 놀이 이론

이론	이론가	놀이의 목적
정신분석 이론	Freud, Erikson	정화 효과, 자아 기능의 강화
인지발달 이론	Piaget, Vygotsky, Bruner, Sutton-Smith	지적 성장 촉진, 추상적 사고력 발달, 융통성 및 창의력 촉진
각성 조절 이론	Berlyne, Ellis	최적의 각성 수준 유지
상위 의사소통 이론	Bateson, Garvey	의미의 다각적 수준 이해 능력 촉진, 정체성 인식

출처: 이성한 외(2014). 저자 일부 수정

실천해 봅시다

모둠별로 각 이론에서 주장하는 놀이 이론의 개념과 특징에 유사하다고 생각되는 자신의 놀이경험을 나누어 봅시다.

놀이 이론을 정리해 봅시다.

3장 생각 열기

요즘 놀이 문화는 어떤 것이 있나요?

요즘 놀이 문화에 대해 어떻게 생각하나요?

CHAPTER

03 놀이의 역사

생각하기

- 고대부터 현대까지의 놀이에 대한 관점과 변화를 탐색한다.
- 놀이에 대한 최근 관점과 연구경향을 살펴본다.
- 놀이가 나아가야 할 바를 고민한다.

우리나라에서는 1970년대 전후부터 유아놀이에 관한 연구가 시작되어 현재까지 계속적으로 많은 놀이 관련 연구가 있어 왔다. 1980년대에는 유아 상상놀이에 관한 연구(이숙재, 1986), 유아교사의 교수방법이 유아의 놀이활동에 미치는 영향(류지후, 서용선, 1983), 1990년대에는 교사개입의 형태와 유아놀이형태관계(신은수, 1990), 어린이놀이터와 놀이행동에 관한 연구(이숙재, 1994) 등의 다양한 분야의 연구가 있었고, 2000년대에 들어서는 놀이치료에 관한 논문도 연구되면서 근간에는 다양한 영역에서의 놀이행동연구가 활발하게 이루어지고 있다. 서구에서의 유아놀이연구는 우리나라에 비해 비교적 일찍 시작되었다. 20세기 전반에는 놀이에 관한 교육학 및 사회학의 연구가 활발했으며 중반부터는 놀이 이론을 분석하거나 놀이에 대한 심리분석적, 인지발달적, 사회학적 접근 등으로 다양한 견해가 주장되었다.

놀이에 대한 역사적인 관점을 고찰하고 최근 연구동향을 탐색함으로써 놀이 이론을 이해하는 데 도움이 되고자 한다.

1. 놀이의 역사적 관점

1) 고대~중세

예수가 태어나기 전 천년 동안 세계의 주요 문화권에 관해 기록된 역사에 의하면 아동기에 대해 매우 유사한 견해를 가지고 있다. 즉, 유아들은 자신의 문제를 해결할 수 없는 무기력한 존재로서 놀이에 대한 욕구를 가지고 있다고 생각하였다. 그래서 놀이는 유아의 생활에서 이해 가능하고 수용 가능한 부분으로 간주하였다. 예컨대, 고대 이집트의 벽화에서 볼 수 있는 것처럼 유아들은 인형이나 공을 가지고 놀이하거나 로프로 뛰면서 놀이를 하였다.

고대 그리스에서는 유아들이 태어나면서부터 놀이를 할 수 있다고 생각하여 놀이를 허용하고 격려하였다. 고대 그리스 철학자 Platon는 「국가(The Republic)」에서 "강요한 학습은 마음속에 남지 않는다. 유아들은 놀이를 통하여 배우도록 해야 한다."라고 하면서 유아의 놀이는 경험을 통한 학습의 중요한 부분이라고 주장하였다. 따라서 놀이와 교육 모두 유아들에 해당하는 것으로 아동기가 끝나면서 놀이와 교육도 끝나는 것이라고 생각하였다. 그래서 성인기에 들어서면 올림픽 경기, 결혼 상대 결정, 일, 직업, 생계유지를 위한 일과 같은 다양한 경쟁에 들어가게 된다.

그리스어로 agon(영어의 agony, 고통의 어원)은 경쟁을 의미하는데 이것은 더 이상 어리지 않고 놀이를 할 수 없거나 놀이를 하도록 허락되지 않은 사람들이 열중하는 것을 의미한다. 고대 로마인들은 사랑스럽고 즐겁고 놀이를 좋아한다는 유아에 대한 그리스인의 관점을 수용하지만 애정을 가지고 훈련이 필요한 것으로 생각하였다. 이러한 아동기에 대한 특성은 예수 탄생 이후 거의 12세기까지 지속되었다.

초기 기독교적 견해에 의하면 유아는 신에게 중요하며 순수한 영혼을 가지고 있으므로 성인에게 학대받아서는 안 된다고 보았다. 그래서 교회는 유아의 복지를 촉진하는 데 특별한 역할을 하였다. 중세시대 동안 유아들이 실질적으로 보호받지 못했다고 할지라도, 적어도 유아는 성인의 축소판이 아니고 놀이를 포함한 특별한 활동을 수용하는 것이 적절하다고 생각하였다.

2) 르네상스 시대

유아와 유아의 주요 활동인 놀이에 대한 부정적인 태도는 르네상스 시기 동안(13~16세기) 유럽에서 나타나기 시작하였다. 르네상스는 유럽 역사에서 가장 창의적인 시기 중 하나로 인식되었으며 모든 예술과 과학 영역에서 새로운 견해가 개방된 시기였다. 하지만 유아들은 그 개방성의 혜택을 받지 못했다. 유아들은 성인과 비교해 볼 때 중요하지 않게 생각되었으며 힘과 기술이 부족한 바보나 노쇠한 늙은 사람의 범주로 포함시켰다. 유아는 원죄가 있는 악 또는 부패한 죄의 근원이라는 생각을 보편적으로 갖게 된다.

르네상스 시대에는 유아기 세계와 성인기 세계의 차이가 모두 사라졌다. 게으름은 죄가 되고 도움이 되지 않는다고 생각하여 유아들에게도 일을 시켰다. 귀족사회의 유아들은 엄격하고 감정이 없는 유모의 보육을 받으며 학교에 다녔다. 학교에서 유아는 엄격한 교사에 의해 인간 본성 내면의 악을 무력화시키는 종교적 훈련과 교육을 받게 되었다. 따라서 놀이는 가족의 책임, 가사, 일, 성경을 읽고 배우는 데 집중해야 하는 것을 방해하는 적으로 여겨졌기 때문에 유아들이 놀이를 하지 않도록 경계하였다.

르네상스 시기의 그림에서는 일상생활 속에서 유아들이 놀이하는 모습을 묘사하고 있는 것을 관찰할 수 있는데 이것으로 유아가 놀이하는 것으로 생각할 수는 없다. 왜냐하면 유아의 세계와 성인의 세계와의 차이가 없기 때문에 모든 연령층의 노래와 놀이 그리고 놀잇감은 동일하였다. 예를 들어 그 당시 유아들이 불렀던 'sing s say of sixpence'는 헨리 8세의 사랑과 개신교 개혁과 관련한 어떤 사건에 대한 성인들의 노래였다. 유일하게 유아를 위해 만들어진 것이라고는 '자장가' 정도였다.

르네상스 시대 독일 남쪽 지방에서는 장난감을 만드는 제조업이 시작되었다. 중세시대에는 연이나 팽이와 같은 장난감을 집에서 만들어 유아들이 가지고 놀았다. 하지만 르네상스 시대 장난감 제조업자들은 성인을 위해 납으로 만든 군인, 나무로 만든 정교한 인형, 유리로 만든 동물을 만들었다. 이러한 장난감은 너무 정교하고 섬세하여 유아들은 잘 만질 수조차 없었다.

르네상스가 끝나게 되는 17세기에 이르러 유아와 놀이에 대한 유럽 사람들의 태도가 변하기 시작하여 '유아기에 대한 새로운 의식'이 일어났다. 즉, 유아들을 관심을 가질 가치가 있는 존재로 인식하고 성인과는 다른 발달적 요구와 문제를 가진 것으로 보기 시작했다.

3) 17~18세기

르네상스기를 벗어나기 시작한 17세기에 이르러서는 유아를 새롭게 의식하기 시작하였다. 유아는 관심과 주의를 기울일 가치가 있고 성인과는 다른 발달적 요구와 문제를 가진다고 생각하였다. 17~18세기 동안 프랑스 사람들은 놀이의 중요성을 주장하고, 놀이를 유아기의 영역으로 분류하였다.

17세기 초에는 유아의 놀이와 성인의 놀이는 차이가 없었지만 점차 구분되기 시작하여 일은 성인생활의 핵심이 되었고 놀이는 유아 위주의 활동으로 생각되었다. 반면 영국에서는 유아와 성인들을 위한 일의 가치를 강조하였다. 즉, 놀이를 프랑스에서는 유아에게 적합한 것으로 생각하였고, 영국에서는 훈련의 발달과 일하는 시간을 방해하는 어리석은 활동으로 생각하였다.

영국에서 놀이를 경시하게 된 이유는 프로테스탄트라는 종교적 영향이다. 가톨릭은 구원을 받기 위해 신앙의 필요성을 강조한 반면 프로테스탄트는 신앙만으로 충분하지 않고 노동과 자기 훈련이 필요하고 훌륭한 도덕적 인물은 물질적인 성공으로 설명할 수 있다고 생각하였다. 그래서 놀이는 일의 반대로 생각했고, 사악하고 책임이 따르지 않는다고 생각하였다.

18세기 중반과 말기 영국에서는 길에서 어떤 형태의 놀이를 하는 것도 금지하였고, 19세기 동안 미국인은 일과 통합된 놀이를 즐겼다. 즉, 일상생활에서의 일과 놀이의 특성은 동일하다고 생각하였다. 부모들은 유아에게 신체적인 억압보다는 자기감정을 억압하는 자기통제를 격려하였다. 유아들 자신이 환경을 통제하고 숙달하기 위해서 놀이를 하도록 격려 받았다.

놀잇감은 점점 더 복잡해져서 기차와 같은 다양한 조립식 소형차가 나왔고, 판을 이용한 게임도 이 시기에 나왔다. 1859년에는 장난감 총이 나왔는데, 이것은 유아 자신을 통제하기 위해서는 내적인 공격성에 대한 표현에 관심을 가져야 하고 환경을 통제하기 위해 외적으로도 환경을 정복할 수 있어야 한다는 의미를 주었다.

20세기에 이르러 부모들은 유아들에게 억압적인 내적 통제를 줄이고 유아의 감정을 개방하여 표현시키고 의지력을 증가시키려는 노력을 하였다. 즉, 유아를 만족스러운 성인으로 만드는 것이 아니라 있는 그대로의 현재 유아를 이해하려고 애썼다. 20세기 초에는 여러 심리학자의 저서에 영향을 받은 아동연구운동이 번성하기 시작하였다. 이러한 여러 심리학의 영향 중에서도 행동주의자의 세계관에 적합한 놀이의 견해가 팽배해졌다. 따라서 일에 대한 보상으로 놀이를 보게 되었다.

20세기 중반과 후반에 이르러 놀이는 유아의 발달에 중요한 위치를 차지하게 된다.

정신분석학자와 인지발달론자의 영향으로 놀이는 유아의 정서적 해방뿐만 아니라 지적·사회적 발달을 위한 기회를 제공해 준다고 생각하게 되었다. 그러나 심리학자들이 유아의 놀이에 대해 관용적으로 생각하는 것만큼 현실적으로 놀이가 수용되고 있는지는 여전히 의심스럽다. 예컨대, Elkind (1981, 1987)는 오늘날 유아들에게 너무 빨리 성장하라고 재촉하고 점점 더 일찍 교육적·직업적 성공을 위해 의미있는 생활을 추구하도록 강요하여 놀이와 같은 유아기의 활동이 다른 활동으로 대치되고 있음을 걱정하였다. 또는 다문화 심리학자인 Logan(1977)은 "우리 성인들은 유아들에게 놀이할 수 있도록 배려해야 한다고 주장을 하지만, 무의식적으로는 성인 자신들은 생활을 위해 일을 해야 하고 유아는 놀이를 한다는 사실에 화를 내고 있다."고 주장하였다.

2. 놀이에 대한 최근 이론과 연구 경향

1) 포스트모던 놀이 이론

지식에 대한 포스트모던 방식이란 보편적 진리와 모든 인간에게 이러한 진리들을 강요하는 현대주의자, 모더니스트에 대한 반작용으로 1980년대와 1990년대에 발달하였다. 가장 기본적으로 포스트모더니즘은 모더니스트들이 주장하는 보편적 진리에 대해 이의를 제기하고 있다.

사실 지식은 우리의 상황들을 이해하고자 하는 우리의 노력 안에서 우리가 구성한 사회적 구성들이다. 사회적 구성은 우리의 참여 없이는 존재할 수 없고 다른 사람과의 능동적인 상호작용과 참여로 우리 자신에 의해 이해되거나 구성된 우리의 세계이다. 이러한 이유로 지식과 지식의 구성은 항상 상황 의존적이다. 따라서 포스트모던 이론들은 보편적 진리와 과학적 중립성을 믿는 모더니즘적 신념에 도전하면서 진리는 상대적이며 주관적이라고 주장한다.

포스트모더니스트는 상대적 진리의 견해를 놀이 이론에 적용시키고 있다. 따라서 동일한 놀이 현상을 보고도 상당히 다르게 해석하고 발견한다. 예를 들어, 거칠게 뛰고 구르는 놀이를 흔히 발달적 진보로 바라보는 반면 다른 사람들은 권력으로서의 놀이로 묘사한다. 동일한 놀이 현상을 보고도 상당히 다른 놀이행동에 대한 해석과 발견을 하게 된다. 모더니스트들, 즉 현대 놀이 이론에서는 발달적 견해에서 놀이를 바라보는 데 반해 포스트모던의 입장은 권력을 가진 자와 그렇지 못한 자의 입장에서 바라보게 된다.

(1) 사회문화적 관점

놀이에 대한 대표적인 포스트모던적 접근은 Bronfenbrenner의 이론과 연결된 사회문화적 견해를 들 수 있다. Bronfenbrenner(1979)의 생태환경적 견해는 일상의 즉각적인 환경의 수준에서 문화적 수준의 폭을 넓혀서 맥락의 요인을 이해하는 것이 중요하다. 그는 상이한 맥락의 수준을 다음과 같은 한 세트의 동심원으로 표현하였다.

- 미시체계(microsystem) 특정한 물리적·물질적 특징을 가지고 주어진 장면에서 개인이 발달하면서 경험하게 되는 활동, 역할 및 대인관계의 형태
- 중간체계(mesosystem) 가정, 학교, 이웃 간의 관계처럼 미시체계 간의 상호관련성

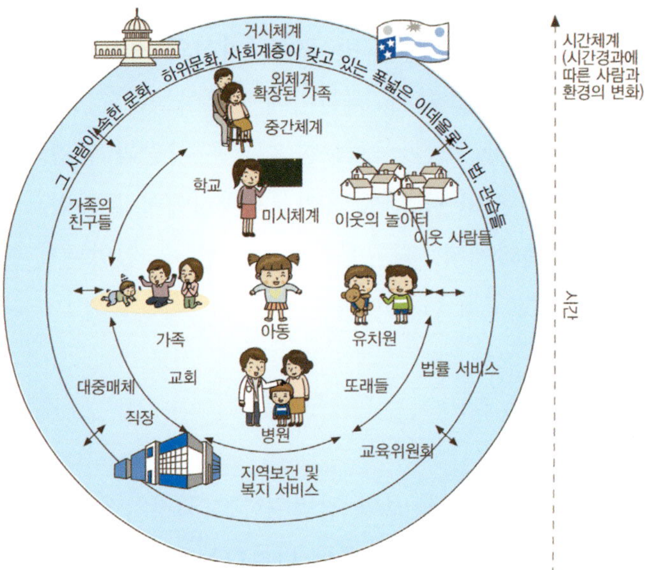

그림 3-1 Bronfenbrenner의 생태체계

- 외체계(exosystem) 개인이 삶을 영위하는 즉각적인 장면에서의 과정에 간접적으로 영향을 주는 둘 이상의 장면 간에 일어나는 결합과 과정(부모의 직장, 학교위원회)
- 거시체계(macrosystem) 문화적 규범과 가치, 경제, 정치와 같은 거시적 요인

이와 같은 맥락에서의 놀이에 대해 적절하게 이해하기 위해서는 거시 수준과 미시 수준 그리고 물리적 환경과 사회적 환경, 개인적 과정과 집단적 과정, 관념적 변인과 행동적 변인을 광범위하게 고려할 것을 제안한다.

최근 놀이학자 Artin Goncu에 의하면 놀이는 문화적 행위이며, 유아 놀이의 의미를 이해하는 것은 학문 간 사고와 연구를 요구하는 문화적 행위와 해석으로 본다.

놀이행동은 경제적·사회적·정치적 요인이 문화 속에서 작용함으로써 만들어지는 것으로 사회적 맥락 안에서의 행동으로 연구되어져야 한다고 본다. 예를 들어, 부모나 교사는 유아의 놀이를 격려하는가, 유아의 놀이에 참여하는가 아니면 놀이를 단지 허용하는가의 신념과 가치에 따라 놀이 공간, 시간, 자료에 대한 제공 방식이 다르게 나타난다. 이처럼 사회문화적 견해에서는 유아들이 놀이 속에서 어떤 방식으로 자신의 경험세계를 표현하는지 알아내려고 노력한다. 예를 들어, 극놀이에서 유아들은 성인의 어떤 역할과 행동을 하는지 연구한다. 또한 사회문화 이론은 사람과 환경의 상호작용이라는 이원론을 극복하려고 애쓰며, 유아교육과정에서 문화적으로 동의하는 부분이 어떻게 한 문화에서 다른 문화로 이동할 수 있었는지 이해하는 데 도움을 주고 있다.

(2) 비평적 관점

비평적 관점은 우리 문화의 보다 광범위한 사회정치적 맥락 내에서 교육을 바라보는데, 특히 교육이 사회에서 나타나는 성과 계급 그리고 인종의

불평등을 어떻게 영속시키는가에 관심을 가진다.

비평적 이론에 의하면 권력에 기초한 사회 불평등은 학교에서의 불평등으로 이어진다고 보며 놀이행동을 바라볼 때도 권력의 위치에 초점을 두는 경향이 있다. 그래서 비평적 이론가들에 의하면 우리가 유아에 대해 가지는 견해는 역사적 한 시대에서 나타난 권력 구조의 직접적인 결과라고 본다.

이들은 유아교육에 대해 두 가지 접근을 하는데, 하나는 유럽과 미국의 중산층 집단이고 또 다른 하나는 가난한 소수집단이다. 이러한 관점에서 보면, 유럽이나 미국 중산층에서의 놀이의 역할이란 유아들의 기술을 숙달시키고 독립심 발달과 힘과 조절을 연습하며 전문적 직업, 좀 더 높은 지위에서 성공하는 데 필요한 기술들과 능력을 얻는 것이라고 본다. 반면, 소수집단의 경우 놀이의 역할은 다르다. 가난한 소수집단 유아들에게서 놀이의 역할이란 생존에 필요하지 않는 시간낭비적인 것이거나 단결, 충성, 집단주의와 같이 집단을 하나로 뭉치게 하는 하나의 방법으로 보았다.

따라서 비평적 이론가들에 의하면 가난한 소수집단에서의 놀이는 가치가 거의 없으며 유아교육과정에서조차 놀이의 가치는 거의 없다고 한다. 즉, 소수집단 저소득층 부모들은 자녀의 교육적 수월성에 대해서는 높은 관심을 보이는 반면, 놀이의 교육적 가치에 대해서는 극도로 회의적이다.

2) 최근 연구 경향 및 다양한 접근

최근 놀이에 대한 연구의 주요 키워드는 놀이성, 유아, 놀이, 창의성, 실외놀이, 또래놀이 상호작용, 사회성 상호작용 등이 일관되게 활동중심성이 높은 결과를 나타냈는데, 이를 통해 유아놀이 관련 연구가 기본적으로 놀이행동을 촉발하는 성향인 놀이성과 지적 발달, 특히 창의성과의 높은 관련성을 전제하고 있음을 알 수 있다. 뿐만 아니라 놀이에 영향을 주는 환경적 요인, 특히 그중에서도 또래놀이 상호작용이나 또래놀이행동 같은 또래 관련 키워드가 관련 연구의 중심에 있는 추세이다.

시대의 변화에 따라 유아의 발달 특징에도 변화가 있으며 유아의 교육 및 놀이에 대한 관점도 변화해 간다. 최근 들어 뇌신경발달에 많은 관심을 가지고 대뇌발달에 부합한 교육 및 놀이에 대한 연구와 4차 산업혁명시대에 접어들면서 최근 많은 교육자들이 테크놀로지가 유아와 놀이에 미치는 영향에 관심을 갖는다.

또한 현대사회에서 큰 문제점으로 부각되는 건강관련 대안 방책으로 자연친화 교육에 관심이 증가하며 숲교육, 생태교육 등에 대한 연구가 증가하고 있다. 더불어 움직임이 줄어드는 현대사회의 문제를 해결하기 위해 실외놀이활동을 교육과정에서 의무화하고 있으며 다양한 실외놀이 및 또래문제에 대한 관심도 꾸준히 증가하고 있다.

(1) 대뇌연구

뇌에 대한 최근의 연구들은 유아기의 놀이와 놀이의 중요성에 대한 견해에 영향을 미치고 있다. 놀이는 유아가 환경과 적극적으로 상호작용하게 만들 뿐 아니라 긍정적 정서 속에서 이루어지기 때문에 뇌발달에 긍정적인 영향을 미친다.

'공부만 하고 전혀 놀지 않은 유아는 머리가 둔하고 미련한 유아가 된다'는 서구의 속담에서도 알 수 있듯이 충분히 휴식하며 노는 유아들이 더 효율적인 학습을 할 수 있다는 것이다.

놀이를 통해 경험하는 긍정적인 정서들이 대뇌발달에 영향을 미쳐 행복하고도 정서조절을 잘하는 유아로 성장시킨다. 정서는 학습에 절대적인 영향을 미치므로 유아가 긍정적인 분위기에서 활동하고 놀이할 수 있도록 대뇌발달을 고려하여 지도하는 것이 중요하다. 그러나 스트레스, 지루함, 지속적인 혼돈, 불충분한 영양, 적절한 자극의 부족 등이 대뇌발달에 부정적인 영향을 미친다. 특히 스트레스를 많이 받으면 해마의 활성 저하가 일어나며 해마의 기능 위축은 장기적으로 해마에서 시냅스가 생성되는 것을 저하시키고 우울증을 유발할 수도 있으므로 정서적으로 편안한 분위기에서 활동하고 놀이하는 것이 중요하다.

송하나(2010)는 뇌발달과 놀이를 통한 환경적 탐색관계를 다음과 같이 설명한다.

첫째, 어린 연령일수록 뇌의 형태나 구조, 기능이 아직 완전히 형성되지 않아 뇌가 변화할 수 있는 여지(뇌의 가소성)가 많기 때문에 초기의 질 높은 놀이 경험이 강조된다. 초기의 다양한 놀이 경험에 따른 환경적 자극이 중요하다.

둘째, 환경적 자극이 도전감을 줄 정도의 복잡성은 뉴런과 뉴런이 연결되는 속도가 증가하는 데 영향을 주지만 지나친 과잉자극은 뇌발달을 저해한다. 가장 활발하게 뛰어노는 동물 뇌의 시냅스가 밀도 있게 분포되어 있으므로 다양하면서도 단순하지 않은 놀이 경험이 너무 지나치지 않은 범위에서 반복적으로 주어지는 것이 바람직하다.

셋째, 놀이를 통한 환경적 자극의 경험은 뇌세포의 형성뿐만 아니라 신경전달물질을 통해 인지발달에 긍정적인 영향을 미친다. 신경전달물질은 정보가 시냅스를 통과해 다른 뉴런으로 전달되는 데 필수적인 역할을 한다. 풍부한 놀이 경험이 신경전달물질의 작용을 빠르게 활성화시켜 인지적 정보처리가 가속화된다.

넷째, 부모와 성인과의 애정적 놀이 상호작용이 뇌발달에 긍정적인 영향을 미친다. 부모나 성인과의 애정적 놀이는 유아에게 강렬한 경험을 제공하면서 시냅스의 형성과 뇌구조의 변화에 영향을 미칠 뿐만 아니라 반복되는 스트레스가 뇌의 구조를 바꾼다.

(2) 테크놀로지

테크놀로지는 기술(techno)과 논리성(logics)이 결합된 말로서 문제해결을 위해 과학지식을 체계적으로 적용하는 것이라고 할 수 있다(하재옥, 2006).

테크놀로지의 발달은 유아교육에도 영향을 미치고 있다. 유아교육에서 활용하는 테크놀로지는 유아나 교사가 활용하는 컴퓨터, 인터넷, 멀티미디어, 스마트폰, 로봇, 3D 프린터 그리고 이에 사용되는 소프트웨어나 애플리케이션 등을 포함한다. 실제로 교육·보육기관에서 유아는 자신이 그린 그림을 스캐너를 이용하여 스캔한 뒤 대형 모니터에 보이도록 하여 친구들과 이야기 나누고 공유하기도 한다.

교육학자들은 테크놀로지의 발달이 물·모래놀이나 상징놀이, 쌓기놀이와 같은 전통적인 놀이를 대체해서는 안 된다고 주장하면서 기존의 유아의 놀이와 놀잇감, 교육과정에 적절하게 융합될 수 있는 방법을 모색하고 있다.

(3) 생태교육

유아교육에서는 교과중심학습을 배척하면서도 교육과정의 조직과 놀이활동수업이라는 전통적인 유아교육 방식으로 접근하게 되는 배경에는 학문적인 기준에 의한 교과지식의 위계와 수준에 대한 오래된 관념 및 공교육제도에 대한 강박관념으로부터 벗어나기 어려운 상황이다. 유아교육에는 구조적이거나 개념적인 내용과 방법이 아이들의 자람에 적합하지 않음에도 불구하고 그 패러다임을 바꾸기가 어려운 현실이다. 그러나 세계적으로 산업화의 끝자락에서 발생하는 다양한 문제 상황들이 우리의 삶의 질과 유아교육에도 새로운 변화의 바람이 일고 있다.

생태유아교육의 궁극적 목적은 아이라는 생명체를 비롯한 모든 생명체들이 생명의 원리에 따라 서로 살리는 '살림의 교육'이다. '살림의 교육'은 아이살림, 교육 살림을 통해 궁극적으로 생명살림을 실현하는 데 있다.

(4) 숲교육

요즘 유아들은 장난감, 스마트폰, 플레이 방방 같은 놀이공간이 없이는 어떻게 놀아야 하고, 무엇을 하고 놀아야 할지 놀이의 자유를 잊고 살아가고 있다. 특히 코로나19라는 시대적 악재 속에서 갇혀 있는 환경 속에 햇볕을 보고 넓은 공간에서 무엇인가 할 수 있는 기회가 적은 우리 아이들에게 과연 어떤 것들이 필요하고 무엇을 하도록 도와야 할지 고민해 볼 필요가 있다. 숲교육은 도시화·정보화로 인해 변화된 한정된 놀이공간과 인위적인 놀이를 하는 유아들에게 숲과 자연이 교과서가 되는 숲 유치원은 놀이 자체가 배움이고, 삶이며, 본성이 살아 있는 교육, 자발성이 있는 교육으로 자기감정을 조절하고, 사고하며 심미적 창조성, 긍정적인 사고를 키울 수 있도록 도울 수 있도록 하는 것에서부터 시작된다.

- 교육계획을 하지 않고 "지금·여기" 아이들의 변화에 따른 교육을 운영한다.
- 자연-사람과의 관계를 이해하고 공생과 순환의 과정을 경험하도록 같은 곳으로 매주 규칙적인 숲 활동을 한다.
- 교사와 유아 모두 계절의 변화에 따른 자연도감을 이용해 자연에 대한 기본 지식을 넓힐 수 있도록 한다.
- 학부모 참여를 통해 학부모의 의식 변화와 숲에 대한 이해도와 신뢰도를 높일 수 있도록 한다.

그림 3-2 숲 활동

실천해 봅시다

모둠별로 놀이에 대한 최근 연구 경향에 대해 토의해 봅시다.

최근 놀이에 대한 이슈를 조사하여 공유해 봅시다.

MEMO

4장 생각 열기

놀이와 발달과는 어떤 연관이 있을까요?

영유아의 발달을 지원할 수 있는 놀이는 어떤 것들이 있을까요?

CHAPTER

04 놀이와 발달

생각하기

- 영유아발달과 놀이의 관계에 대해 이해한다.
- 영아의 발달과 놀이의 특징을 탐구한다.

유아들의 놀이 속에는 놀이하는 유아의 발달과정이 고스란히 녹아 있다. 유아들은 다양한 놀이활동과 놀잇감을 통하여 신체적, 인지적, 언어적, 정서적, 사회적 영역에서 고른 발달을 이루어간다. 또한 이들 각 영역의 발달들은 놀이를 통하여 성취된다. 즉, 놀이와 발달은 한 유아의 성장과정을 보여주는 가장 정확한 지표라고 할 수 있다.

1. 놀이와 영역별 발달

영유아들은 놀면서 성장하고 발달한다. 술래잡기와 달리기를 하면서 신체가 발달되고, 수수께끼 놀이를 하면서 언어가 발달되며, 소꿉놀이를 하면서 사회성과 창의성이 발달된다. 즉, 놀이는 유아에게 가장 자연스러운 일상생활임과 동시에 신체, 인지, 언어, 정서, 사회성, 창의성 등 전 영역의 발달과도 매우 밀접한 관련성을 지닌다.

이러한 관련성을 바탕으로 신체적, 인지적, 언어적, 정서적, 사회적 영역의 발달과 관련된 놀이의 특징 및 놀이가 각 영역의 발달에 미치는 영향에 대하여 살펴보고자 한다.

1) 신체발달과 놀이

영유아들이 하는 놀이는 대부분 신체의 움직임을 동반한다. 신체움직임에는 달리기나 매달리기, 기어오르기, 던지기와 같이 대근육을 사용하는 큰 움직임을 필요로 하는 놀이가 있는가 하면, 블록쌓기나 가위로 오리기와 같이 소근육을 사용하는 작은 움직임을 필요로 하는 놀이도 있다. 이러한 놀이들은 모두 신체, 인지, 언어, 정서, 사회성의 발달을 각각 혹은 통합적으로 촉진시키는 역할을 하기 때문에 어떤 놀이가 더 중요하다고 평가할 수는 없다. 그러나 Hurock(1978)은 이러한 놀이들은 공통적으로 모두 유아기가 기본적인 운동 기술을 학습하기에 가장 이상적인 시기라고 하였는데, 이는 유아기에는 신체가 유연하여 새로운 기술을 잘 받아들일 수 있을 뿐만 아니라 모험심이 많아서 새로운 동작을 시도해 보려는 열의가 매우 높기 때문이다(이숙재, 2008).

(1) 영아기

출생 초기의 영아들은 사람이나 모빌과 같은 움직이는 대상을 쳐다보거나 소리를 듣고, 자신의 손과 발 등의 신체를 움직이면서 놀이한다. 이후에 점차 신체가 발달되면서 놀잇감이나 눈에 보이는 물건을 잡고 흔드는 등의 손과 입을 함께 사용하는 놀이로 확장되어 간다.

만 2세 미만인 영아기 동안 아이들은 점차 턱을 들 수 있고 상체를 가눌 수 있게 되며, 몸을 흔들고, 뒤집고, 앉고, 기어 다니고, 잡고, 두 발로 설 수 있게 된다. 그리고 생후 1년경이 되면 영아별로 개인차이가 있더라도 대부분의 영아는 걷기가 가능해지면서 점차 이동범위가 넓어지게 된다. 뿐만 아니라 눈과 손의 협응력 및 대소근육이 함께 발달함에 따라 좀 더 다양한 놀잇감으로 놀이(예 : 장난감 자동차 끌고 다니기 등)를 할 수 있게 된다. 영아기 동안은 그 어떤 발달 영역보다도 신체발달 영역에서 많은 변화들이 일어난다.

(2) 유아기

좀 더 나이 든 만 3세에서 5세가량의 유아들은 신체의 움직임이 더욱 자연스러워지고 활발해지면서 기본운동능력이 발달하게 된다. 유아들은 점차 뛰기나 달리기와 같은 이동운동과 구르기와 던지기, 받기와 같은 비이동운동을 모두 할 수 있게 된다. 또한 눈과 손의 협응력 및 소근육이 발달함에 따라 점차 정교한 쌓기 등의 놀이도 가능해진다.

유아들의 신체발달과 놀이는 밀접한 관련이 있는데 놀이가 신체발달에 미치는 영향에 관하여 이숙재(2008)는 놀이동작은 유아의 신체성장을 촉진하며, 다양한 놀이동작을 통하여 바른 자세를 형성할 수 있고, 놀이동작을 통해 기본운동능력이 발달된다고 하였다. 즉, 놀이는 신체영역 중 두뇌발달에 중요한 영향을 미치고, 많은 신체적 동작을 포함하고 있기 때문에 놀이를 통해 신체적 성장을 촉진시킨다고 하였다. 또한 놀이동작을 통하여 기본적인 운동능력이 증진되고, 소근육 발달과 눈과 손의 협응력이 길러지며, 놀이를 통해 온몸의 근육을 사용할 수 있게 되어 신체적 긴장을 해소할 수 있고, 바른 자세를 형성할 수 있다고 하였다.

이상에서 살펴본 영유아기의 신체발달과 놀이의 관계를 정리하면 다음과 같다.

첫째, 영유아기의 놀이는 신체적 자극을 통하여 발달에 적합한 신체성장을 촉진한다.

둘째, 다양한 놀이동작을 통하여 신체운동능력과 체력이 증진된다.

셋째, 놀이를 통하여 신체의 긴장을 해소할 수 있다.

넷째, 놀이를 통하여 바른 자세를 형성하게 된다.

다섯째, 다양한 놀이경험을 통하여 위험상황에 대한 문제해결력과 순발력이 증진된다.

영유아기 신체발달 특성

<영아기: 0~2세>

- 빨기반사, 찾기반사, 모로반사, 잡기반사 등의 다양한 반사행동이 나타난다.
- 턱, 머리, 가슴을 들면서 상체를 가누고, 뒤집고, 앉고, 기고, 잡고 서기를 반복하다가 걷는다.
- 걸음마 이후 두 발로 점프하기, 기어오르기, 서투른 공차기가 가능하다.
- 눈으로 물체를 추적하다가 점차 자유롭게 원하는 물체에 시선을 옮길 수 있다.
- 소리에 반응한다.
- 자신의 손이나 발을 가지고 놀이하고, 근처에 있는 물건을 잡을 수 있다.
- 눈과 손의 협응이 발달하기 시작하여 3~4개의 블록을 쌓아올릴 수 있고, 아무렇게나 휘갈겨 그릴 수 있다.

<유아기: 3~5세>

- 한 발로 균형을 잡고 설 수 있고, 점차 유연하게 걷고 달리며 점프할 수 있다.
- 소근육 발달이 향상되어 물건을 담고 쏟아내기, 음료 따르기, 집어 올리기, 가위로 오리기, 색칠하기 등이 점차 정교해진다.
- 단추 잠그기, 신발 끈 매기 등의 자조기술이 향상된다.
- 두발자전거 타기, 줄넘기를 할 수 있다.

2) 놀이와 인지발달

영유아는 놀이를 할 때 다양한 놀잇감을 활용한다. 흙이나 나무토막, 돌멩이, 나뭇잎 등의 여러 자연물과 블록이나 인형, 학용품과 같은 인공물을 모두 접한다. 그리고 이 놀잇감들을 가지고 놀이를 하는 동안 각 물체의 용도를 생각하게 되고, 자신이 사용할 목적에 맞추어 사용하기 위하여 사물을 자르고 부수고, 나누고 다시 합치는 과정을 거치기도 한다. 이러한 과정을 통하여 영유아는 사물의 무게, 질감, 색깔, 크기 등 물리적 지식을 습득하게 되고, 여러 가지 논리적, 수학적 지식을 익히며 인지적인 발달을 이루게 된다. 즉, 놀이는 다양한 경험을 소재로 한 사고과정을 포함하기 때문에 인지적 발달과 학습의 기초적 장을 제공해 준다.

(1) 영아기

영아들은 자신의 신체나 주변에 있는 물건과 놀잇감의 탐색을 통한 감각운동적 놀이를 반복하면서 새로운 행동을 학습하게 된다. 이를 통해 인과관계를 이해하게 되고 시행착오를 경험하면서 자신의 목적을 달성하기 위한 행동을 하게 되며 점차 지적발달 수준을 높여간다. 또한 대상영속성(object permanence)이 발달하기 시작하며 어떤 사물을 다른 사물로 대체하여 표상하는 능력이 발달하기 시작하는데 이는 이후의 상징놀이를 위한 토대가 되기도 한다.

(2) 유아기

유아들은 영아들에 비해 더 다양한 놀잇감으로 또래들과 상호작용하게 되면서 놀이를 즐기게 되고 이로 인해 인지발달도 더욱 촉진된다. 이처럼 영아기에 비해 더욱 확장된 놀이의 장은 유아들로 하여금 수 개념이나 분류개념, 서열화 개념, 공간개념, 시간개념, 보존개념 등을 익히도록 돕는다. 한편 놀잇감과 관련하여 하정연, 좌승화, 조채영(2008)은 놀잇감과 놀이형태에 따른 인지발달을 다음과 같이 제시하였다.

- 쌓기놀이 : 블록쌓기와 정리하기 등의 과정을 통해 측정의 원리, 전체와 부분의 관계, 거리개념, 길이개념, 균형개념, 분류개념을 익히는데 도움

을 준다.

- 물놀이 : 여러 가지 용기의 사용으로 인해 측정능력을 발달시키고, 바깥 활동 시의 물놀이를 통해 흙과 물의 성질을 이해할 수 있게 된다.
- 사회극놀이 : 순서나 상황설정을 통해 시간, 공간, 인과관계 등의 개념적 사고를 실행하고, 검증하며, 수정하는 기회를 가지게 된다.

유아기 아이들은 또한 자연스럽게 표상적 사고를 할 수 있게 되므로 사회극놀이(sociodramatic play) 형태의 가장놀이(pretending play)를 즐기기 시작한다. 유아들은 가장놀이를 통해 추리력과 추상적 사고력을 증진시킨다. 유아기에 가장놀이를 즐겼던 유아들이 이후의 상상력 검사에서 더 높은 점수를 보이고 발명적 사고능력이 증진되었다는 Pepler과 Ross(1981)의 연구들은 이를 뒷받침해 준다.

유아기의 인지발달과 매우 밀접한 관련이 있는 가장놀이나 가상놀이, 사회극놀이는 모두 혼용되어 사용되는 용어로 가작화 요소(as-if-element)를 지니는 상징놀이(symbolic play)의 형태들이다. 이는 Piaget가 인지발달에서 제안했던 표상(representation)능력과 유사하거나 더욱 발전된 개념이라고 할 수 있다. 표상능력이 발달했다는 것은 유아가 추상적으로 사고할 수 있다는 의미로도 이해할 수 있는데 가령, 유아가 블록을 가지고 자동차라고 상상하면서 놀이한다면 이는 유아가 블록이라는 구체물을 눈에 보이지 않는 자동차라는 상상물로 대체할 수 있는 추상적 사고를 하고 있음을 말하는 것이다. Vygotsky도 이와 같은 유아의 사고과정에 대하여 설명하였다. 그에 따르면 유아가 놀이과정에서 어떤 사물을 다른 사물을 표현하기 위해 대체했다면 이는 시각의 장과 의미의 장이 분리된 것이다. 예를 들어 유아가 베개를 아기로 대체했다면 베개는 시각의 장에 있는 주축(pivot)이 되고, 아기는 놀이하는 유아의 사고과정인 의미의 장에 존재하게 되는 것이다. 즉, 실제사물과 놀이과정에서 사용되는 물건의 공통된 속성을 이해한 유아는 표상능력이 있는 것이며, 실제사물로부터 완전히 분리되어 자유롭게 사고할 수 있게 되었다고 할 수 있다. 이와 같은 표상화의 과정은 처음에는 실제 사물과 유사한 물체를 사용하지만 인지적 발달이 가속화될수록 점차 사물의 용도나 속성에서 자유로워지게 된다.

놀이는 기본적으로 실험성과 융통성의 속성을 지닌다. 따라서 유아들은 놀이과정에 언젠가는 적용할지 모르는 창의적인 다양한 문제해결 방법을 시도하게 되는데, 이러한 시도는 유아들의 사고력 증진에 도움을 주고 문제해결력을 향상시킨다. Pepler(1982)는 이러한 놀이와 문제해결력과의 관계에 대하여 좀 더 구체적으로 언급하였는데, 그는 유아들은 놀이과정에서의 탐색활동과 시행착오를 통해 자연스럽게 문제해결력이 증진한다고 하였다. 또한 그는 유아들이 놀잇감에 대한 상징적인 의미를 부여하게 되므로 표상능력이 점차 증대되어 문제해결력이 발달한다고 하였다. 한편 Rubin 등(1983)은 가상놀이(make-believe play)가 탈중심화와 가역성의 두 가지 인지적 조작을 포함하고 있기 때문에 인지발달에 기여한다고 하였다.

이상에서 살펴본 내용을 중심으로 놀이가 인지발달에 미치는 영향을 다음의 몇 가지로 요약해 볼 수 있다.

첫째, 다양한 놀잇감을 가지고 놀이하는 동안 자연스럽게 수, 분류, 서열화, 공간, 시간, 보존개념 발달이 촉진된다.

둘째, 사회극놀이를 통해 표상적 사고와 추상적 사고력이 증진된다.

셋째, 놀이의 실험적이고 융통적인 속성은 유아의 확산적 사고와 문제해결력 증진에 도움을 준다.

영유아기 인지발달 특성

<영아기: 0~2세>

- 감각운동기에 해당하며, 잡기, 빨기 등의 반사행동이 일어난다.
- 좋아하는 장난감을 보면서 손을 뻗쳐 잡을 수 있다.
- 좋아하는 놀이를 반복하고 싶어 한다(예 : 딸랑이 흔들기).
- 타인의 행동과 소리를 모방할 수 있다.
- 대상영속성이 발달한다.

- 시행착오를 통해 문제해결력을 키워간다.
- 표상적 사고가 발달하기 시작한다.
- 간단한 게임이나 과제를 수행할 수 있다.
- 간단한 지시를 이해하고 적절히 반응할 수 있다.

<유아기: 3~5세>

- 상징적 사고가 나타나므로, 언어와 그림에서 상징을 인식하고 사용할 수 있게 된다.
- 유목화, 서열화, 보존개념, 시간개념이 나타나기 시작한다.
- 날짜 세기, 회상하기, 계획하기 등이 가능해진다.
- 조망능력이 발달한다.
- 다른 나라와 다른 지역 등 문화에 대해서 관심을 갖기 시작한다.
- 주의집중 시간이 점차 길어진다.
- 시간개념에 관심을 갖기 시작한다.
- 과장된 사고나 소망적 사고를 많이 한다.

3) 놀이와 언어발달

영유아는 놀이를 하는 동안 끊임없이 언어를 사용하기 때문에 놀이와 언어는 상호의존적으로 발달되어 간다. 즉, 놀이를 통해 언어를 발달시켜 가고, 언어는 놀이에 필수적인 수단이 된다. 이와 같은 맥락에서 신유림 등(2008)은 놀이가 많은 언어적 요구를 하기 때문에 놀이는 언어발달에 기여할 수밖에 없다고 하였다.

(1) 영아기

사람에게 최초의 언어는 울음이라고 할 수 있다. 자신의 감정과 생각을 논리적인 언어로 표현하지 못하는 영아들은 울음을 통하여 이를 표현하기 때문이다.

울음만으로 감정을 표현하던 영아는 생후 2개월 정도가 되면 점차 모음에 가까운 음을 위주로 구성된 옹알이를 시작한다. 옹알이는 영유아에게 언어이자 놀이, 즉 언어놀이가 된다. 처음에 모음에 가까운 소리로 시작된 옹알이는 점차로 소리가 다양해지고, 여기에 발달이 진행될수록 리듬과 억양이 더해지면서 조금씩 더 복잡한 언어의 모습을 갖추어 가게 되고 까꿍놀이와 같은 운동놀이가 합쳐진 형태로 발전하기도 한다. 그리고 이후 주변에서 들을 수 있는 자동차 소리와 같은 쉬운 의성어를 모방하는 형태로 발달되어 간다. 이처럼 영아들은 재미를 목적으로 다양한 발성방법으로 음성을 만들면서 소리를 가지고 놀이하기 때문에 소리내기나 소리모방 등을 통하여 재미를 느낀다.

생후 1년이 지난 영유아는 간단한 말을 배우기 시작하면서 말 연습 놀이를 시작한다. 이제 간단한 문장을 말할 수 있게 된 유아들은 같은 구조의 문장에서 어휘를 바꾸어 보는 놀이를 즐기기도 하는데, 가령 '사과는 맛있어.'의 문장에 '사과' 대신 '딸기', '수박' 등을 넣어서 '딸기는 맛있어', '수박은 맛있어'와 같이 말 연습놀이를 할 수 있게 된다. 이러한 반복의 과정은 유아들로 하여금 더욱 정확하고 폭넓은 어휘를 습득할 수 있도록 도와준다.

(2) 유아기

유아기에는 역할놀이나 사회극놀이가 언어발달에 많은 기여를 한다. 김수영 등(2007)은 유아들의 역할놀이가 의사소통 기술을 발전시키며, 언어 이해 능력을 길러줄 뿐만 아니라 역할놀이를 통해 유아가 사회적으로 적절한 언어를 연습하고 배우게 된다고 하였다. 사회적 말놀이, 즉 대화가 가능해지려면 자기중심적 사고에서 벗어나 상대방의 생각을 이해하고 자신의 의견을 적절히 표현할 수 있어야 하는데, 역할놀이를 통한 언어의 발달은 이를 가능하게 한다. 유아들은 역할놀이를 하면서 역할에 적합한 언어를 사용하게 되고, 또래와의 놀이를 통해 상황에 맞는 언어를 사용할 수 있게 된다. 예를 들어 병원놀이를 하면서 의사나 간호사, 환자들이 사용하는 언어를 생각하고 적용해 보게 되며, 소꿉놀이를 하면서 부모의 역할에 적합한 언어를 생각하고 사용하게 된다. 이러한 과정을 통해 점차 자기만의 언어를 벗어나 다른 사람의 말을 듣고 이해하게 되며, 의견을 교환하는 등 의사소통 능력이 길러진다.

이상에서 살펴본 내용을 중심으로 놀이가 언어발달에 미치는 영향을 다음의 몇 가지로 요약해 볼 수 있다.

첫째, 놀이의 많은 언어적 요소들은 언어발달을 촉진시킨다.

둘째, 옹알이는 최초의 언어놀이이며 점차로 정교한 언어로 발전되어 간다.

셋째, 역할놀이나 사회극놀이를 통해 상황이나 역할에 적합한 언어를 사용할 수 있고 자기중심적인 사고에서 벗어나며 의사소통 능력이 길러진다.

넷째, 또래들과의 사회적 상호작용 놀이는 합리적이고 바람직한 언어생활 습관 형성에 도움을 준다.

영유아기 언어발달 특성

<영아기: 0~2세>

- 쿠잉과 옹알이를 시작으로 점차 한 단어와 두 단어, 간단한 문장 말하기가 가능해진다.
- 그림책 보기를 좋아한다.
- 들은 소리나 어휘를 반복적으로 모방하고, 이를 수단으로 대화한다.
- 책에 있는 그림을 손으로 가리키기도 하고, 간단한 이야기를 감상할 수 있다.

<유아기: 3~5세>

- 자기의 생각을 말로 표현하기 위해 여러 가지 어휘를 사용하고 점차로 질문이 많아진다.
- 문장으로 말할 때 동사, 대명사, 전치사, 형용사 등을 사용할 수 있다.
- 이야기를 경청하고 책, 동화책, 인형, 테이프 등을 사용할 수 있다.
- 어휘수가 확장되고, 문장력이 갖추어지면서 상황에 맞추어 대화할 수 있게 된다.
- "왜?"에 관한 의문을 갖기 시작하고, 진실을 알고 싶어 한다.
- 집주소나 전화번호, 가족의 이름 등을 외우면서 자랑스러워한다.

4) 놀이와 정서발달

영유아는 성인들과 달리 자신의 생각이나 감정을 논리적인 말로 표현하는 능력이 제한되어 있다. 따라서 이를 표현할 대안이 필요한데 이때 놀이는 좋은 수단이 된다. 즉, 영유아는 놀이를 통해 자신의 감정을 표현하고 조절하는 경험을 하기도 하고, 시행착오를 통해 적절한 감정표현 방법을 배우기도 한다. 예를 들어 쌓기놀이나 퍼즐 맞추기를 잘 완성했을 때 만족감과 성취감을 느낄 수 있으며, 역할놀이에서 원하는 역할을 맡지 못했을 때 좌절감과 섭섭함을 느끼지만 곧 이를 조절하는 방법을 배울 수 있다. 또한 동생이 태어나 사랑을 빼앗겼다고 느끼는 유아는 역할놀이에서 엄마의 역할을 대신해 봄으로써 자신의 분노감이나 불행감, 그리고 원하는 바를 표현해 볼 수 있다. 놀이상황은 현실에 비해 더 심리적으로 안전한 상황이기 때문에 영유아는 현실에서 표현하기 어려운 감정들까지도 보다 쉽게 표현한다 (Landreth & Hohmeyer, 1998).

(1) 영아기

영아들은 기쁨이나 분노와 같은 기본적인 감정을 주로 경험한다. 영아기 동안은 주로 대근육의 신체운동이나 오감각을 자극하는 놀이를 통해 기쁨의 정서를 경험하게 된다. 특히 어머니나 주 양육자와 함께 하는 까꿍 놀이, 죔죔 놀이, 도리도리 놀이 등은 유아에게 큰 즐거움을 주는 놀이라고 할 수 있다.

(2) 유아기

유아기에는 점차 또래들과 놀이하는 시간이 늘어나기 때문에 갈등상황을 직면하게 되기도 한다. 이때 유아들은 다양한 부정적 정서를 경험할 수 있는데 놀이를 통해서 이를 표현하고 문제를 해결하기 위해 다른 사람의 정서에 감정이입을 할 기회를 갖게 된다. 특히 역할놀이는 다른 사람의 입장을 경험해 보게 함으로써 자기중심적인 사고에서 탈피하는 경험을 제공해 준다. 이처럼 놀이가 긴장과 불안을 완화하고 정서를 순화시켜 준다는 점에서 놀이는 치료적 역할을 한다고도 할 수 있다. 실제로 유아는 자신에게 가장 중요한 현실적 측면을 놀이과정에서 다루는데(Singer & Singer, 1976), 이는 유아가 자신에게 가장 의미 있는 현실 및 이와 관련된 감정을 놀이에서 다룸으로써 정서를 순화하고 현실에서의 적응력을 높여감을 의미한다.

유아들의 놀이에는 즐거움이나 만족감 등의 긍정적 감정도 표현된다. 신유림 등(2008)도 놀이는 기본적으로 기쁨의 정서와 관련된 경험이라고 했는데, 유아들은 놀이에서 자신이 바라던 것을 완수했을 때 성취감을 느낄 수가 있고, 시소나 미끄럼틀, 그네와 같은 기구를 이용한 놀이를 통해서 스릴을 느낄 수 있으며, 또래와의 상호작용 속에서 소속감과 안정감을 느낄 수 있다. 나이가 어린 영아들도 엄마와 '까꿍 놀이', '짝짜꿍 놀이', '죔죔 놀이', '도리도리 놀이' 등을 하면서 친밀감과 애착을 형성하고 즐거움을 느끼며 정서적 안정감을 누릴 수 있다.

이상에서 살펴본 내용을 중심으로 정서발달과 놀이의 관련성을 정리하면 다음과 같다.

첫째, 놀이는 부정적 정서를 정화시켜 현실생활의 적응력을 높여준다.

둘째, 놀이는 만족감, 성취감, 즐거움, 기쁨과 같은 다양한 긍정적 정서를 경험하게 한다.

셋째, 유아는 갈등상황의 해결이나 역할놀이 과정을 통하여 상대의 입장을 감정이입해 볼 기회를 갖게 된다.

영유아기 정서발달 특성

<영아기: 0~2세>

- 기쁨, 고통, 분노, 두려움과 같은 정서표현이 생후 초반부터 나타난다.
- 애착형성이 되었다는 표시로 낯가림이 나타난다.
- 자신의 욕구에 부합되지 않을 때 짜증을 부리기도 한다.
- 타인에 대한 애정과 호감을 표시하기 시작하고, 수용적인 태도를 좋아한다.
- 감정의 지속 시간은 짧고, 강도는 강하다.

<유아기: 3~5세>

- 유머감각이 발달하면서 우스개행동과 엉뚱한 몸짓 등을 보인다.
- 감정의 지속 시간은 여전히 짧고 강렬하다.
- 자신에 대한 긍정적, 부정적 느낌을 갖는다.
- 서투르지만 감정을 조절할 수 있고 자제력을 가진다.
- 죽음, 이별, 도둑 등에 대한 두려움을 가지기 시작하고, 질투심을 느끼기 시작한다.
- 만 4세경에는 고집이 세어지고 권위에 반항하기도 한다.
- 타인에게 동정심과 애정, 싫은 감정을 느끼고 이를 표현하게 된다.
- 어머니에게 강한 애착을 갖고 인정받고 싶어 한다.
- 또래와 교사의 평가에 민감해진다.

5) 놀이와 사회성발달

영유아는 놀이를 통해 사회적 능력을 키워 간다. 영유아의 놀이 속에는 자신의 경험과 관련된 주변 환경에 대한 정서와 호기심, 사회적 관계와 지식 등이 고스란히 반영된다. 즉, 영유아는 놀이를 통해 자신의 사회적 환경을 되풀이하고 나아가 재구성된 자신만의 미시 사회를 만든다고 할 수 있다.

(1) 영아기

생후 초기 영아들에게 최초의 놀이대상은 부모이다. 영아들은 부모와 대부분의 시간을 함께 보내면서 친밀감과 애착을 형성하게 되는데, 이때 부모는 세상 경험이 전혀 없는 영아들에게 부모 이상의 의미를 지닌 존재, 즉 '이 세상의 대표자'가 된다. 이 때문에 이 시기의 부모의 행동은 영아들에게 세상과 사람들과의 관계에 대한 신뢰의 기초를 제공해 준다. 이에 Liberman(1977)은 유아기 때 형성한 부모와의 애착관계는 후에 친사회적 놀이행동과 관련이 있다고 주장하였다. 또한 영아기에는 어린 자녀들과의 놀이에서 주도권을 갖고 놀이를 이끄는 사람은 부모이며 영아들은 놀이의 참여자가 된다(이숙재, 2008, 재인용). 따라서 부모가 자녀의 행동에 더 친사회적으로 반응해줄수록 더욱 건강한 사회성을 형성할 수 있다.

(2) 유아기

이후 점차 유아들은 또래들과 놀이하는 시간이 많아지면서 경험의 폭도 다양해지게 된다. 유아들은 또래들과의 놀이를 통해 질서 지키기, 협동하기, 놀잇감 공유하기 등 사회적 관계를 위한 기술과 태도를 배우게 된다.

유아의 사회성 발달에 가장 크게 기여하는 놀이는 사회극놀이라고 할 수 있다. 유아들은 병원놀이나 가게놀이, 교실놀이 등의 특정한 상황을 설정하고 각자 역할에 맞추어 사회적 상호작용을 하면서 점차 사회적으로 유능해지게 된다. 실제로 또래들과 함께 하는 극놀이의 빈도와 인기도, 사회적 기술 간에 관계가 있다는 신현욱(1992), Connolly와 Doyle(1984) 등의 국내외 연구들이나 사회적 극놀이는 긍정적인 또래 상호작용과 협동을 증진시킨다는 Rosen(1974)의 주장들은 이를 잘 뒷받침해 준다.

놀이를 통해 유아들은 조망수용능력을 발달시킬 수 있다. 또래들과 놀이의 주제를 함께 정하고 놀이의 과정에 대해서 이야기하며, 변경하는 과정에서 유아들은 다른 놀이 참여자와 자신의 생각이 다르다는 것을 알게 된다. 그리고 놀이를 즐겁게 하기 위해 조절하고 양보하는 과정에서 자기중심성에서 벗어난 사고를 하게 되며, 타인의 입장에서 생각해 보게 되기도 한다.

이상의 내용을 중심으로 놀이와 사회성 발달의 관련성을 정리하면 다음과 같다.

첫째, 놀이는 사회적 기술과 지식을 획득하는 데 중요한 장을 제공해 주고, 사회적 환경은 유아의 놀이에 기본적인 소재를 제공한다.

둘째, 부모는 최초의 놀이대상으로 부모와의 놀이를 바탕으로 사회성을 발전시켜 간다.

셋째, 사회극놀이는 자신의 사고와 지각, 정서 등을 표현하고, 순서 지키기, 공유하기, 협동하기 등의 친사회적 행동을 발전시키는 데 많은 기여를 한다.

넷째, 놀이는 조망수용능력 발달을 돕는다.

영유아기 사회성발달 특성

<영아기: 0~2세>

- 신생아기에는 배냇미소를 보이다가 점차로 기쁠 때 미소를 짓는다.
- 어머니의 목소리를 알아듣고 반응을 보인다.
- 애착발달의 결정적 시기이며, 애착형성의 표시로 낯가림이 나타난다.
- 어머니에게서 떨어지지 않으려 하고, 분리불안이 나타나기도 한다.
- 사람들로부터 관심을 받고 싶어 한다.
- 생후 12개월이 지나면 자아개념이 발달하고, 반항적인 태도를 보이기도 한다.
- 형제나 또래 간에 장난감을 사이에 두고 다툼이 일어나기도 한다.

<유아기: 3~5세>

- 타인의 기쁨이나 슬픔, 분노와 같은 기본적인 감정을 알아차릴 수 있다.
- 성인 특히, 어머니를 기쁘게 해주고 싶어 한다.
- 집단의 구성원이 되어 보고 싶어 하고, 단독놀이, 병행놀이, 연합놀이, 협동놀이가 점차로 가능해지면서 또래와의 상호작용이 깊어진다.
- 성인 모방으로부터 시작된 상징놀이가 점차 또래와의 상호작용을 중심으로 한 상상놀이로 발전한다.
- 연령이 증가할수록 또래들과 구조화된 놀이를 즐기고, 또래들로부터 인정을 받고 싶어 한다.

2. 연령별 놀이의 특징

유아기에는 연령이 증가할 때마다 중요한 발달적 변화들이 끊이지 않고 일어난다. 즉, 해마다 신체적, 인지적, 언어적, 정서적, 사회적 발달을 비롯한 전 영역에 걸친 변화들이 끊임없이 일어난다. 그리고 이러한 변화와 더불어서 순환적으로 놀이 또한 발전해 간다. 연령에 따라 변화하고 발전해가는 놀이의 특징을 아는 것은 각 영역별 혹은 전체적인 유아의 발달이 현재 어느 시점에 이르렀는지, 그리고 유아가 가지고 있는 욕구는 무엇이며, 어떠한 놀이환경, 놀이활동, 놀이지도를 필요로 하는지 알아 적절한 도움을 주는데 기여한다. 아래에서는 유아기의 전체적인 놀이경향과 특징을 연령별로 살펴보고자 한다(박찬옥 등, 2008; 신유림 등, 2007; 이숙재, 2008; 하정연 등, 2008).

1) 만 1세 미만 영아의 놀이

만 1세 미만의 영아들은 기본적으로 감각운동놀이를 즐기기는 하지만 발달적으로는 거의 전 영역에서 매우 미숙하다. 따라서, 이들은 부모나 형제 등 자신보다 더 나이 많은 사람들이 주도하는 놀이에 참여하는 것이 일반적이다. 이 때문에 누군가가 함께 놀아주고 자신의 표정이나 간단한 몸짓에 반응해 주는 것을 좋아한다.

이 시기의 영아들은 행동에 따른 변화를 알아차리기 시작하면서 점차로 단순한 행동을 반복하면서 즐거움을 느낀다. 가령 자신이 떨어뜨린 물건을 주워주면 곧 다시 떨어뜨리기를 반복하는데 이러한 행동은 좋은 예가 된다. 또 만 1세 미만의 영아들은 놀이를 통해 애착형성, 타인인식, 역할 바꾸기, 차례 지키기, 신호 보내기, 관찰하기 등 상호작용에 필요한 기본적인 기술을 익힌다(박찬옥 등, 2008).

만 1세 미만 영아들의 놀이

- 감각운동놀이 : 자신의 신체를 가지고 놀기, 손과 입으로 사물을 탐색하기, 입에 손을 집어넣기, 물건을 흔들어서 소리내기, 잡아당기거나 두드리기, 다양한 발성법으로 소리내기
- 대근육 운동놀이 : 앉기와 붙잡고 서기 및 걷기, 소리나 음악에 맞추어 몸을 흔들기
- 소근육 및 눈과 손의 협응 발달과 관련된 놀이 : 공굴리기, 물이나 주스 등을 휘젓기, 까꿍 놀이, 죔죔 놀이, 곤지곤지 놀이, 도리도리 놀이, 짝짜꿍 놀이
- 인지 및 학습관련 놀이 : 여러 가지 물체 탐색하기
- 조작놀이 : 단순 모방놀이(예 : 인사하는 듯 고개를 끄덕이기)
- 언어놀이 : 쿠잉, 옹알이, 단어 모방하기

2) 만 1세 영아의 놀이

만 1세경의 영아들은 걷기 시작하면서 신체 움직임이 활발해지고 이전에 비해 운동기술이 더욱 발달한다. 뿐만 아니라 놀이 시에 호기심을 충족시키기 위해 탐색과 이동의 범위가 넓어진다. 그러나 여전히 혼자 노는 시간이 많으며 타인과 함께 놀더라도 자기 주도적이기보다는 부모나 형제를 비롯한 자기보다 나이 많은 사람들이 주도하는 놀이에 참여자의 위치에 놓이는 경우가 많다. 또한 눈과 손의 협응이 발달되면서 인지적인 놀이가 늘어나고 놀잇감의 사용에 있어서도 점차 용도에 맞는 적절한 놀이를 하게 된다.

만 1세 영아들의 놀이

- 감각운동놀이 : 물이나 주스 등을 엎질러 놓고 손으로 문지르기, 딸랑이 흔들기, 손에 닿는 물건을 입에 가져가서 빨거나 깨물기
- 대근육운동놀이 : 기기와 걷기 등 새로 습득한 운동기술의 반복연습 놀이, 공굴리기, 자동차나 바퀴 달린 물건 끌고 다니기
- 소근육 및 눈과 손의 협응 발달과 관련된 놀이 : 3~4개의 블록 쌓기, 종이벽돌

쌓기, 돌아가는 손잡이 돌리기
- 인지 및 학습 관련 놀이 : 큰 조각의 퍼즐 맞추기, 성인의 행동 모방하기, 책장 넘기며 그림책 보기
- 조작놀이 : 큰 상자 안에 작은 상자 포개 넣기, 블록을 일렬로 늘어놓기
- 상징놀이 : 상징을 사용하여 어떤 것을 다른 것으로 대신할 수 있다는 것을 보여주고 때로는 스스로가 그것을 대치하기(예 : 컵에 물을 따르는 척하기)

3) 만 2세 영아의 놀이

만 2세 영아들은 이전보다 대근육 운동능력이 현저하게 증진되기 때문에 놀이 전체에서 대근육을 이용한 운동놀이가 차지하는 비중이 커진다. 또한 이로 인해 더욱 적극적으로 주변 세계를 탐색하게 되기 때문에 놀이 시에 안전에도 유의해야 한다. 한편 소근육은 여전히 충분한 발달이 이루어지지 않은 상태이다. 따라서 서툴게 가위질을 하거나 크레파스 등으로 끄적거리기는 하지만 모두 놀잇감 자체나 놀이의 결과물에 대한 만족감보다는 감각 그 자체의 즐거움을 느끼는 것에 더 큰 비중을 둔다.

만 2세 영아들은 표상능력이 발달하기 시작하고 문제해결력이 생기는 등 인지능력이 향상되어 더욱 확장된 측면에서 놀잇감에 호기심을 보인다. 색이나 모양, 크기, 질감과 같은 사물의 속성을 탐색하는 데 흥미를 갖기 시작하며 초보적인 수 세기도 가능해진다.

만 2세 영아들의 놀이

- 대근육 운동놀이 : 층계 오르내리기, 흔들목마 타기, 그네 타기, 공 던지고 받기, 바퀴 달린 사물을 끌고 다니기, 밀거나 끌고 다니기
- 소근육 및 눈과 손의 협응 발달과 관련된 놀이 : 크레파스로 끄적거리기, 모래놀이, 찰흙놀이, 서툰 가위질하기
- 인지 및 학습 관련 놀이 : 책 읽어주는 것 듣기, 단순한 스토리를 반복해서 듣기
- 조작놀이 : 물건 포개 쌓기, 모양에 맞추어 구멍 속에 넣기, 블록을 한 줄로 늘어놓거나 위로 쌓기

- 상징놀이 : 일상생활에서 보거나 경험한 것을 재연하는 모방놀이(예 : 마루 닦기, 인형 목욕시키기, 빨래하기, 아기 돌보기, 전화 받기, 먹기, 자기 등)
- 사회적 놀이 : 또래에 관심 갖기, 일상생활 경험을 실물과 유사한 물건으로 대체하여 모방하기

4) 만 3세 유아의 놀이

만 3세가량이 되면 유아들은 기초적인 신체운동능력이 발달되면서 움직임이 더욱 왕성해지고 세발자전거 타기와 같은 초보적인 운동기술을 사용하는 놀이를 시작한다. 그러나 신체를 자유롭게 조절하거나 균형을 잡는 능력은 아직 불완전하여 여전히 부모의 보살핌을 필요로 한다. 놀이의 형태는 단순하면서도 협력하기, 나누기, 차례 지키기와 같이 간단한 체계나 약속을 필요로 하는 활동을 선호하고 같은 행동을 반복하는 특징이 있다.

이 시기의 유아들은 또한 인지능력의 발달로 상상력이 풍부해진다. 따라서 블록을 활용해 단순히 일렬로 혹은 위로 쌓기를 반복하는 것에서 벗어나 집이나 의자 같은 특정한 사물을 만드는 시도를 하게 된다. 또한 이렇게 만들어진 결과물을 다른 사람들에게 과시하거나 선물로 주면서 만족감과 성취감, 자신감을 느낀다.

그러나 이 시기의 유아들은 자신이 만들 것을 계획하지는 않는다. 뿐만 아니라 영유아는 여전히 놀이에서 성인이나 더 나이 많은 영유아에게 의존적이다. 그리고 더 어릴 때 했던 감각기관을 훈련하는 놀이를 반복하고 주의집중시간이 짧아 놀이의 지속시간도 짧다.

한편 유아들은 주로 단독놀이를 하기 때문에 친구와 같은 공간에서 놀이하지만 서로 상관없이 놀이하는 특징을 보이며, 성별에 따른 선호는 나타내지 않는다. 아직 자기중심적이고 감정변화가 많아 감정표현도 강하기 때문에 또래들과 놀잇감을 사이에 두고 쟁탈전이 일어나기도 한다.

만 3세 유아들의 놀이

- 대근육 운동놀이 : 세발자전거 타기, 제자리에서 뛰기, 기어오르기, 달리기
- 소근육 및 눈과 손의 협응 발달과 관련된 놀이 : 퍼즐 맞추기, 가위질하기, 그림 그리기, 구슬 꿰기
- 인지 및 학습관련 놀이 : 그림책 보기, 사진에 관심 보이기
- 언어놀이 : 사물에 이름 붙이기, 재미있는 의성어나 의태어 흉내 내기, 놀이과정에서 일어난 일에 대해 질문하기
- 조작놀이 : 블록으로 간단한 사물 만들기(예 : 자동차, 의자 등)
- 상징놀이 : 블록으로 특정 구조물을 만들기, 유사한 물건으로 실제 사물을 대체하기
- 사회적 놀이 : 가정생활에 관한 역할놀이, 부모의 행동을 모방하는 역할놀이

5) 만 4세 유아의 놀이

만 4세가량 된 유아들은 한 발로 균형을 잡고 서 있을 수 있을 정도로 신체운동능력이 발달된다. 이 시기의 유아들은 복잡한 놀이시설을 이용하여 놀 수 있으며 모험적이고 탐색적이다. 또한 이와 같은 신체운동기술을 타인에게 보여주면서 매우 자랑스러워한다. 손의 섬세한 근육이 발달하면서 눈과 손의 협응력도 더욱 증진된다.

그리고 인지적인 발달로 인해 계획에 맞추어 놀이를 진행하지는 않지만 놀이하기 이전에 계획을 세울 수 있게 된다. 주의집중 시간이 길어지면서 놀이의 지속시간도 길어지고 더욱 창의적인 놀이를 즐기며 자신의 인지 속에서 의미 있는 것들을 놀잇감을 이용해 상징적인 대상으로 만들어 내기도 한다. 뿐만 아니라 인지적 발달과 미적 감각이 어울려 발달하면서 다양한 재료를 활용한 미술활동, 자연현상에 대한 관찰, 과학적 놀이에 대한 흥미도 증진된다.

또래들과의 상호작용에서 아직 조직적이고 목적지향적인 협동놀이는 어려우나 놀잇감을 공유하고 공통의 주제를 중심으로 연합놀이가 가능해지면서 집단의식을 느끼게 된다. 그리고 유치원이나 병원, 학교 등과 같이 가정

을 벗어난 다양한 곳에 대한 상상력과 경험을 연합한 역할놀이가 양적으로, 질적으로 많아지는 것도 이 시기 유아들의 놀이에서 볼 수 있는 특징이다.

만 4세 유아들의 놀이

- 대근육 운동놀이 : 한 발로 균형 잡고 서기, 정글짐 오르기, 복잡한 놀이시설에서 놀기
- 소근육 및 눈과 손의 협응 발달과 관련된 놀이 : 작은 조각의 퍼즐 맞추기, 그리기, 색칠하기, 종이 자르기, 구슬 꿰기
- 인지 및 학습관련 놀이 : 분류놀이, 수 놀이, 문자에 흥미 보이기, 물놀이, 모래놀이, 비눗방울 놀이, 물에 뜨고 가라앉는 것 구별하기, 과학적 탐색을 위한 놀이, 동식물이나 자연현상을 관찰하기, 자연현상의 변화 관찰하기, 크레파스나 물감, 매직펜, 색연필 등 다양한 재료를 활용한 미술 활동
- 언어놀이 : 과장과 유머가 섞인 말놀이, 우스갯소리, 익살, 말장난, 수수께끼 놀이
- 조작놀이 : 작은 조각들을 구성하여 조각그림 맞추기, 블록으로 공간을 표시하거나 특정한 형태 만들기
- 상징놀이 : 구체적 상황을 묘사한 놀이(예 : 병원놀이, 가게놀이), 일상생활 용품이나 놀잇감을 이용한 창의적인 활동(예 : 빗자루를 말로 가정하기)
- 사회적 놀이 : 또래들과 함께 하는 연합놀이, 가정의 범위를 초월한 곳에 대한 역할놀이(예 : 병원놀이, 유치원놀이)

6) 만 5세 유아의 놀이

만 5세가량의 유아들은 자신의 신체를 자유롭게 활용할 수 있고, 한 발로 균형을 잡을 수 있고, 두 발을 모아 점프하는 등 다양한 운동기술을 활용할 수 있게 되면서 자신의 운동기술을 시험하는 놀이를 즐긴다. 뿐만 아니라 이들은 복잡한 실내 및 실외게임도 즐길 수 있게 된다. 이 시기는 신체, 사회, 정서, 언어, 인지 등 모든 영역의 발달이 조화롭게 이루어지므로 놀이들이 더욱 정교하고 복잡해진다. 인지적으로도 한층 발달한 만 5세 유아들은 놀이를 계획하고, 놀이의 결과물이나 성취를 타인과 비교하며 자신감을 갖기도 한다.

만 5세 유아들은 이전에 비해 자기중심적인 성향이 많이 관대해지고 또래들과의 협동도 가능해지며, 주의집중 시간이 길어짐에 따라 놀이지속 시간 또한 길어진다. 이들은 집단의 공통된 목표를 설정하고 이를 달성하기 위해 또래와 협동하는 것이 가능해진다. 즉, 협동놀이가 가능해지고 이를 통해 집단에서의 소속감을 느끼고 점차로 집단원들로부터 인정을 받고 싶어 한다.

만 5세 유아들의 놀이

- 대근육 운동놀이 : 한 발로 뜀뛰기, 그네에 엎드려 타기, 언덕에서 미끄럼 타기
- 소근육 및 눈과 손의 협응 발달과 관련된 놀이 : 모양 따라 가위질하기, 찰흙으로 빚기, 종이접기, 연장을 사용해 작품 만들기, 정교한 색칠하기, 오리기, 복잡한 쌓기 구조물 만들기(예 : 유치원, 놀이공원)
- 인지 및 학습관련 놀이 : 동화책 보기 및 동화책의 내용에 대해 질문하기, 그림 보고 이야기 꾸미기, 자신의 동화나 동요를 만들어 들려주기, 바둑, 주사위 놀이, 돋보기 놀이, 자석놀이, 저울이나 온도계로 측정해 보기, 동식물이나 자연현상에 대한 관찰 및 실험, 곤충이나 벌레 잡기 및 기르기
- 언어놀이 : 그림 보고 창의적으로 이야기 꾸미기, 끝말잇기, 수수께끼, 노래지어 부르기
- 조작놀이 : 다양한 재료로 복잡한 구조물 만들기(예 : 도시, 도로, 건물)
- 상징놀이 : 다양한 소품을 활용한 극놀이, 실생활을 초월해 책이나 텔레비전에서 본 인물과 사건을 표현하기, 스스로 이야기를 꾸미고 연출하기
- 사회적 놀이 : 우호적 협동놀이, 조직적인 집단놀이, 계획적이고 조직적인 극놀이

실천해 봅시다

영아의 발달을 촉진하며 즐겁게 놀이하는 상호작용 방법에 대해 토의해 봅시다. (놀기를 힘들어하는 영유아가 있다면 어떻게 도울 수 있을까요?)

유아의 놀이에 대한 통합적 접근인 병원놀이를 통해 유아의 어떤 발달이 촉진되는지 나누어 봅시다.

MEMO

Play in Early Childhood Education

P/A/R/T

02

놀이와 주변

5장 영유아들과 가까워지기

내가 가장 좋아했던 나의 놀이를 소개하며 그때의 좋았던 감정을 글이나 그림 또는 시, 동화 등으로 최대한 표현해 봅시다.

영유아는 놀이를 무엇이라 할까요?

CHAPTER

05 놀이에 영향을 미치는 요인

생각하기

- 영유아의 놀이에 영향을 미치는 요인으로는 어떠한 것들이 있을까요?
- 놀이에 영향을 미치는 요인 중에서 영유아의 문화와 관심분야를 이해하는 것은 중요합니다. 영유아교사로서 영유아의 문화를 알고 있는가요?
- 영유아 문화가 놀이에 나타날 때 어떻게 놀이지원을 해야 할까요?

영유아는 놀이할 때 스스로 탐구할 수 있는 기회를 제공받고 자발적 욕구가 반영된다면 영유아의 활동은 놀이가 될 수 있지만 놀이의 흥미를 잃는 순간 영유아가 하는 활동은 놀이의 목적성을 잃기 때문에 놀이를 즐길 수 없게 된다.

따라서 영유아의 놀이에 영향을 미치는 요인들을 다각적으로 알아보고 영유아의 놀이에 영향을 미치는 요인에 관심을 가진다면 영유아의 놀이를 이해하고 도움이 될 것이다.

영유아의 놀이에 영향을 미치는 요인에는 개인적 요인과 더불어 유아교육기관에서 제공되는 환경적 요인과 어떠한 놀이지원을 받게 되느냐에 따라 놀이의 다양함이 달라진다. 그리고 영유아들이 접하고 있는 문화적 환경의 실체를 분석하고 관심을 가짐으로써 영유아의 놀이 모습에서 나타나는 매체의 영향에 대해서도 고민해 볼 필요가 있다.

영유아의 놀이를 이해하기 위해서는 영유아의 놀이에 영향을 미치는 요인이 무엇인지 관심을 가지고 접근하면 유아교육기관에서 이루어지는 영유아의 놀이의 실제를 이해하는 데 도움이 될 것이다.

1. 개인·가정 요인

놀이 상황에서 혼자놀이 및 다른 친구들과 어울리지 못하는 영유아들을 종종 볼 수 있으며 또래나 교사, 부모를 포함한 영유아 주변의 다른 사람들에게 부정적인 감정과 행동을 일으키는 영유아들도 쉽게 만날 수 있다.

아이들마다 다른 놀이의 모습이 나타나는 이유는 무엇일까?라는 질문과 함께 아이들의 삶인 놀이를 제대로 즐기지 못하는 아이들을 영유아 교사로서 우리는 어떻게 도와줘야 할 것인지에 대한 고민에 빠질 것이다.

같은 교실에서 같은 선생님과 친구들이 있는데 어떠한 아이들은 놀이를 너무 재밌게 놀이를 하고 어떠한 아이들은 놀이를 즐기지 못한다면 과연 어떠한 개인적인 차이점으로 인하여 놀이의 질이 달라지는 것인지에 대해 궁금증이 생길 것이다.

먼저 영유아들이 놀이를 하면서 건강하게 자랄 수 있도록 놀이에 영향을 미치는 일차적 요인인 개인·가정적인 요인을 살펴보고자 한다.

1) 기질

기질(temperament)을 사전적으로 풀이하면 자극에 대한 민감성이 특정한 유형의 정서적 반응을 보여 주는 개인의 성격적 소질을 의미한다. 심리학 용어사전에서는 태어나면서 관찰되는 정서, 운동, 자극에 대한 반응성, 혹은 자기통제에 대한 안정적 개인차를 일컫는다. 이는 아기가 갓 태어났을 때

아기의 생김새와 키, 몸무게 등이 서로 다른 것처럼 아기의 행동유형 또한 태어날 때부터 차이를 보인다고 할 수 있다. 이처럼 외형적으로 특정한 모습으로 드러나지 않지만 성격 또한 개인마다 다르므로 같은 상황에서 다른 양상의 행동을 보임을 알 수 있다. 예를 들어 신체적 접촉을 좋아하는 아이들도 있지만 자기 몸에 손을 대는 것을 싫어하는 아이도 있고, 자신의 활동을 도와주는 것을 좋아하는 아이도 있지만 싫어하는 아이들도 있을 수 있다.

유아의 기질을 이해하고 인정한다는 것은 놀이를 더 즐길 수 있도록 돕고자 하는 것이며 이는 유아의 개인차를 인정한다고 볼 수 있기 때문에 놀이의 개인적 요소에서 중요한 부분이라고 할 수 있다.

기질의 구성요소는 학자들마다 다소 차이가 있지만 Thoms와 Chess(1977)는 활동수준, 규칙성, 접근-회피성, 적응성, 반응, 반응성, 기분상태, 주의 전환성, 집중력 및 지속성의 9가지의 하위범주로 분류하여 제시하였다.

표 5-1 Thoms와 Chess(1977) 기질의 하위 범주와 내용

하위범주	내용
활동수준	먹기, 목욕하기, 놀이하기, 옷 입기와 같이 유아가 일상생활에서 보이는 신체활동량
규칙성	식사시간, 수면하기, 배변습관 등과 같은 생물학적 기능의 예측가능성
접근-회피성	자극에 처음으로 보이는 반응으로서, 미소 짓기, 새로운 사람·음식·장난감 등을 받아들이기와 같은 긍정적 반응형태 또는 울기, 소리 지르기, 얼굴 찌푸리기, 새로운 사람·음식·장난감 거부하기 등과 같은 부정적 반응형태
적응성	상황의 변화 또는 새로운 것에 대한 반응의 용이성
반응	유아에게서 감각적 자극, 주위의 사물, 사회적 접촉에 대하여 어떤 형태의 반응을 일으키는 데 필요한 최소한의 자극
반응성	긍정 및 부정적인 반응의 에너지 정도
기분상태	불행하거나 부정적인 행동에 대해 기분 좋게 반응하는 정도
주의 전환성	외부의 사태나 자극에 의해 진행 중인 활동이 쉽게 방해받거나 이탈하는 정도
집중력 및 지속성	특정한 행동이나 활동이 지속되는 방해를 받았을 때 그 행동이나 활동을 계속하려는 의지의 정도

출처: 백경라(2009). 유아의 기질에 따른 놀이행동에 관한 연구

표 5-1에서와 같이 기질의 하위범주를 살펴보면 영유아 개인의 기질에 의해 같은 놀이 환경 속에서도 서로 다른 모습으로 놀이를 할 수 있는 이유를 생각해 볼 수 있다. 일반적으로 까다롭고 부정적 정서를 많이 표현하는 기질을 가진 유아의 경우 외부의 자극에 대해 부정적인 반응을 많이 보이는 경향이 있기 때문에 또래 상호작용에 부정적 영향을 주며 반면 사회적 기질 특성이 높게 나타난 유아의 경우 또래 간 놀이를 주도적으로 시작하는 것을 좋아하고 놀이할 때 긍정적 방법을 사용할 줄 알며 또래와 역할 분담을 하는 것을 좋아하게 되어 또래와의 관계형성이 원만하다고 볼 수 있다(김희태, 김정림, 이임순, 남연정, 2014).

따라서 영유아 개인이 가지고 있는 기질을 이해하는 것은 유아의 놀이형태를 인정하는 첫걸음이라고 할 수 있다. 기질은 틀린 것이 아니라 다른 것이기 때문이다.

2) 부모와 형제자매

(1) 부모

부모는 삶의 모델이자 영유아의 삶을 공유하는 사람으로서 영유아에게 많은 영향을 준다.

특히 인간의 생애초기의 상호작용에 많은 영향을 주는 주요 요인은 부모이며 영유아의 성격형성에 많은 영향을 준다. 즉, 인간관계 및 상호작용과 더불어 성격형성의 기초를 마련하는 것은 부모라고 할 수 있다.

권수진(2007)의 연구에서는 부모역할의 구성요인을 발달자극역할, 양육역할, 관리역할 3가지로 나누어 설명하였다.

첫째, 발달자극역할이다. 발달자극역할은 자녀의 인지, 자아, 도덕, 친사회적 발달 등을 격려하고 증진하는 역할로서, 자녀에게 기대되는 잠재적 변화와 일치하는 발달변화를 일으키기 위해 안내, 보호, 돌봄을 제공하는 역할로 공감, 격려, 증진, 합리적 권위가 포함된다.

둘째, 양육역할이다. 양육역할은 부모가 자녀의 물리적·정서적 단기욕구에 대해 어떻게 적절한 사회적·물리적 자원을 제공할 것인가에 관한 역할로 융통성, 거부, 수용이 포함된다.

셋째, 관리역할이다. 관리역할은 부모가 일관적이면서도 융통성과 애정을 가지고, 자녀의 하루 일과를 조직화할 뿐만 아니라 의사결정 과정에서 유아의 역할을 인정해 주는 역할로 훈육과 더불어 통제까지 포함된다.

이는 주 양육자의 행동은 영유아의 놀이에도 많은 영향을 미치며 가정에서의 놀이 지원을 어떻게 받았느냐에 따라 또래와의 놀이 양상도 함께 결정됨을 의미한다.

양육행동이란 양육자의 일상적이고 반복적인 내면적, 외향적 행동으로 표출되는 행동 양식이라 할 수 있으며 자녀의 양육에 있어서 부모의 가치나 신념까지도 포함하는 것으로(배구택, 2019), 인간의 일정한 행동 패턴에 많은 영향을 미치는 요소이기도 한다. 부모의 양육행동은 유아의 성격과 행동, 사회·정서 및 인지발달 등과 같은 발달 전반에 걸쳐 지속적이고 광범위하게 영향을 미친다(Kerns, Contreras, & Neal-Barnett, 2000). 특히 영유아에게 있어 가장 중요한 부분은 생애초기의 부모와의 애착으로 부모와의 관계에서 부모의 양육태도에 따라 유아의 사회성 발달이 달라질 정도로 그 영향은 크다고 할 수 있다. 부모의 양육태도에 따라 유아의 사회성이 발달하기도 하고 이는 사회성의 긍정적이고 건강한 영향을 미치는 데 부모의 영향이 크다고 할 수 있다(김금선, 2011: 배선미, 2010: 이은아, 2012: 이현진, 2013). 만일 부모가 영유아기 자녀에게 바람직하지 않은 반응을 하고 왜곡된 관계 경험을 제공한다면 유아는 건강한 인격형성에 어려움을 겪을 뿐만 아니라(고재정, 2009) 이후 영유아가 경험하게 될 놀이 환경에서도 어려움을 겪게 된다고 볼 수 있다.

또한 부모와의 상호작용에서 긍정적인 영향을 받지 못한 경우 유아는 비정상적이고 바람직하지 못한 성격과 문제행동을 다른 사람들에 표출할 수 있다. 특히 부모 중에서 어머니의 영향력은 더 크다고 볼 수 있는데 어머니가 자녀에게 민감하게 반응하면서 의사소통을 하고 애정을 가지고 양육할 경우에 자녀의 사회적 적응행동을 촉진할 수 있다(최미나, 신나나, 2015).

표 5-2에서와 같이 부모의 양육유형과 영유아에게 미치는 영향력(Baumrind)은 권위적 양육유형, 권위주의적 양육유형, 허용적 양육유형, 방임적 양육유형 4가지로 나눌 수 있다.

표 5-2 부모의 양육유형과 자녀에게 미치는 영향력

양육유형	부모의 양육방식	자녀에게 미치는 영향력
권위적 양육 유형	• 가장 바람직한 양육형태 • 수용과 개입의 수준이 높음 • 적절한 통제기술 사용 • 자녀에게 적당한 자율성 부여	• 영유아기에는 명랑한 기분, 자기통제, 과제지속성, 협동성에 영향을 미침 • 아동기와 청소년기에는 높은 자아존중감, 사회 및 도덕적 성숙, 순조로운 학교수행능력과 관계됨
권위주의적 양육 유형	• 수용과 개입의 수준이 낮음 • 부모의 강압적인 통제가 높음 • 자녀에게 자율성 부여가 낮음	• 불안해하며, 좌절했을 때 적대적인 반응을 보임 • 성에 따라 남아들은 화를 많이 내며 반항적이고, 여아들은 도전적 과제에 압도당하고 탐구심이 부족하여 의존적임 • 방임적 양육유형의 자녀들보다는 학교생활을 더 잘하고 반사회적 행동도 적게 보임
허용적 양육 유형	• 지나치게 수용적이나 너무 방임적이고 태만함 • 자녀의 행동을 거의 통제하지 않음 • 자율적으로 행동할 수 없는 나이에도 자녀 스스로 많은 것을 결정하도록 허용	• 충동적이고 불순종하며 지나치게 성인에게 요구하거나 의존함 • 과제에 대한 지속성이 낮은 편이고 학업성취도가 부족하며 더 반사회적인 행동을 보임 • 성차이를 보면, 허용적인 양육과 의존, 비성취, 반항적 행동은 여아보다 남아에게서 더 많이 나타남

양육 유형	부모의 양육방식	자녀에게 미치는 영향력
방임적 양육 유형	• 수용과 개입의 수준이 낮음 • 통제가 거의 없음 • 자율성의 부여는 무관심한 수준임	• 정서적으로 고립되고 좌절되며, 자신에 대한 배려가 거의 없는 생활에서 스트레스를 많이 느낌 • 영유아의 제반 발달을 저해할 수 있으며 정서적 자기규제의 빈약함, 학업성취의 어려움, 청소년기의 반사회적 행동으로 연결됨 • 아동학대와 연결될 수 있는 바람직하지 않은 양육유형임

출처: 임명희, 성영화, 윤수진 공저(2016). 영유아 사회교육

결국 부모와의 상호작용은 이후의 유아의 다양한 생활에서 나타날 수 있는 행동패턴과 사회성 등에 많은 영향을 미치는 것을 알 수 있다.

더 나아가 부모는 가정에서 발생하는 놀이에 함께 참여하면서 부모-자녀 놀이상호작용을 통해 영유아의 발달을 지원하는 다양한 경험을 제공하는 역할을 함께 수행함으로써 영유아의 놀이가 활성화되도록 하여야 할 것이다.

(2) 형제자매

영유아에게 좋은 영향력을 가진 형제자매가 있는 경우에는 어떠한 좋은 교육적인 내용을 배우고 습득하는 것보다 삶에서 가져야 하는 인성을 매일 매일 자연스럽게 습득하고 있는 것과 같다.

형제자매는 영유아가 태어나서 형성하는 중요한 인간관계 요소 중 하나로 자신의 성격형성 및 생활습관을 배우고 공유할 수 있는 삶의 통로가 되는 것이다.

부모의 영향력만큼 형제자매는 일상을 공유하고 협력하며 때로는 경쟁자가 되어 사회생활에서 겪을 수 있는 사회적인 인간관계의 불편함을 경험하

게 된다. 이러한 형제자매와의 관계 속에서 영유아들은 서로에게 많은 영향력을 끼친다고 볼 수 있다.

특히 형제자매는 놀이에서 친구와 같은 역할로 무엇인가를 함께 배우고 공유하는 역할을 통해 놀이에서 느낄 수 있는 상호작용의 긍정적 효과를 가정에서도 경험할 수 있게 된다.

형제자매 상호작용의 영향을 보면 다음과 같다(조순옥, 이경화, 배인자, 이정숙, 김정원, 민혜영, 2015).

첫째, 애착 대상으로서의 형제자매의 영향이다. Robert Stuwart(1983)의 10~20개월 영아들의 낯선 상황 실험에서 보면 영아가 엄마와 분리될 때 전형적인 스트레스 신호를 보이며 낯선 성인들을 경계한다고 한다. 이때 형제자매가 함께 있는 경우 스트레스 신호가 훨씬 줄어듦을 알 수 있었으며 함께 있던 형제자매가 영아에게 위로와 보호의 역할을 담당함을 볼 수 있었다.

둘째, 사회적 모델로서의 형제자매의 영향이다. 대부분의 영유아들은 그들의 사회적 모델로서 나이 든 형제자매의 행동을 따라 하기 시작하면서 형제자매의 모습을 학습하며 성장해 나가는 것이다. 이때 형제자매의 긍정적 요소뿐만 아니라 부정적인 모습도 모방이 되기 시작한다. 예를 들어 공격성이 심한 아이의 경우 동생의 경우도 비슷한 공격성의 패턴이 있는 경우를 종종 볼 수 있는데 이는 공격성에 대한 상호작용의 모방이 일어났음을 알 수 있는 부분이다. 따라서 형제자매들은 서로 긍정적인 모방과 더불어 부정적인 모방도 함께 일어나기 때문에 서로 긍정적인 상호작용이 일어날 수 있는 환경이 조성되어야 할 것이다.

셋째, 교사로서의 형제자매의 영향이다.

가정에서 형제자매들은 어린 영유아 동생들에게 학습 등을 지도하는 교사의 역할을 담당하는데 놀이나 실제적인 학습을 함께하고 가르치는 동안에 서로 도움을 받게 되는 것이다.

이렇게 영유아들은 그들의 형제자매들과 상호작용을 통하여 충성, 조력, 갈등, 지배, 경쟁 등을 배우며 그 결과를 토대로 다른 사회적 생활에 적용하며 일반화시키게 되는 것이다.

2. 유아교육기관 요인

현대사회는 맞벌이의 증가로 인해 어린 시기부터 유아교육기관에서 보내는 시간이 많아지고 있다. 영유아는 하루 6시간에서 8시간을 유아교육기관에서 생활하기 때문에 주 30시간 이상을 유아교육기관에서 보낸다고 할 수 있다. 이는 유아교육기관에서 영유아의 놀이가 활성화되고 있음을 의미하고 있으며 그로 인해 유아교육기관에서의 놀이활동이 중요해지고(홍지명, 2015) 더불어 유아교육기관의 놀이환경도 중요해짐을 알 수 있다.

이는 영유아가 어떠한 유아교육기관을 다니게 되느냐에 따라 자신의 어린 시절의 놀이의 양상이 바뀔 수도 있음을 의미한다고 볼 수 있다. 영유아들에게 제공되는 놀이의 환경에 따라 영유아 놀이의 양상은 많이 달라질 수 있으며 더불어 영유아들이 가장 좋아하는 바깥놀이에 대한 유아교육기관의 지지도는 놀이에 대한 전반적인 인식과 연관되어 있다고 볼 수 있기 때문에 유아교육기관의 놀이환경과 바깥놀이 두 가지 요인을 자세히 살펴보고자 한다.

1) 놀이환경

유아교육기관의 물리적 구성요소는 영유아의 놀이에서 사회적 기술 및 행동을 표현하는 데 영향을 미친다. 특히 공간의 크기가 적절해야 하고 그 공간은 쾌적하고 안전성이 보장된 공간이어야 한다. 이러한 공간에서 영유아의 놀이활동은 공간의 협소함에 방해 받지 않고 안전하게 친구들과 상호작용을 할 수 있게 되는 것이다. 또한 2019 개정 누리과정에서 요구하는 공간의 융통성이 보장되고 편의성이 더하게 되면 영유아가 자유롭게 공간을 사용함으로써 다양한 놀이확장을 즐길 수 있게 되는 것이다. 즉, 공간의 자유로움이 영유아에게 제공되면 영유아의 놀이가 확장되면서 영유아의 자존감이 올라가며 자신이 원하는 놀이환경을 연출할 수 있게 되므로 영유아는 흥미로운 놀이를 지속할 수 있게 되는 것이다. 예를 들어 영유아들이 교실 내의 놀이 시 흥미영역의 공간을 허물고 활동할 수 있는 분위기인지, 의자나 책상을 사용해서 놀이를 진행할 수 있는지, 교실 밖 복도에서 놀이를 할 수 있는지에 대해 교사의 허락을 구하지 않고 놀이할 수 있는 분위기라면 영유아의 놀이 분위기는 달라질 것이다. 따라서 교실 내의 물리적 환경이 영유아의 놀이를 지원할 수 있는지와 공간을 활용할 수 있는 주체가 영유아인지가 무엇보다도 중요함을 알 수 있다. 유아의 공간의 자유로움 보장과 함께 유아교육기관에서 물리적 환경 구성 시 고려되어야 하는 부분은 표 5-3과 같다.

표 5-3 유아교육기관 물리적 구성요소

구성요소	하위요소	평가항목
안정성	공간의 안정성	발달에 따른 안전한 공간 공간의 적합성, 움직임 활동의 공간 안정성 신체의 불균형에 대한 공간의 안정성
	시설설비의 안정성	가구 및 벽과 기둥 모서리 마감재 안전소재, 재료 및 완성도 신뢰감과 안전감 제공
쾌적성	쾌적성	쾌적한 공간(온도, 공기, 습도, 소음, 환기 등)
	휴식성 (안락성)	휴식과 재충전의 기회 제공 낯선 곳에서 느끼는 불안감 최소화, 친숙하고 편안한 분위기 형성
	청결성	깨끗하고 정돈된 환경(청결, 위생조건)
융통성	구조의 융통성	가변적인 공간 배치(활동에 따라 변경 가능성)
	활용성	자료의 제시(제시된 자료에 대한 접근)
	교류성	자료의 교류(영역 간 자료의 공유와 개방, 선택 가능한 자료 이용)

구성요소	하위요소	평가항목
편의성	편리성	편리한 공간 및 시설(학습, 놀이 공간의 배치/가구배치/시설 완비/이용의 수월성)
	다양성	다양한 공간 및 가구(크기 및 형태의 다양화/선택 가능성)
	적합성	각 연령에 알맞은 인체공학적 시설, 설비 및 비품 및 교재/교구, 각종 가구의 디자인
자존성	자아존중감	사적 공간의 보유, 전용 공간의 존중 분위기 조성
	영역성	다양한 형태의 경계 표시
이동성	역동성	동적인 공간(유도 공간/커뮤니케이션 공간)
	접근성	실내·외 자유롭게 움직일 수 있는 충분한 공간(움직임 허용 공간)
	소통성	모든 형태의 소통 가능(개방된 커뮤니케이션)
심미성	아름다움	아름다운 분위기(실내·외 배색, 색채, 조경, 그림 등)
	조화로움	조도와 배색 등의 조화(채광, 벽, 바닥의 색깔, 재질 등)

출처: 이시연(2017). 유아교육기관 물리적 환경과 유아 놀이성 간의 관계

결국 영유아에게 제공되는 놀이환경은 물리적 놀이환경과 더불어 놀이 시 공간을 자유롭게 사용할 수 있는 주체가 영유아가 되는 것을 합쳐져 이루어지는 환경이라고 볼 수 있다.

2) 바깥놀이

유아교육기관의 바깥놀이에 대한 선호도를 보면 영유아의 놀이의 주도성을 얼마나 중요하게 생각하는지에 대해 알 수 있다.

바깥놀이를 적극적으로 실시한다는 것은 유아가 편하게 놀이할 수 있는

기회를 많이 제공해 준다는 것이고 이를 통해 영유아는 주도성을 가지고 활동을 할 수 있는 기회를 많이 가짐으로써 놀이를 흥미롭게 지속할 수 있는 것이다.

바깥놀이는 안전문제로 인해 영유아의 놀이를 제약하기 쉬운 장소이기도 하다. 그리고 유아교육기관에서 준비한 주제활동이나 행사로 인해 바깥놀이 시간을 줄이는 경우가 종종 발생하기도 한다.

그러나 유아교육기관에서 바깥활동을 장려하고 영유아들에게 충분한 놀이시간을 장려한다는 것은 바깥놀이활동에서 주어지는 여러 가지 놀이의 이점을 충분히 숙지한다는 것이고 바깥놀이를 영유아의 놀이 1순위로 삼는다는 것을 말하는 것이다.

바깥놀이터에서는 영유아가 흥미로워하는 활동을 주도적으로 하며 탐구의 기초를 형성하는 광범위한 경험적 활동을 할 수 있게 되는데 이는 유아가 주도성을 잘 발휘할 수 있는 환경이라고 볼 수 있다고 하였다(한은미, 2015).

특히 영유아는 주도적 바깥놀이를 하면서 놀이성을 발휘하고 증진할 수 있으며 실내환경에서 허용되지 않는 달리기, 뛰어다니기, 소리 지르기 등과 같은 자유로운 경험을 통해 다양한 대근육 활동을 적극적으로 하게 됨으로써 신체발달을 촉진할 수 있는 기회를 가질 수 있다(전정애, 2017). 더불어 유아는 실외에서 즐겁고 자유롭게 놀이하는 가운데 유아 자신이 가지고 있는 지식, 기술, 개념을 표현하며 호기심과 상상력을 더욱 잘 발휘하게 된다(임재택, 2009).

바깥놀이의 교육적 가치는 다음과 같다(박정은, 2020).

첫째, 바깥놀이는 영유아의 신체적 발달에 건강에 긍정적인 영향을 미친다. 실외라는 공간적인 특성은 영유아가 신체를 활발하게 움직일 수 있도록 하고 대근육 사용의 기회를 빈번하게 제공하여 운동기술 능력을 증진시킨다.

둘째, 바깥놀이는 영유아의 심리적 긴장감을 해소하고 정서적 발달을 돕는다.

바깥놀이터는 실내놀이보다 자유롭게 소리치고, 뛰어놀고, 즐길 수 있는 공간으로 바깥놀이를 할 때 심리적, 신체적인 억압에서 벗어나 스트레스를 덜 받으며 넓은 공간에서 자유롭게 뛰어놀고, 소리치며 안정감을 느끼고 휴식을 취할 기회를 얻게 된다.

셋째, 바깥놀이는 영유아의 사회성 발달과 언어발달에 긍정적인 영향을 미친다.

이때 영유아는 사회적 기술을 활발히 사용하고 실내에서 보다 더 많은 협동놀이를 하며 언어적 상호작용을 더 다양하게 사용함을 알 수 있다.

넷째, 바깥놀이는 유아의 인지발달과 창의성 발달에 효과적이다.

바깥놀이에서 이루어지는 목공놀이, 쌓기 놀이, 상상 놀이, 극 놀이 등은 창의성, 언어, 지각, 기억의 발달을 자극한다. 그리고 실외에서는 동식물의 변화, 자연의 변화 및 날씨의 변화 등을 느낄 수 있으므로 유아의 호기심과 탐구심을 자극하여 창의성 발달에 도움을 준다. 즉, 바깥놀이의 환경은 실내와는 다른 공간적인 특성을 가지고 있기 때문에 다양한 놀이의 모습을 보이기도 한다. 자연물을 이용하여 놀이를 할 수 있고 자신의 몸을 자유롭게 움직일 수 있으며 가작화 놀이에 쉽게 빠져들 수도 있다. 충분한 바깥놀이 시간에 영유아들에게 제공된다면 아이들은 진정으로 놀이에 몰입할 수 있게 되므로 유아교육기관에서의 바깥놀이의 시간확보는 놀이지원에서 아주 중요한 부분이 되는 것이다.

바깥자유놀이의 의미(한은미, 2015)는 다음과 같다.

첫째, 의미 있는 새로운 놀이 공간의 형성이다. 영유아들은 바깥놀이 공간을 놀이에 필요한 새로운 공간으로 의미를 부여하였다.

둘째, 과학적 탐구태도를 증진하는 의미가 있다. 영유아들은 바깥공간으로 나오면서 자연과 마주하게 되는데 이때 호기심을 갖고 자연을 관찰하고 놀이하는 과정에서 자연물과 생명체를 소중히 여기는 언어표현과 함께 점차 자연을 보호하는 태도까지 보이기도 하는 것을 알 수 있다.

셋째, 놀이 표현 및 전개의 다양화이다. 유아들은 바깥자유놀이가 이전 경험의 확장, 공간의 창의적 활용, 사회적 극놀이, 신체적 표현활동, 즐거움 자체의 의미를 가진다.

이러한 바깥놀이의 유익함을 알고 주제활동보다 바깥놀이를 아이들의 놀이의 최고 놀이로 생각하여 실천하는 자세가 필요한 것이다.

3. 전자미디어 요인

문화는 인간의 삶에 많은 영향을 미치고 그 영향은 실생활에서 다양한 모습으로 나타나는 양상을 띤다고 볼 수 있다. 따라서 영유아의 놀이를 이해하기 위해서는 영유아의 놀이에 많은 영향을 미치는 영유아의 문화에 많은 관심을 가져야 한다. 놀이상황 시 영유아의 대화 및 놀이상황 설정을 보면 우리 아이들이 접하는 문화 콘텐츠의 양상들이 많이 나타난다고 볼 수 있다. 이는 전자미디어가 영유아의 문화에 많은 영향을 미치고 있음을 알 수 있다. 전자미디어란 TV, 컴퓨터, 스마트 기기(스마트폰, 스마트 패드, PDA 등), 태블릿 PC를 총칭한다(배구택, 2019). 요즘 영유아들은 어린 시절부터 TV시청뿐만 아니라 유튜브 방송, 학습을 위한 태블릿 PC 사용 등에 많이 노출되어 있다. 이러한 어릴 때부터의 전자미디어를 접하는 행위들은 영유아들에게 다각적으로 영향을 미치고 있다고 할 수 있다.

맞벌이 부부의 증가에 따라 영유아의 전자미디어에의 노출은 증가한다고 볼 수 있으며 이로 인해 영유아에게 다양한 문제점을 야기할 수 있다.

특히 영유아기에는 뇌의 폭발적인 발달과 더불어 성격형성과 같은 중요한 정서적 발달을 이루기 때문에 중요한 시기여서 놀이를 통한 활동을 통해 부모와 또래와의 상호작용에서 뇌의 발달 및 정서·인지·언어발달이 이루어져야 함에도 많은 영유아들이 전자미디어를 보면서 많은 시간을 보냄을 알 수 있다. 특히 전자미디어의 영상물의 과몰입은 영유아의 언어발달에 부정적인 영향을 미침을 알 수 있다(이희란, 이승복, 2014). 유아기 전자미디어의 지속적 노출은 이성과 논리 등을 담당하는 좌뇌를 지속적으로 자극시켜, 감정과 공감능력 등을 좌우하는 우뇌의 기능을 상대적으로 떨어뜨려 유아의 정서문제를 가지고 올 수도 있다.

1) 스마트폰 사용

스마트폰은 휴대전화에 인터넷 통신과 정보검색 등 컴퓨터 지원 기능을 추가한 지능형 단말기로서 사용자가 원하는 애플리케이션을 설치할 수 있는 것이 특징으로 기능면에서 휴대전화와 컴퓨터가 결합된 형태이다(두산백과).

우리나라 스마트폰 보급률은 세계 1위인 91%로 TNS와 KT경제경영연구소가 발표했다(프레시안뉴스, 2018). 스마트폰은 화면을 터치하면 손쉽게 사용할 수 있기 때문에 스마트폰을 사용하는 연령대가 2~3세로 하향화되고 있다(최희숙, 2016). 이는 부모들이 영유아들이 스마트폰을 반복적으로 사용하게 되어서 오는 수면부족, 피곤함, 공격성, 또래와의 놀이 거부, 짜증, 울음 등의 부정적인 영향을 간과하고 스마트폰을 너무 쉽게 영유아들에게 제공하는 것이 문제가 된다는 것을 알아야 하는 시점이다. 스마트폰의 편리함 때문에 영유아에게 너무 쉽게 하나의 놀잇감으로 제공하는 경우가 많다 보니 영유아가 놀이 탐색을 하지 않거나 스마트폰에 의한 시청각 놀이로 끝나는 경우가 발생하기 때문이다.

스마트폰 이용이 영유아기 뇌발달에 미치는 영향

(과학기술정보통신부, NIA 한국지능정보사회진흥원, 2021)

- 영유아기는 다른 연령에 비해 뇌발달 속도가 빨라요.
- 영유아기는 뇌발달의 결정적 시기로 기억과 감정을 관장하는 해마 발달의 민감기에 해당해요.

- 자신의 감정과 충동을 참고 조절해 적절한 행동을 선택하는 연습이 필요해요.
- 영유아기에는 뇌 구조와 기능의 발달 수준이 충분히 성숙하지 못한 만큼 스마트폰의 부정적인 영향에 취약해요.
- 특히 발암물질로 분류되는 스마트폰 전자파는 성인보다 두개골이 얇고 뇌의 크기가 작은 유아에게 더 해로워 주의가 필요해요.
- 스마트폰을 비롯한 디지털 기기의 강한 자극에 자주 노출되면 뇌 구조가 변할 수 있다는 연구가 있을 정도예요.

※주요 근거

세계보건기구(2019). Guidelines on physical activity, sedentary behaviour and sleep for children under five years of age.

미국소아과학회(2016). Media and Young Minds. Dunckley, V(2015) Reset Your Child's Brain: A Four-Week Plan to End Meltdowns, Raise Grades, and Boost Social Skills by Reversing the Effects of Electronic Screen-Time New World Library.

이러한 스마트폰의 사용이 놀이에 미치는 영향을 간과할 수 없는 실정이다.

스마트폰의 사용은 영아기부터 많은 영향을 미친다. 스마트폰의 과한 사용은 영아의 놀이성을 낮추는 부정적인 영향이 있는 것으로 놀이를 하는 대신 스마트폰을 사용하는 시간이 길어지면서 신체적 자발성, 사회적 자발성 등의 놀이성이 발달할 수 있는 기회가 적어진다는 것이다(유은혜, 2018). 또한 스마트폰을 활용한 애플리케이션 활용하기, 동영상 시청하기, 게임하기와 같이 일방적인 시각적 자극에 계속해서 반복 노출되면 나의 생각이나 감정 표현하기, 타인의 감정을 이해하기에 어려움을 느낄 수 있다(배애라, 2020).

스마트폰에 지나치게 의존, 몰입하고 반복적으로 사용하다 보면 자연스럽게 중독현상이 나타나는데 영유아의 경우 또래와의 놀이보다는 지나치게 스마트폰에 집착하는 영유아가 늘어나고 있는 실정이라 할 수 있다. 따라서 스마트폰의 사용은 영유아기의 놀이 발달에 도움이 되기보다는 놀이 시간의 감소와 놀이의 질을 떨어뜨리는 상황이 우려되기 때문에 최근 유아의 스마트폰 과다사용으로 인한 스마트폰에 과몰입되는 역기능 현상들이 심각하게 제기되고 있다(김경중, 김진숙, 임경진, 2016). 이러한 점을 보완하기 위해서 유아교육기관에서는 의무적으로 영유아 스마트폰 과의존 예방교육을 연 1회 이상을 실시하고 스마트폰 쉼센터(www.iapc.or.kr)에 실적보고를 하도록 하는 법정 의무 예방교육을 실시하고 있다.

영유아의 스마트기기 의존도를 예방하거나 낮추기 위해 부모가 중요한 요인으로 작용하기 때문에 부모가 스스로 스마트기기 사용을 적절하게 하는 태도가 필요하고 이를 위한 부모교육이 필요하다(김윤선, 2020). 어릴 때부터 규칙 없이 제공되는 스마트폰은 아이의 신체, 인지, 정서 발달에 해로우며, 그리고 보호자의 스마트폰 이용습관을 아이가 그대로 습득할 수 있음을 알려야 할 것이다. 더불어 아이의 스마트폰 사용은 보호자로부터 시작됨을 잊지 말아야 할 것이다. 현재 영유아임에도 불구하고 스마트폰에 집착하여 놀이를 잘 하지 못하는 영유아들은 전문가의 도움을 구하여 스마트폰 중독성에서 빠져나올 수 있도록 해야 할 것이다.

유아교사들 역시 우리 아이들의 놀이를 방해하는 요소 중 하나인 스마트폰의 장단점을 잘 파악하고 우리 아이들의 놀이에 어떠한 영향을 미치는지에 대해 심도 있는 논의와 관심이 필요한 시점이다.

더불어 놀이터에서 뛰어놀아야 하는 우리 아이들이 스마트폰의 세계에 빠져서 그들의 놀이성을 잊지 않고 있는지를 유아교사로서 세밀하게 지켜보아야 할 것이다.

그리고 우리 아이들이 스마트폰을 이용하여 어떠한 것을 보는지에 대한 관심도 함께 가짐으로써 스마트폰이 우리 아이들의 놀이에 미치고 있는 영향을 다각적으로 고민해 보아야 할 것이다.

POINT

'동심'이라는 말만 들어도 미소가 지어질 만큼 어린 시절은 우리들의 순수함을 간직하는 소중한 시기입니다.
성격이 형성되고 주위 사람들을 알아가게 되고, 우리가 성장하여 행복하게 살아갈 수 있는 밑거름을 만드는 중요한 시기가 영유아기라 할 수 있습니다.
더욱더 중요한 것은 '아이들의 현재'가 아이들에게 가장 중요하기 때문입니다. 이 말은 현재가 중요한 것이지 유아기가 다음을 준비하는 시기만이 아니라는 것입니다.
그런데 요즘의 시대적 흐름은 유아기가 초등시기를 준비하는 데 시간을 보내거나 아이들이 하고 싶어 하는 것을 해 준다는 것이 장난감, 미디어를 마음껏 가지고 해보는 것입니다. 아이들이 누리는 시간의 질이 과거보다 나아지고 있다고 보기 어렵다는 것입니다.
아이들의 일상생활을 함께 누리는 우리들은 아이들의 소중한 시간들이 건강하게 사용될 수 있도록 '아이들 자신의 힘'을 기르게 하는 것입니다.
우리 어른들이 무심코 주는 핸드폰 게임이 우리 아이들이 자기의 기분을 조절하는 것을 힘들게 만들고 더 나아가 신체적 활동을 저하시키고 친구와의 상호작용에서 느낄 수 있는 행복감을 감소시킨다는 것입니다.
지금이라도 '이 정도는 괜찮을 거야'라는 생각을 버리고 나 자신부터 핸드폰을 멀리해 보십시오. 뭔가 허전한 느낌이 들 것입니다. 그러나 또 다른 곳을 바라볼 수 있는 여유가 생길 것입니다. 이 여유를 우리 아이들에게도 선물해 주시기 바랍니다.

2) 만화영화와 유튜브 프로그램

(1) TV 만화영화 시청과 캐릭터 놀잇감

유아교육기관에서 자유놀이 시간에 유아들이 TV 만화영화의 캐릭터에 대해 이야기하는 모습을 종종 볼 수 있다. 영유아기 유아들은 만화영화를 보면서 캐릭터와 동일화되어 만화 주인공이 하는 행동을 모방하기도, 진행되는 이야기를 따라 하면서 자신만의 캐릭터로 표현하기도 한다.

> 하원 준비를 하고 있는 유아들에게 다가가 보니 아이들의 대화 속에서 만화영화 터닝메카드의 메카니멀에 대해 이야기하고 있었다.
> “원장선생님은 프린스콩 좋아하는데...에반도 멋지고”라고 말하니
> 아이들이 신나하면서 “원장선생님도 터닝메카드 알아요?”라고 하면서 대화를 이어가기 시작하였고, 나를 바라보는 눈빛도 친근감 있어 보였다.

우리들은 흔히 아이들에게 만화영화를 많이 보면 ‘생각주머니가 작아진다’고 말하면서 많이 보지 말라고 이야기를 하는 경우가 많다. 이보다 더 중요한 것은 아이들이 보는 만화들을 잘 알고 그 만화영화들의 장단점을 잘 숙지하고 더불어 이 만화가 아이들의 일상생활에 얼마나 많은 영향을 주는지에 대해 잘 아는 것이 더 중요하다. 인기 있는 만화영화의 캐릭터는 아이들의 완구에 가장 큰 영향을 미치기 때문에 아이들의 발달과 사회성에 많은 영향을 끼치게 되는 것이다.

성인인 우리들도 어린 시절을 되돌아보며 재미있게 봤던 만화영화를 생각하면 ‘기분이 좋다’라는 생각이 들면서 살짝 미소가 지어질 것이다. 이렇듯 만화영화는 동심의 세계와 밀접하게 연결되어 있는 것이다.

현재 TV 만화영화 캐릭터가 우리 아이들의 놀잇감으로 연결되어 영유아들에게 제공되고 있는 실정이다. 이를 유아 대상 TV 프로그램 캐릭터 놀잇감이라고 할 수 있는데 캐릭터 놀잇감이란 유아 대상 TV 캐릭터를 상품화한 제품 중 유아가 가지고 놀 수 있는 놀잇감으로 모형 놀잇감, 구성 놀잇감, 대근육 놀잇감, 교육용 놀잇감, 실물 놀잇감, 전자 놀잇감 등이 모두 포함된다고 할 수 있다. 놀잇감마트나 완구점을 가 보면 이러한 영유아들이 시청하는 만화영화에서 볼 수 있는 놀잇감들이 나열되어 있는 모습을 보이며 이러한 놀잇감들의 가격들이 높게 생성되어 있음을 알 수 있을 것이다.

TV 프로그램에 등장하여 영유아의 사랑을 받게 된 캐릭터가 상품화되는 것은 이제 피할 수 없는 현실이기에 상업적인 환경에 무방비 상태로 노출되어 영유아의 놀이에 영향을 미치고 있는 현실이기에 영유아의 놀잇감에 대해서도 심도 있는 고민이 필요한 시기이다.

부모들이 새벽 3시 마트 앞에 텐트치고 줄 선 까닭은?

#지난 5일 서울 강서구에 사는 김모씨(37)는 토요일임에도 아침 일찍 서둘러 집을 나서 8시쯤 토이저러스 김포공항점에 도착했다. 개장 2시간 전이지만 이미 수십 명의 사람들이 길게 줄을 서 있었다. 김씨는 이번에도 아들이 원하는 '에반-블루'를 사는 데 실패했다. '에반-블루'를 득템한 사람에게 물어보니 새벽 3시부터 줄을 섰다는 답이 돌아왔다.

초등학교 저학년 아이를 둔 부모들의 '터닝메카드 찾아 삼만리'가 벌어지고 있다. 터닝메카드 물량이 들어오는 날이면 마트 앞에 부모들의 긴 행렬이 이어지는 것은 기본이다. 일부 부모들은 새벽부터 텐트를 치고 기다린다. 심지어 지방 마트에 원정 구매를 간 부모가 소셜네트워크서비스(SNS)를 통해 친한 다른 부모들이 원하는 제품을 대신 구매해 주는 '품앗이'도 성행하고 있다.

머니투데이(2015.09.08)

선풍적 인기에 끝없는 줄……" 그 장난감 미워"

[기자]
제가 지금 나와 있는 곳은 서울 시내의 한 대형마트입니다.
오늘 이곳에서 오후 5시부터 요즘 어린이들 사이에서 선풍적인 인기를 끌고 있는 터닝메카드 장난감을 판매한다고 하는데요.
가격은 둘째치고 구하기가 힘들어서 신 등골브레이커로 불리는 이 터닝메카드, 얼마나 인기가 많은지 직접 알아보겠습니다.
오후 4시, 판매까지 한 시간이나 남았는데도 많은 사람들이 줄을 서서 판매를 기다리고 있습니다.

[○○○/서울 보문동: (누구 사주려고 기다리시는 거예요?) 저희 집 꼬맹이들 있거든요. 아이들이 터닝메카드를 굉장히 좋아해요.]
판매 시간이 다가오자 여기저기서 언성이 높아집니다.
어른들 다툼에 함께 온 아이는 울음을 터뜨립니다.
줄을 선 순서대로 번호표가 배부되고 곧이어 기다리던 터닝메카드가 모습을 드러냅니다.
오후 5시가 되면서 우여곡절 끝에 드디어 터닝메카드의 판매가 시작됐습니다.
1인당 하나밖에 구매하지 못하기 때문에 다들 매우 신중하게 고르는 모습입니다.
[○○○/서울 삼선동: 너무 좋죠. 손자를 위해 몇 시간 기다려서 하나 샀으니까요. 기분이 상당히 좋습니다.]

국내 최대 완구 도매상 밀집 지역인 창신동 완구 거리는 상황이 어떨까?
완구점 이곳저곳을 돌아봤지만 터닝메카드를 파는 곳을 찾기는 힘들었습니다.
일부 상점은 아예 '터닝메카드를 팔지 않는다'는 문구까지 붙여놨습니다.
제가 한 시간 가까이 이곳 시장을 돌아다녀서 겨우 터닝메카드를 하나 구할 수 있었습니다. 이 가게 역시 이 터닝메카드가 마지막 남은 터닝메카드라고 합니다.
말이 끝나기 무섭게 기자 손에 들린 터닝메카드도 팔려 나갑니다.

[○○○/경기 안산시: 손주 위해서 3시간이고 4시간이고 뭐, 구할 수 있으면 구해야죠.]
터닝메카드는 일종의 변신 로봇 장난감으로 각각 생김새가 다른 16가지 캐릭터로 구성돼 있습니다.
한 방송사의 만화영화로 방송되면서 아이들 사이에서 인기를 끌기 시작했습니다.
상황이 이렇다 보니 일부 상점에서는 정가보다 3, 4배 비싼 가격에 장난감을 팔기도 합니다.
[(이거 얼마예요?) 카드로 하시면 4만 원이요. (더 싼 거는 없어요?) 지금 없어요. 물건이 한 가지밖에 없어서요.]
망가진 터닝메카드를 고쳐 쓰려는 사람들로 공식 수리점도 연일 만원입니다.

JTBC 뉴스(2015.07.08.)

이렇듯 TV 만화영화는 더 이상 개인이 보는 만화영화 시청으로 끝나는 것이 아니라 영유아의 고유의 문화가 되어 아이들의 놀이에 많은 영향을 미치게 됨을 알 수 있다.

또한 영유아기 시기에는 가상놀이들이 활성화되는 시기이며 이러한 가상놀이를 통해 영유아들은 직·간접적인 경험을 내면화하여 가상놀이로 표현되는데 TV 만화영화도 영향을 미친다고 할 수 있다. 이때 가상놀이를 통하여 성인들은 영유아의 내면의 세계를 알 수 있고 가상놀이를 통해 표현되는 여러 가지 상황들을 보며 영유아의 흥미와 관심도를 예측해 볼 수 있다.

가상놀이 주제는 유아가 속한 지역 내의 사회문화적 환경과도 관련이 있으며 유아가 속한 지역사회 경험들과 TV에서 시청한 프로그램의 영향을 받기도 한다(조순옥, 2001).

이러한 영유아들의 특징들을 보며 현재 우리 영유아들이 보고 있는 만화영화의 내용들을 숙지하고 시청지도와 더불어 만화영화와 이어진 캐릭터들도 영유아들의 놀이에 미치는 영향에도 많은 관심을 가져야 할 것이다.

놀잇감과 연결된 TV 만화영화의 예

꿈의 왕국 소피 루비

기본정보

- TV만화 꿈의 왕국 소피 루비 (시즌2)
- 연령: 7세 이상
- 편성: SBS 2017.10.21. ~ 2018.11.03. 52부작(완결)
- 시청률 0.6%
- 변신을 통해 직업미션을 수행하며 꼬마 왕자의 저주를 푸는 이야기
- 손오공, 초이락컨텐츠컴퍼니, (주)픽셀플레넷에서 공동으로 제작한 한국 애니메이션

꿈의 왕국 소피와 연결된 놀잇감

① 루비 캠핑카
루비와 함께 차도 마시고 머리도 하고, 편안히 쉴 수 있는 캠핑카.

② 변신 스케치북
내가 그린 그림이 3D캐릭터로 나타나는 변신스케치북. 그림판을 놓고 LED버튼을 누르면 예쁜 그림이 나온다.

③ 루비워치
사진과 동영상을 찍고 게임도 할 수 있다.

④ 아띠의 멜로디 플루트
요술봉 놀이는 물론 8가지 음계 버튼이 알려주는 미션도 수행할 수 있다.

⑤ 빙글빙글 비즈메이커
알록달록 목걸이부터 반지와 팔찌, 머리띠, 머리끈까지 핸들을 돌려 쉽게 나만의 비즈 액세서리를 만들 수 있다.

⑥ 스타비즈팩트
참 메이커에 알록달록 구슬을 꾸며 넣고 메이커를 누르면 블링블링 목걸이 참을 완성할 수 있다.

⑦ 화장품 궁전 메이크업 세트
빙그르르 돌면서 예쁘게 정리할 수 있는 나만의 메이크업 보관함과 피부에 바르는 소피루비 리얼 메이크업 키트가 들어있다.

⑧ 다이아 네일팩트
스티커를 골라 오리고 붙이고 물을 발라주면 예쁜 네일아트를 완성할 수 있다.

⑨ 비비의 리듬 탬버린
트윙클 보석을 탬버린에 끼우면 다양한 악기 소리와 멜로디가 연주된다.

⑩ 말하는 소원수첩
23가지 미션에 맞게 미션카드를 꽂으면 주제곡과 함께 불빛이 반짝반짝 빛난다. 미션에 맞는 미션카드를 골라 의상을 입히고 꾸밀 수 있다.

* 장난감 유통 전문 기업인 손오공에서 제작된 만화영화로 다양한 놀잇감을 볼 수 있다.

POINT

모든 매체는 장점과 단점이 있습니다.
특히 만화영화에 관련된 완구는 보고, 듣고, 만질 수 있고, 이를 통해 가상세계와 현실세계를 오고 가기 때문에 아이들에게 더 큰 영향을 미칠 수 있게 되는 것입니다.
요즘은 예전의 아이들에 비해 쉽게 장난감을 접할 수 있고, 고가이어도 부모님께서 사 주는 경우가 많기 때문에 아이들은 더욱더 쉽게 만화영화와 완구에 중독되는 경우가 많은 것입니다.
'중독'이라는 단어는 무서운 단어입니다.
왜냐하면 한번 중독이 되면 많은 후유증을 동반하고, 특히 지금 누려야 하는 것들을 빼앗기는 것도 의미하기 때문입니다.
아이들은 자신이 좋아하는 것을 절제하는 능력이 부족합니다.
어른들이 우리 아이들이 '중독'되지 않도록 노력해야 합니다.
선생님은 만화영화를 무조건 적게 보는 것이 좋은 것이다라고 말해주는 것보다 우리 아이들이 좋아하는 만화영화에 대한 충분한 지식을 가지기 위해 우리 아이들이 보고 있는 만화영화에 대한 철저한 분석이 더 필요한 것임을 잊지 말아야 합니다.
일과 중에 아이들과 만화영화에 대한 느낌을 공유해 보시고, 더 나아가 장·단점에 대한 이야기를 나누어 보시기를 바랍니다.
그리고 오늘부터 우리 아이들을 이해하기 위해 만화영화를 꼭 시청하시기 바랍니다^^

(2) 유튜브 시청과 놀이에서의 흥미도

영유아들이 좋아하는 유튜브는 동영상 형식으로 제공되기 때문에 즉각적인 반응과 언어의 장벽이 낮다는 특성 때문에 영유아가 손쉽게 접근할 수 있다는 용이함을 가지고 있다. 이를 통하여 유튜브 콘텐츠 역시 유아의 놀이에 직·간접적으로 많은 영향을 미치고 있다. 유튜브 콘텐츠에는 영유아들이 좋아하는 요소가 많기 때문에 현재 유튜브 키즈 채널이 따로 운영될 정도로 많은 콘텐츠들이 제공되고 있는 실정이다. 유튜브 채널을 통하여 영유아들의 교육적인 요소뿐만 아니라 놀이로서의 시청도 활성화되고 있다. 유튜브 콘텐츠는 다음과 같은 요소를 가지고 있음(김예진, 2019)으로써 유아들의 흥미를 유발한다고 할 수 있다.

첫째, 밝은색의 색채를 다양하게 사용하고 있다.

밝은색의 장난감을 가지고 놀이하는 모습을 보이며 영유아의 주목을 끌고 있다.

둘째, 캐릭터 모양의 단순화와 배경의 불필요한 요소를 삭제하였다.

2등신 형태의 캐릭터들을 많이 볼 수 있는데 이는 영유아의 사물에 대한 모호성을 줄이고 정확성을 높여 캐릭터를 보다 쉽게 인지할 수 있도록 만든다.

셋째, 일관성 있는 화면 전개 속도 제공이다.

어떤 곳에서는 느리게, 또한 어떤 곳에서는 빠르게 또 같은 내용도 다양하게 반복해 줌으로써 영유아의 흥미를 집중시킬 수 있다.

넷째, 반복적인 장면연출이다.

똑같은 상황을 반복연출하는 것은 영유아의 호기심을 유발하고 대사의 반복에서 오는 운율에서 영유아는 몰입감을 형성할 수 있다.

다섯째, 청각적 요소를 가미한다.

청각적 요소는 영유아의 가장 먼저 발달하는 요소로 청각적 요소가 가미되면 영유아의 흥미를 높일 수 있다.

표 5-4 발달 단계에 따른 콘텐츠의 재미요소

발달단계	놀이	주된 재미	재미요소
1단계 감각운동기 단계 (대략 0세~2세)	기능놀이	지각적 재미	시각적 요소
			청각적 요소
2단계 전개념적 사고기 단계 (대략 2세~4세)	구성놀이, 상징놀이 사회극놀이	지각적 재미 + 인지적 재미	시각적 요소
			청각적 요소
			스토리텔링
3단계 직관적 사고기 단계 (대략 4세~7세)	구성놀이, 상징놀이 사회극놀이, 규칙 있는 게임	인지적 재미	시각적 요소
			청각적 요소
			스토리텔링
			도전과제

출처: 김예진(2019). 영유아 대상 유튜브 키즈 콘텐츠의 재미요소에 관한 연구

유튜브 콘텐츠 역시 TV 만화영화와 마찬가지로 유튜브에서 나왔던 캐릭터들이 놀잇감으로 나오고 있으며 영유아들의 놀이에서도 유튜브에서 나오는 캐릭터를 흉내 내는 모습을 종종 볼 수 있다.

유아교사라면 영유아들이 좋아하는 유튜브 콘텐츠들을 파악하고 콘텐츠의 장점과 단점을 분석하여 아이들과 이야기를 할 수 있는 능력을 길러야 할 것이다. 특히, 자유놀이 시간에 유튜브와 관련된 캐릭터로 아이들이 놀이할 때 직·간접적으로 개입하여 긍정적 놀이형태로 이루어질 수 있도록 놀이지도를 하여야 할 것이다.

유아교사가 영유아들이 좋아하는 유튜브 콘텐츠를 모른다면 제대로 된 놀이지도를 하기 어려운 시대가 될 수 있다는 것을 명심하여야 할 것이다.

놀잇감과 연결된 유튜브 채널의 예

캐리TV+놀잇감

캐리의 24시 편의점 놀이, 메이크업 매직 화장대, 캐리와 장난감 친구들 네일아트, 캐리의 카페 놀이, 캐리 뷰티미용 놀이 등이 있다. 주로 역할놀이를 위한 놀잇감이 많았고 '핑크색'이 주를 이룬 놀잇감이 대부분이었다.

〈아이들이 이용하는 음식에도 이용〉 아이들이 편식하는 '야채가 들어간 볶음밥'에 캐리의 캐릭터를 삽입하여 아이들에게 좀 더 친근하게 다가갈 수 있다. 건강식품인 '홍삼젤리'에도 캐리의 캐릭터를 삽입하여 어렵게 느껴질 수 있는 식품의 어려운 장벽을 없앨 수 있다.

우리아이 더 튼튼하게
홍삼젤리
CARRIE

새우 볶음밥
치킨 데리야끼 볶음밥
햄야채 볶음밥
어린이 떡바 초코맛
어린이 떡바 피자맛
어린이 떡바 바나나맛

흔한남매+놀잇감

원카드
안흔한 알까기
방탈출게임

흔한남매 마스크 스트랩

● 실천해 봅시다 ●

영유아가 좋아하는 TV만화 프로그램 시청하고 소감 적어 보기

영유아가 좋아하는 유튜브 채널 시청하고 소감 적어 보기

MEMO

6장 영유아들과 가까워지기

영유아의 문제행동 하면 생각나는 단어를 적어 보세요.

영유아의 문제행동을 무엇이라고 정의하고 싶습니까?

CHAPTER

06 놀이와 문제행동

생각하기

- 영유아의 문제행동의 원인을 파악하여 문제행동을 보이는 이유를 알아봄으로써 영유아를 이해할 수 있다.
- 놀이 시 실제 문제상황을 알아보고 적절한 지도방법을 실행할 수 있다.

건강한 발달상에 있는 영유아들은 각 연령에 알맞은 놀이형태와 또래관계를 가지면서 놀이를 통해서 삶을 느끼고 배우며 살아간다. 그러나 놀이상황에서 영유아의 문제행동은 영유아의 놀이의 흐름을 바꾸기도 하고 영유아의 놀이에 많은 영향을 미친다.

그렇기 때문에 유아교사들은 유아의 문제행동에 관심을 가지고 문제행동의 원인과 놀이에 미치는 영향에 대해 전문가로서의 지식수준을 가지고 있어야 한다.

그렇다면 영유아의 문제행동이란 무엇일까?

이러한 영유아 문제행동에 대한 정의를 내리는 것은 쉽지 않음을 알 수 있다. 영유아의 문제행동에 대한 정의는 정의하는 사람마다 다르고 연령이나 발달에 따라 문제행동을 판단하는 기준도 다르며 영유아가 처한 상황이 각기 다르기 때문에 영유아의 문제행동을 정의하는 것 자체는 쉽지 않다.

영유아의 문제행동이란 발달과 학습에 방해가 되거나 자신과 다른 유아,

성인들에게 해를 가할 수 있고, 이후에 사회적 문제나 학교에서 실패를 초래할 수 있는 일체의 행동을 의미한다(Kaiser & Raminsky, 2003). 그리고 일상적으로 나타나는 연령과 발달에 기초한 규범적 행동으로 보기에 부적절한 행동을 말하며 더불어 정상적인 적응능력을 갖추지 못한 것으로 보이는 행동, 사회 및 정서적으로 내면화 또는 외현화된 역기능 행동을 의미하기도 한다(황혜정, 2005).

문제행동이라는 말 자체는 자칫 유아의 행동을 부정적으로 보도록 하는 경우가 있어서 교사들이 사용하기에 부적절한 단어로 생각될 수도 있지만 영유아의 놀이가 긍정적으로 이루어지도록 하기 위해서는 영유아의 문제행동의 벽을 넘어야 한다.

특히 영유아의 놀이 시 문제행동이 많이 관찰된다.

따라서 유아교사는 놀이를 통해 문제행동과 같은 부적응 행동을 관찰하고, 적절한 문제행동 지도전략을 실천함으로써 문제행동이 완화될 수 있도록 해야 할 것이다.

1. 놀이 시 문제행동과 지도

놀이상황에서의 문제행동은 갈등상황으로 나타나 영유아-영유아, 영유아-교사 등 다른 사람과의 관계의 어려움으로 나타난다. 과잉행동 아이들과 다른 정상적인 아이들을 비교했을 때 많은 놀잇감을 이용하지만 한 놀잇감으로 지속되는 놀이시간이 짧게 나타나며 놀이 주제도 제한적이며 다른 친구들과 상호작용하는 시간이 짧다고 보고되고 있다(Barkley, 1977). 이때 놀이상황에서 표현되는 영유아의 문제행동에 대한 적절한 지도가 이루어지지 않는 경우에는 영유아의 건강한 발달을 기대하기 어려워질 수 있다. 유아의 문제행동에 대해 부모와 교사의 적절한 지도와 훈육이 없으면 이후 유아는 다른 사람을 배려하고 협력을 이루어내는 데 어려움을 갖게 된다고 할 수 있다(권정윤, 윤주희, 김소희, 2012). 특히 유아가 유아교육기관에서 장시간 생활하면서 보이는 행동특성은 교사와의 관계와 교실 분위기, 또래관계에도 부정적인 영향을 미치기도 한다(권은주, 2012). 그리고 문제행동은 성격 부조화나 적응상의 어려움을 내포하기 때문에 다른 사람에게 부정적인 반응이 일어나도록 하고 사회적 관계를 원만하게 형성하는 데 방해가 되며 원만한 인간관계를 맺지 못하게 하는 요인이 되기도 한다(조규영, 어용숙, 안민순, 2010). 더 나아가 김경화(2018)는 문제행동에 대한 적절한 지도가 이루어지지 않는다면 청소년기에 비행 행동으로 발전할 수 있음을 언급하면서 영유아기 문제행동에 대한 교사의 지도가 중요하다고 하였다.

영유아의 문제행동은 자유놀이 시간에서 많이 나타난다.

문제행동을 많이 보이는 유아의 경우 놀이에 집중하지 못하고 또래관계에서도 문제가 발생하며 교사와의 관계 속에서도 문제가 발생한다. 이때 교사가 자신의 인내심만으로 문제행동 지도를 하게 되면 문제행동의 횟수가 누적될수록 인내심의 한계를 경험하게 되어 부적절한 행동지도를 하게 될 수도 있다.

영유아의 문제행동은 '현재성'이 중요하다.

막연하게 앞으로 나아질 것이라는 것에 기대감을 가지고 영유아의 행동을 보기만 한다면 문제행동은 쉽게 나아지지 않을 것이다. 물론 시간이 지날수록 우리 아이들의 행동은 다양한 경험 및 또래와의 상호작용, 부모, 교사의 지도 등으로 인해 자연스럽게 수정이 되고 상황에 맞는 행동을 하는 것이 당연한 결과이다.

하지만 적정한 개입이 필요한 문제행동은 분명히 있음을 기억하고 전문가다운 교사의 능력을 길러야 할 것이다.

문제행동이 발생했을 때 교사의 행동 지침은 다음과 같다.

첫째, 교사 자신의 관찰일지를 점검해 보아야 한다. 교사는 평소에 영유아의 관찰일지를 통하여 영유아가 보이는 문제행동을 파악하여 영유아-교사의 상호작용에서 어떠한 부분을 보완해야 하는지를 인식하여야 한다.

이를 토대로 영유아와의 놀이 시 대화와 몸짓 언어를 통해 영유아와 소통하여야 한다.

둘째, 부모와의 상담이다. 영유아의 문제행동은 단순히 영유아의 개인적인 문제뿐만 아니라 가정환경에서 오는 부모의 양육태도 및 가정환경 요인에서 오는 경우가 많으므로 영유아 문제행동 지속 시 부모와의 상담을 통해 문제행동에 대한 논의가 필요하다.

셋째, 영유아의 문제행동이 전문가의 도움이 필요한 상황인지를 파악해야 한다.

영유아의 문제행동이 전문가의 도움과 진단·검사를 필요한 경우가 있다. 이러한 경우에는 전문가의 치료 및 약물치료가 병행되어야 하기 때문에 적절한 전문가의 개입은 영유아의 문제행동 감소를 실제적인 방법으로 감소시킬 수 있기 때문이다.

문제행동은 지금 영유아의 발달의 문제로 시간이 지나면 자연스럽게 마무리되는 것이 아니라 영유아의 이후의 삶에 부정적인 영향으로 연결됨을 기억하고 놀이 시 발생하는 문제행동에 관심을 가져야 할 것이다.

1) 문제행동의 원인

문제행동에 관심을 가질 때 먼저 고려해야 할 것은 문제행동이 일어나는 원인을 찾는 것이다. 일반적인 영유아들의 행동에서 보이는 문제들은 부모와 교사가 잘 협력하여 영유아를 배려하여 지도하면 문제행동이 완화되지만 그렇지 않은 경우들도 있기 때문에 근본적인 원인 분석이 필요하다.

영유아의 문제행동에 영향을 미치는 여러 관련 요인으로 생물학적인 요인과 유아 개인적 요인 및 가정 환경적 요인으로 나누어 볼 수 있다. 생물학적 요인은 선천적으로 영유아가 태어날 때부터 가지고 있는 질병으로 뇌의 손상 및 장애, 신체적 질병 등이 있고, 유아 개인적 요인으로는 성별, 연령, 출생순위, 기질, 지능 등이 관련되어 있다. 가정 환경적 요인은 부모의 양육행동, 부모의 성격, 부모-유아 상호작용 등이 관련 요인으로 볼 수 있다. 이처럼 문제행동의 요인들은 다양함을 알고 다각적으로 문제행동의 원인을 파악하려 노력해야 한다.

다음은 문제행동의 원인을 신경학적 문제, 정서행동적 문제(강정원, 홍기묵, 안지영, 2018)의 책을 참고하여 요약하여 제시해 보고자 한다.

(1) 신경학적 문제

신경학적인 문제에 해당되는 장애는 주의력결핍 및 과잉행동장애, 지적장애, 자폐스펙트럼장애, 언어장애, 틱장애를 포함하며 이러한 신경학적인 장애의 특징은 놀이나 수행 능력을 조절하는 매우 제한적인 부분뿐만 아니라 사회기술이나 지능같이 전반적인 손상에 이르기까지 범위가 다양한 것이다.

① 주의력결핍 및 과잉행동장애(Attention-Deficit/Hyperactivity Disorder; ADHD)

주의력결핍 및 과잉행동장애는 충동적, 과잉활동, 부주의로 인해 사회적, 정서적인 문제를 지니고 있으며 발생요인은 뇌 기능 손상으로 행동 억제의 어려움과 자기 조절의 부족으로 파악되고 있다.

주의력결핍 및 과잉행동장애로 인한 문제행동은 행동억제의 어려움, 자기 조절의 부족, 집중력 저하, 산만함, 공상에 빠지기, 충동성, 부정확, 과잉행동, 부정적 정서 등과 같은 모습을 보인다.

② 지적장애(Intellectual Disability)

지적장애는 발달 시기에 시작되며, 개념, 사회, 실행영역에서 지적 기능과 적응 기능 모두 결함이 있는 상태를 말한다. 경미한 수준과 중간정도 수준,

심한 수준으로 나눌 수 있으며 지적장애로 인한 문제행동은 발달지연, 사회적 이해 및 기술부족, 사회적 관습 어기기, 자기조절능력 결여, 특이한 행동 등으로 볼 수 있다.

③ 자폐스펙트럼장애(Autism Spectrum Disorder)

자폐스펙트럼장애는 다양한 상황에서 사회적 의사소통과 사회적 상호작용의 결함이 지속적으로 나타나는 장애로 사회적인 상호작용에서 필요한 비언어적인 의사소통이나 언어적 의사소통의 지속적인 문제, 제한된 반복적인 행동, 흥미 활동이 수반된다.

자폐스펙트럼장애가 보이는 문제행동은 사회·정서적 결손이 일어나며 또래에 대한 관심이 부족하여 관계형성이 어렵다. 그리고 놀이를 할 때 정형화되거나 반복적인 운동, 사물사용의 특이성을 보이기도 하며 기계적 순서나 절차에 강한 집착을 보인다. 또한 이상한 곳에 매우 제한적이고 고정된 관심을 두고 특이한 물체에 관심을 보이거나 애착을 보이며 감각자극에 대해 일반적이지 않은 과잉반응 및 둔감한 반응이 나타난다.

④ 틱장애(Tic Disorder)

틱장애는 자신의 의지와는 상관없이 빠르고 반복적이며 비율동적이고 상동증적인 운동이나 음성이 나타나며 시간이 경과하면서 증상이 소거되거나 다른 증상이 새로 나타나는 등 증상의 종류가 변하는 것이 특징이다. 틱장애가 있는 경우에는 놀이상황 시 다른 친구들의 놀림거리가 되거나 놀이를 방해하는 행동으로 인식될 수 있기 때문에 세심한 관리가 필요하다. 특히 틱장애는 심리적인 환경에 의해 일시적으로 호전이 가능하지만 완전히 소거되는 것도 어렵기 때문에 부모와 교사의 이해도가 무엇보다도 중요하다.

⑤ 의사소통장애(Communication Disorder)

의사소통장애는 언어양식(말, 글, 수화)의 습득과 사용에 지속적인 어려움을 겪는 언어장애, 언어전달이 명료하지 않고 의사소통에 영향을 미치는 말소리 장애, 언어적, 비언어적인 의사소통에서 어려움을 보이는 사회적 의사소통장애, 말의 유창성에 문제를 보이는 아동기 발병 유창성장애(말더듬)가 포함된다. 의사소통장애는 단순히 말이 늦는 줄 알고, 시간이 지나면 나아질 것이라고 생각하여 해결하지 않는 경우가 많다. 의사소통장애는 유아교육기관에서 적응 문제를 유발하게 되고 또래와의 관계를 포함한 사회적인 관계형성에 어려움이 생긴다.

(2) 정서행동적 문제

① 적대적 반항장애(Oppositional Defiant Disorders)

적대적 반항장애는 나이에 적합하지 않게 적대적이며 반항적이고 분노, 과민한 기분, 논쟁적, 반항적인 행동, 보복적인 행동양상이 지속되는 경우를 말하여 행동양상이 최소 6개월 동안 매일 나타나야 한다. 문제행동양상으로는 지속적인 고집, 지시에 대한 저항, 타인과 타협하거나 협상, 양보하지 않으며 어른이나 친구에게 적개심을 표현하며 고의성을 띤 언어적 공격 및 괴롭힘 양상으로도 나타난다. 적대적 반항장애는 때로는 유아기에는 부모에게만 반항적이고 까다롭고 예민하고 사소한 것에도 화를 잘 내는 행동으로 나타나 유아교육기관에서는 평범해 보이거나 모범생처럼 행동하여 알아채지 못하는 경우가 있지만 아동기가 되면서 점차 학교나 외부로 반항행동의 범위가 넓어지기도 한다.

유아기에 적대적 반항장애의 모습이 보이면 치료놀이, 놀이치료, 부모-자녀관계 놀이치료를 시행하기도 한다.

② 배설장애(Elimination Disorders)

배설관련 장애는 소변이나 대변이 발달연령에 맞지 않게 부적절하게 배설되는 양상으로 나타난다. 유뇨증은 대소변 훈련이 완성될 연령이 지나서도 밤이나 낮 동안 침구나 옷에 반복적으로 소변을 실수하는 증상이며 의학적 질병, 배뇨에 영향을 주는 약물에 의한 경우가 아니어야 한다. 흔히 4~6세 영유아의 경우에는 부모와의 힘겨루기, 동생의 출생 등과 같은 스트레스로 인해 발생하는 경우가 많고 괄약근 조절 기능이 약하거나 소변을 보는 필요성에 대한 인식부족 등의 요소들에 의해 증상이 나타난다.

유분증은 기질적인 병리가 없으면서 옷이나 바닥같이 부적절한 장소에 반복적으로 대변을 보는 것이며 적어도 3개월 동안 최소 1회 이상 발생해야 하며 생활 연령은 최소한 4세가 되어야 유분증이라 진단할 수 있다. 유분증이 있는 영유아는 수줍음이 많고, 난처한 일이 생기는 것을 피하기 위해 비의도적으로 일어날 수도 있다.

③ 불안장애(Anxiety Disorders)

불안장애는 불안이 생활에 지속적으로 나타나 발달에 부정적인 영향을 미치게 되는 것으로 분리불안장애와 선택적 함구증 등이 있다.

분리불안장애는 집이나 주요 애착 대상으로부터 분리되는 것에 대하여 과도하게 불안해하고 나이에 맞지 않게 과도한 불안증상으로 생활에 부적응을 느끼는 증상이다.

분리불안을 경험하는 영유아는 유아교육기관에서 분리되는 것 외에 부모를 계속 따라다니거나, 분리 상황이 예견될 때 심하게 울거나 달라붙으며 증상의 완화와 악화되는 시기가 반복적으로 나타나며 분리에 대해 공격적인 반응, 다른 공포반응(악몽, 다른 지각반응 등)을 보인다.

선택적 함구증은 불안장애의 일종으로 언어발달에는 문제가 없으며 부모, 형제와 같이 가까운 사람과는 언어적인 소통에서 문제가 없지만 집 외의 장소나 교육기관, 낯선 사람과 함께 있을 때와 같이 특정한 상황에서 일관되게 말을 하지 않는다. 대체로 선택적 함구증이 있는 경우에는 과도한 부끄러움, 사회적인 공포, 사회적인 고립과 위축, 매달리기, 강박적인 특징, 거부증, 적대적, 사소한 반항행동을 하게 되므로 또래와의 관계에서도 원만한 사회적 관계 형성이 어렵다.

④ 강박장애(Obsessive-Compulsive Disorders)

강박장애는 강박적 사고, 강박행동을 보이는 것이다.

일정한 행동이 되는 양상을 보이거나 특정 순서나 방법으로 물건을 배열하는 것을 선호하거나 어떠한 것이 바로 될 때까지 어떤 행동을 선호하거나 사물을 정리하는 것, 물건을 모으거나 수집하는 것 등이 포함된다. 강박행동은 반복적이고, 목적이 있는 의도적인 행동(예: 손 씻기) 또는 정신적 행동(예: 조용히 단어를 반복)으로 나타난다.

이러한 강박장애를 가지고 있으면 또래 유아들과의 놀이에서 놀잇감을 가지고 놀면서 싸우는 경우가 많기 때문에 교사는 이 점을 유의해서 관찰하여야 한다.

⑤ 외상 및 스트레스 관련 장애(Posttraumatic Stress Disorders; PTSD)

외상후 스트레스 장애는 일상생활에서 경험하기 어려운 압도적인 외상적 사건을 목격하거나 경험한 후 나타나는 특징적인 증상으로 인해 적응에 문제를 갖는 장애로 이때의 외상은 큰 사고나 자연재해, 유괴, 잔인한 신체적 공격 또는 신체적 및 성적 학대, 유기, 방임과 같은 사건이 있다. 영유아기에는 배변문제, 손가락 빨기, 섭식 문제, 분리불안, 자극에 대한 회피나 무감각한 반응, 인지적 왜곡으로 외상 및 스트레스 장애가 나타나기도 한다.

반응성 애착장애는 5세 이전에 부모와의 정상적인 애착형성이 되지 않아서 사회적 관계, 인지, 언어발달까지 심각한 이상을 초래하며 영유아의 기질적인 요인과 환경적인 요인, 부모의 양육행동 등이 영향을 미친다. 반응성 애착장애는 자폐스펙트럼과 유사하지만 그 원인이 다른데 자폐스펙트럼장애는 신경발달이 근본적인 원인이고 반응성 애착장애는 초기 부모와의 애착 형성에 대한 문제에 기인하기 때문에 진단과정에서 이러한 부분이 충분히 고려되어야 한다.

2) 문제행동의 유형과 지도방법

영유아의 문제행동은 신경학적 문제, 정서행동적 문제가 원인이 되지 않아도 영유아기 발달단계에 있으면 언제든지 일어날 수 있는 행동으로 흔히 영유아의 놀이에서 문제행동과 같은 갈등상황은 많이 일어나고 문제행동의 유형도 다양함을 알 수 있다.

다음은 유아교육기관에서 놀이 시 자주 발생하는 일상적으로 일어날 수 있는 문제행동의 유형 중심으로 실제사례 제시 및 그와 관련된 지도방법을 제시해 보고자 한다.

(1) 영아반의 지도사례

사례 1

영아를 훈육할 때 마음이 힘들어요

교구장이나 높은 곳에 올라가는 행동이나 갈등상황이 생겼을 때 옆 친구를 때린다던지, 깨물거나 놀이약속을 지키지 않는 영아들에게 지속적으로 하면 안 되는 행동이라는 것을 알려주었으나 계속 잘못된 행동을 반복적으로 할 때 교사의 감정이 아이들에게 전달되는 듯하다. 교실에 있는 책꽂이를 밟고 꼭대기에 올라가 점프하여 내려오는 영아에게 주의를 준 적이 있었다. 위험한 행동임을 알려주고 잘못된 행동을 하지 않기로 약속을 하고서 뒤로 돌아서니 웃으며 또 바로 똑같은 행동을 하고 있어 너무 화가 나 영아에게 감정적으로 훈육한 적이 있다. 돌이켜 보면 영아에게 너무 미안한 마음이 들기도 하고, 교사로서의 자질을 생각하며 자책하게 되어 힘이 든다.

사례 2

영아가 고집을 부릴 때 힘들어요

영아마다 성향이 다 다르기 때문에 고집 부리는 아이에게 어떻게 지도해 나가야 하는지 경험이 부족하여 어려움을 겪기도 하였다.
한번은 모둠 책상 사이를 벌리며 위험하게 놀이하는 영아가 있어 책상을 붙이며 "○○아, 책상을 이렇게(벌리고) 하고 싶었어? 그런데 책상은 붙여 줘야 된대. 그래야 친구들도 안 다치고 놀이할 수 있대~"라고 하자, 교사에게 "아니야! 이렇게 안 하는 거야!"라며 다시 책상을 벌리며 고집을 부리는 영아도 있었고, 친구와 갈등상황이 생겼을 때 친구를 때리거나 발로 차 교사가 훈육을 할 때에 팔짱을 끼고 "흥", "치", "씨"라는 단어들을 쓰며 교사의 말을 듣지 않으려고 하기도 하였다. 이럴 땐 교사가 어떻게 반응을 하고 어떤 말을 해야 옳은 지도 방법인지 잘 몰라 어려움을 겪기도 하였다.

POINT

영아기의 아이들은 자아중심의 성향이 강해지는 시기로 고집이 세어지는 시기입니다. 또한 감정의 표현을 울음이나 떼를 쓰거나, 몇 가지의 부정적인 단어로 묘사하는 경우가 많습니다. 특히, 자신의 마음을 표현할 때 언어사용이 원활하지 못한 경우에는 행동으로 자신의 감정을 격하게 표현함으로써 성인들을 당혹스럽게 만들기도 합니다.
영아기 시기는 여러 가지 감정을 배우는 시기이기 때문에 선생님의 세심한 훈육이 필요합니다. 즉, 부정적인 감정과 긍정적인 감정을 제대로 이해할 수 있도록 반복적이며 일관적인 훈육이 필요합니다.
그리고 개월 수에 따라 성인들의 훈육이 진심인지, 장난인지 구별하지 못하고 같은 행동을 반복하는 경우가 많습니다. 말로만 훈육을 할 경우 영아는 선생님이 전달하는 내용을 다 이해하지 못하기 때문에 긍정적인 행동을 하는 유아의 모습을 칭찬하는 모습을 보여 주거나, 선생님이 부정적인 모습을 했을 때 다치는 모습에 대한 대역이나 감정을 표현해 주는 것이 좋습니다.
또한 동화를 통해 영아에게 일어날 수 있는 여러 가지 상황들을 자연스럽게 소개하면 영아가 자신의 눈높이에서의 이해를 하는 데 도움이 될 것입니다.
영아의 행동을 성인의 시각에서 보고 행동수정에만 초점을 맞추기보다는 영아의 발달상황에서 일어날 수 있는 일임을 인정하고 "안 돼" 등과 같은 부정적인 단어를 통한 훈육보다는 교구의 개수가 충분한지, 위험요소가 있는지와 같은 유아를 둘러싼 환경적인 부분을 고려하면서 영아의 감정을 이해하도록 노력해야 합니다.

사례 3

영아들이 위험한 행동을 할 때 난감합니다
- 아무리 말해도 듣지 않아요-

아이들과 지내면서 힘든 점은 위험한 행동을 하려고 할 때다. 교사가 잠깐 다른 아이들을 보는 사이 영아들이 장난을 치다가 책상에 부딪히는 경우도 있고, 아이들 양치를 시켜주고 있을 때 책상 위에 올라갈 때 교사가 아무리 "책상에 올라가지 않아요"라고 하여도 영아반의 경우는 '내가 잘못했구나'라는 것을 아는 것 같지만 돌아서면 올라가는 반복적인 행동이 보인다. 또 영아들끼리 마음에 들지 않는다고 친구를 꼬집고 긁을 때, 담임이 두 명이라도 한 명 한 명씩 볼 수가 없다. 한 명 한 명씩 볼 수가 없는 게 제일 마음이 아프기도 하고 영아들이 싸우고 긁히고 꼬집은 얼굴로 교사에게 다가올 때는 가슴이 철렁한다. 이럴 때는 어떻게 지도를 하면 좋을지 고민을 하게 된다.

POINT

선생님의 입장에서 아이들이 다칠 때가 가장 속상하면서 두려운 상황입니다.
특히, 영아들의 위험에 대한 인지 수준이 부족하여 위험한 행동을 많이 하기도 하며, 자신의 감정 상태에 따라 친구들을 꼬집거나 무는 행동을 하여 상처를 입히기도 합니다. 그렇다고 해서 무조건적으로 영아들을 혼낸다고 해서 행동이 고쳐지는 것도 아니고, 선생님이 상황을 보지 못한 경우에는 영아들의 말만 듣고 인과관계를 유추해 내는 것이 어려운 점이 있어 여러 가지로 선생님들에게는 난감하고 힘든 상황이 지속되게 됩니다.
따라서 영아반의 경우에는 잠시라도 영아들만 교실에 놔두어서는 안 됩니다. 두 명의 담임이 있는 경우에는 서로 협력하여 역할 분담에 대해 논의하고 교실 내에 사각지대가 발생하지 않도록 선생님의 위치를 정해야 합니다.
한 명의 담임이 지도해야 하는 경우에 자리를 비울 때에는 옆반 교사에게 자리를 비움을 알리고 나가야 합니다.
영아가 위험한 행동 및 문제행동을 할 경우에는 영아의 눈빛을 보고 선생님도 화가 날 수 있음을 이야기하며 단호한 어조로 말해야 합니다.
그리고 지속적으로 위험한 행동 및 다른 친구들에게 상처를 입히는 경우에는 부모 상담을 통해 객관적 상황 설명(1주간의 관찰)을 하여 부모님의 협조를 받아야 합니다. 전화상담보다는 면담을 통하여 선생님의 의사를 전달하도록 하여 오해 상황이 발생하지 않도록 하며 주임선생님과 같은 선임 선생님들의 조언도 받으면 도움이 될 것입니다.

사례 4

영아들의 요구가 한꺼번에 일어날 때 어떻게 해야 할지...
- 순간적으로 일어나는 일들이 많아요 -

여러 명의 영아를 한 번에 다 돌보아 줄 수 없을 때이다. 예를 들면, 이번엔 이런 일도 있었다. 한 명의 교사는 화장실에서 양치지도를 하고 있었고, 나는 교실에서 영아의 기저귀를 갈아주고 있을 때, 역할 영역에서 영아들끼리 갈등상황이 생겨 가서 말릴 틈도 없이 한 영아가 다른 영아를 때리는 일이 있었다. 그리고 바깥놀이를 나갈 때 견학을 대비하여 영아들에게 밖에 나가면 교사보다 먼저 가지 않고, 교사를 잘 보고 따라올 수 있도록 이야기 나눈 뒤 견학준비를 하였다. 그러나 몇 명의 영아는 교사를 잘 따라와 주었지만 몇 명의 영아들이 교사를 보지 않고 개인행동을 하며 다른 곳으로 가기도 하였다. 한 명을 제자리에 데려오면 또 다른 영아가 다른 곳으로 가고, 또 그 영아를 데리고 오면 또 다른 영아가 자리 이탈하는 것을 계속 반복하다 보니 말하는 것도 힘들고 몸도 지치기도 하였다.

POINT

영아의 특성을 이해하더라도 실제 상황에서 대처하기란 누구나 어려운 일입니다. 영아의 경우 배변활동 및 기본생활습관에서 선생님의 도움이 필요하기 때문에 선생님의 피로도가 높아질 수 있습니다.
그러므로 선생님은 자신만의 기준을 만들어 움직여야 합니다.
교실에서의 상황을 제일 잘 아는 사람은 선생님 자신이기 때문입니다.
자신만의 기준이란 영아를 돌보는 우선순위를 말하는 것입니다.
이 우선순위에 대한 고민은 다양한 상황 속에서 움직이는 선생님 자신의 동선을 다양한 방법으로 재구성해 보는 것입니다.
두 명의 담임이 있는 경우에는 각자의 역할에 대한 모니터링을 통해 장점과 단점을 개선해 나가야 합니다.
영아는 끊임없는 반복적인 생활습관을 통해 기본생활습관을 배워 나가기 때문에 선생님의 기다림 또한 필요합니다.
무엇보다도 안전에 대한 우선을 최우선으로 생각하면서 영아들을 돌보며 자신만의 기준에 영아의 발달 상황에 적절한지 점검해 본다면 영아들을 위한 적절한 돌봄이 더 잘 이루어지리라 생각됩니다.

사례 5

영아가 자신의 뜻대로만 하려고 합니다
-고집부릴 때와 이유 없이 눈물을 흘릴 때-

아이들이 활동을 하고 정해진 시간에 정리를 해야 되는데 활동을 계속하려고 "이거 할래"라고 하고 "정리해 보자"라고 하면 "싫어"라고 이야기를 한다. 교사의 입장에서는 활동을 많이 할 수 있도록 해 주고 싶지만 시간이 지체되어 "다음에 해 보도록 하자"라고 말을 하는데 영아들은 계속 "싫어"라는 말을 하고 울음을 터트린다. 또 신체활동으로 무언가를 하려고 할 때 하기 싫은 영아들은 교사가 "선생님이랑 같이 해볼까?"라고 말을 하지만 활동을 하지 않으려고 떼를 쓰고 울음을 터트린다. 활동을 교사가 해 보자고 권유를 하였을 때도 하고 싶지 않다고 의사를 표현하면 아이의 의견을 존중하여 받아들이는 게 맞는다고 생각을 하기도 하지만, 계속 반복적으로 활동 시간만 되면 하지 않으려고 하니 교사가 지도할 때 조금 버겁기도 하다. 이렇게 고집부릴 때도 힘들지만 이유 없이 눈물을 흘릴 때도 조금 버겁다. 예를 들자면 교사가 전체적으로 아이들을 보았을 때 친구들끼리의 다툼이나 넘어져서 다쳤거나 하는 상황들이 없는데 교실에 등원을 할 때 울음을 터트리거나 차량에서 울음을 터트리거나 이럴 때는 부모님과 떨어져서 그게 너무 아이들 마음에는 힘들어서 그렇구나라고 생각을 할 수 있지만 친구들과 어울려서 놀다가도 교사와 눈이 마주치면 교사에게 안겨 울음을 터트리는 영아들이 있다. 그럴 때 영아에게 교사는 "무슨 일이야. 누가 그랬어?"라고 이야기하면 "아니야"라고 이야기를 하는데 그럴 때는 어떻게 해야 될지를 모르겠다. 어떤 이유 때문에 영아들이 우는지를 알 수가 없어서 고민에 빠지게 된다.

POINT

영아기에는 자기중심성이 극대화 되어 고집이 세어지는 것은 당연한 발달 상황입니다. 그러나 고집을 부린다고 해서 모든 것이 해결되는 것이 아니라는 것도 배우는 시기입니다. 고집이라는 것도 영아의 자기 의사표현이기 때문에 선생님은 이러한 고집을 부리는 이유와 과정에 대해서 주의를 기울여야 합니다. 선생님은 영아가 자신의 마음을 읽어 주고 있음을 느낄 수 있도록 선생님의 감정을 전달해야 합니다.

또한 영아의 울음에 이유 없는 울음은 없습니다. 선생님이 느낄 때에는 이유가 없이 느껴질 수도 있지만, 영아가 우는 경우에는 조용한 말투로 왜 우는지에 대해 꼭 물어보아야 합니다. 손짓이든 말이든 아이 스스로가 표현할 수 있도록 격려해 주고, 영아 주변에 불편한 상황이 없는지 점검해 주어야 합니다. 그리고 '울면 안 돼'라고 말하기보다는 울지 않으면 도와줄 수 있음을 꼭 이야기해 주어야 합니다. 영아의 울음은 말로 전달하는 의사전달이 부족한 영아에게 있어 중요한 의사소통의 수단이기 때문입니다.
만 2세인 경우는 울지 않고 말로 표현하는 경우에 칭찬과 격려를 통해 울음보다는 언어로 표현할 수 있도록 격려해 주는 것이 중요합니다.

(2) 유아반의 지도사례

사례 1

교사에게 도움을 구하지 않고 울고 있을 때 힘들어요

한 유아가 갑자기 울고 있었어요. 그래서 무슨 일 있냐고 물어보니, 지퍼가 안 올려져서 울고 있었다고 해서 "선생님에게 도와주세요"라고 이야기하면 선생님이 언제든지 도와줄 수 있는데 혼자 울고 있지 말고 선생님의 도움을 요청하라고 했어요. 하지만 옷이 안 걸어질 때, 도시락 가방이 안 열릴 때, 신발을 신고 싶은데 앉을 자리가 없을 때, 먼저 하고 싶은데, 친구가 끼어들 때 등등 작은 상황에서도 교사에게 도움을 구하지 않고, 속상하게 울고 있는 아이를 보면서 너무 답답하다는 생각을 하게 되고 제 성격과 다른 유아를 보는 것이 스트레스가 되어 힘든 적이 있었어요.

POINT

울면서 자신의 의사를 표현하는 아이가 영아가 아니고 유아인 경우에는 말로써 도움을 구할 수 있도록 격려해 주어야 합니다.
유아가 자신의 의사를 울음으로 표현하는 경우는 여러 가지 원인이 있습니다. 먼저, 울면서 자신의 의사를 표현하는 것이 습관화되어 있거나, 영아기 시기에 도움을 구했을 때 즉각적인 반응의 지지를 받지 못해 부정적인 감정이 유아의 내면에 있을 수 있습니다. 또한 유아 스스로가 완벽한 행동을 하고자 하는 경우, 지나친 보살핌으로 인해 연령에 따른 기본생활습관을 스스로 하는 것이 벅차기 때문일 가능성이 높습니다. 이러한 경우 유아가 자신의 감정을 선생님에게 편하게 표현할 수 있도록 격려해야 합니다. 선생님과의 신뢰감을 충분히 쌓도록 하여 유아가 마음 편하게 선생님께 도움을 구할 수 있는 상황을 만들어 주어야 합니다.

유아에게 선생님이 유아를 사랑하고 유아의 부족하거나 힘든 부분을 엄마처럼 돕는 존재임을 인식시켜 주고 유아가 스스로 할 수 있는 일들을 했을 경우 상황을 주시하여 즉각적인 칭찬을 해 주는 것이 도움이 됩니다.

또한 학부모님과의 대화를 통해 일상생활에서 울음으로 자신의 마음을 표현하는지에 대한 원인에 대해 이야기를 할 필요가 있습니다. 이를 바탕으로 근본적인 원인을 파악하여 유아가 힘들어할 때 적극적인 도움을 줄 수 있으리라 생각됩니다.

사례 2

이해할 수 없는 행동을 할 때 힘들어요

한 유아가 갑자기 친구들이 놀고 있는 곳으로 다가가더니, 친구들이 놀고 있는 장난감을 뺏어서 친구가 울기 시작했어요. 그래서 제가 다가가 친구가 갖고 놀던 장난감인데 "다시 돌려주자"라고 이야기하였지만, 그 아이는 "내꺼야!"라고 계속 소리만 질러서 어떻게 할까 하다가 장난감을 제가 다시 빼앗긴 친구들에게 주었어요. 그러자 그 아이가 막 저를 때리고 소리 지르다가 복도로 나가버렸어요. 복도에 혼자 아이를 둘 수도 없고, 선생님 없이 교실에 있는 친구들을 놔뒀다가 큰일 날 수도 있기에 복도에 나간 아이를 달래려고 여러 가지 제안을 해보기도 했지만 아이의 마음이 결국 마음이 풀려지지 않아 아이와 계속 복도에서 10분 정도 있었는데 아이는 갑자기 교실로 들어가 장난감을 가지고 아무 일도 없었다는 듯이 노는 모습을 보니 속이 답답하다는 생각이 들었어요. 결국 아이의 행동이 이해가 안 되면서 너무 힘들다는 생각이 들었어요.

POINT

고집이 센 아이들이 잘못을 했을 때에는 선생님의 단호함이 필요합니다.
단호함이란 화를 내는 것이 아니라 선생님의 개인적인 감정을 자제하고 상황에 대한 선생님의 의사를 정확하게 전달하는 것입니다.
특히, 선생님에게 폭력을 사용하는 아이와 이야기를 할 때는 선생님이 아이의 폭력에 당황한다는 이미지를 주어서는 안 됩니다.
아이가 폭력을 행사했을 때에는 선생님이 지금 화가 나 있고 이 부분에 대해서는 혼을 낼 것이라는 것을 정확하게 표정과 말로 전달해야 합니다.
물론 감정을 실어서 화를 내어서는 안 되겠죠.
아이와 이야기가 길어져서 교실에 있는 아이들이 걱정될 경우에는 원장님이나 주임 선생님 등과 같은 분들에게 교실에 있는 아이들을 볼 수 있도록 협조를 구한 다음에 문제행동을 보인 아이와 문제의 상황에 대해서 이야기하고 무엇을 잘못했는지에 대해 정확하게 결론을 내려야 합니다.
상황을 제대로 이야기하지 않고 종료가 되면 아이의 행동은 반복될 가능성이 높아지기 때문입니다.

우리가 사랑하는 아이들을 선생님이 바꾸기 위해 애쓰다 보면 쉽게 지칠 수 있습니다. 아이를 둘러싼 환경의 영향과 개인의 성향을 파악하여 이야기해야 하며, 문제행동을 보이는 유아를 대할 때 교사 자신을 탓하기보다 주변의 선생님들과 함께 이야기를 해 본다면 더 지혜로운 지도에 대한 기술이 생길 수 있습니다.

사례 3

아이들이 싸울 때 어떻게 하나요?
-혹시 거짓말하는 것은 아닌지...-

6세 아이들과 지낸 지 석 달이 넘었다. 아이들과 생활하면서 가장 힘든 점은 두 아이에게 갈등상황이 있을 때이다. 한 아이가 울고 있을 때 서로 거짓말을 한다고 하는데 내가 아이들의 행동을 관찰하지 못하여 어떤 상황인지 알 수 없어서 어떻게 훈육해야 할지 모를 때가 가장 힘들다. 두 아이의 말을 다 들어주어도 결론이 나지 않을 때 가장 답답했다. 상황을 보지 못하다 보니 구체적으로 두 아이가 어떤 잘못을 했는지에 대한 상황을 정확히 정리해 주기가 힘들었고 나는 아이들에게 거짓말하는 행동은 나쁜 행동이고 친구와 싸우지 않고 사이좋게 지내야 한다는 말을 해 줄 수밖에 없었다.

POINT

우선 유아들 사이에서 일어나는 일에 대해서 선생님이 옳고 그름을 빠르게 판단을 하는 것이 오히려 유아들에게 도움이 되지 않습니다. 유아들도 부정적인 감정을 배워야 하기 때문이지요. 특히, 선생님이 보지 못한 경우(상황이 애매한 경우) 유아들의 이야기를 따로 불러서 들어 보는 것이 좋으며 중간에 판단하는 말보다 끝까지 유아의 이야기를 들어 보는 것이 중요합니다.

유아들의 문제상황에서는 유아들의 발달상 본인의 잘못보다는 상대방의 잘못에 더 집중하기 때문에 어른들이 말하는 '거짓말'이 아니라 '자기중심성'에 입각한 '자기 이야기'라고 생각한다면 유아를 보는 시각이 달라질 것입니다.

선생님은 옳고 그른 판단을 가르쳐 주는 사람이 아니라 유아가 여러 가지 감정을 배우며 느끼도록 조력하는 사람입니다. 유아들이 감정을 느낄 수 있는 시간을 충분히 갖도록 도와주며 기다려 주는 것이 필요합니다.

때로는 옳고 그름보다 '그럴 수도 있겠다'를 느낄 수 있도록 하는 것이 중요합니다.

사례 4

친구를 이해할 수 없어요
- 왜 내가 양보해야 하나요?-

발달이 조금 늦은 유아가 있는데 줄을 설 때마다 맨 앞에 서려고 하고 다른 친구들이 왜 쟤는 항상 맨 앞에 서려고 하는지, 왜 우리가 다 그 친구를 이해해 줘야 하는지 모르겠다고 아이들이 이야기할 때이다. 반 친구들에게는 "너희보다 생각주머니가 조금 작아서 그래, 우리가 많이 도와주자!"라고 말하기도 하고, 항상 맨 앞에 서려고 하는 유아에게도 "친구들이 지금 어떻게 서 있지? 친구들이 먼저 줄을 서 있네! 친구들 뒤에 가서 줄을 서자!"라고 말하면 유아는 싫다고 하며 울어버린다. 나는 교사로서 이 아이에게 줄을 서는 방법을 알려주어야 한다고 생각하는데 무엇이 문제이고 이 아이는 왜 계속해서 맨 앞에 줄을 서려고 하는지 이유를 알 수 없어서 지도하기가 더 힘든 것 같다.

POINT

옳은 일을 할 때 행동으로 실천하는 것이 가장 중요합니다.
하지만 마음이 함께 움직이지 않는다면 옳은 행동이 지속적으로 이루어지기 어렵고 불만이 쌓이기 쉽습니다. 유아들의 마음을 움직이기 위해서는 시간과 노력이 필요합니다. 우선, 양보를 해야 하는 유아에게는 무조건적인 양보를 제시하기보다는 구체적인 상황을 설명해 주어야 합니다. "생각주머니 작다"와 같은 말은 추상적인 문장입니다. 평소에 양보를 하는 유아에게 양보한 친구가 원하는 한 가지를 선생님이 들어주기, 칭찬과 같은 구체적인 격려가 필요합니다. 작은 배려의 습관이 모이게 되면 자신의 생활습관이 될 수 있을 것입니다. '수호천사'와 같은 활동을 통하여 유아들의 작은 선행에도 관심을 가져 주며, 유아들과 우리들이 할 수 있는 좋은 일들에 대해 이야기하고 함께 실천해 본다면 유아들의 마음에 여유가 생길 거라 생각합니다.
양보는 강요가 아니라 '배려'임을 잊지 않아야 합니다.
'배려'는 내 마음이 우러나서 하는 선한 행동이기 때문입니다.
또한 발달이 늦은 친구의 경우에도 기본생활습관을 알려주는 것이 중요합니다. 무조건적인 배려는 오히려 유아의 습관을 나쁘게 할 수 있습니다. 선생님과 친구들과 한 약속은 유아에게 미리 알려주고 자세히 설명해 주어 약속을 꼭 지키도록 격려하며, 유아가 우는 경우가 있더라도 한 번 안 된다고 말한 경우에는 유아에게 약속을 지킬 수 있도록 해야 합니다. 발달이 늦은 친구도 사회의 일원으로 성장할 수 있는 자력을 길러주어야 합니다.

사례 5

친구들의 사이를 어떻게 중재해 줘야 할까요?

-아이들이 무리를 지어요-

여자 아이들이 무리를 형성하여 놀이함으로 인해 갈등상황이 생기고 그것을 풀어가는 것들이 힘든 점인 것 같다. 자신이 원하는 친구와만 놀이하려 하거나, 한 친구와 놀이하다가 다른 친구가 보이면 그 친구를 두고 가버리거나, "너랑 안 놀 거야"라고 이야기하거나, 놀이할 수 있는 인원은 한정되어 있는데 함께 놀이하고 싶은 친구는 많고 이러한 갈등상황들이 너무나도 많이 일어나고 있다. 이러한 문제가 확장되어 어머니들과 이야기를 해야 하는 부분들이 생기니 문제상황을 해결해 나아가는 방법이나, 어머니들과 이야기를 하는 것이 어려운 것 같다. 5세 때처럼 마냥 "모든 친구와 놀아야 하는 거야"라는 이야기가 통하지 않고, 자신의 의견이 더욱 정확해지다 보니 그냥 말로써만은 안 된다는 것이 느껴졌고, 나름 주위의 선생님들의 조언과 함께 문제를 해결해 나아갈 수 있도록 하려고 한다.

POINT

유아기에서 또래관계는 유아에게 가장 중요한 삶의 일부입니다.
가족의 테두리에서 벗어나 사회생활을 벗어나 이루어지는 사회적 첫 관문이기 때문에 또래관계에서 일어나는 일들이 유아에게 미치는 영향은 매우 크다고 할 수 있습니다. 가족이 아닌 또래관계를 통해 긍정적인 감정과 부정적인 감정을 표현하는 것을 배우게 되면서 아이들은 다양한 경험과 감정에 노출되게 됩니다. 영아기에는 선생님의 개입에 의해 상황이 종료되는 경우가 많지만 유아기에는 유아 스스로가 깨달을 수 있는 상황에 대한 설명이 자세하게 이루어져야 합니다. 무조건적으로 이해해야 한다고 말하거나 친구와 사이좋게 지내야 한다고 강요해서는 안 됩니다.
특히 유아들이 부정적인 감정을 표현할 때 왜 그런 부정적인 감정을 표현하는지 선생님은 그 과정을 자세히 들어줘야 합니다. 상황을 긍정적으로 종료하기 위해 형식적인 '사랑해', '미안해', '악수하기' 등과 같은 말이나 행위를 통한 종료는 적절하지 못합니다. 이해되지 않는 감정을 선생님의 권유로 표현한다면 그것은 그 아이의 감정이 아닐 수도 있기 때문입니다.

사례 6

행동이 산만한 친구들에게 어떻게 해야 할까요?
- 아이에게 부정적인 말을 하게 되어 걱정입니다-

행동 자체가 산만한 아이들 때문에 힘들기도 한 것 같다.
지속적으로 행동에 대한 제지가 들어가다 보니 교사의 에너지 소모량도 많고 같은 이야기를 반복하게 되는 것 같다.
그러나 나아지는 것은 없이 잔소리처럼 아이와 좋은 에너지를 낼 수 있는 이야기보다는 자세지적, 행동지적, 놀이지적 등을 하게 되어 그 아이와 좋은 이야기를 더 많이 할 수 없는 부분이 힘든 점인 것 같기도 하다.
가령 매일 "다리를 바로 하여 앉으세요.", "의자에 바르게 앉으세요.", "걸어 다니세요.", "앞에 있는 선생님을 보세요.", "친구랑 장난치지 마세요." 등 매번 "하지 마" 같은 부정적인 이야기들을 반복적으로 매일 하게 된다.
그리고 산만한 아이들에게 말하는 내용을 그렇지 않은 아이들에게도 계속적으로 전달하다 보니 다른 아이들에게 좋은 이야기들을 더 많이 해 줄 수 없는 것도 힘든 점인 것 같다.

POINT

얼굴 앞에서 갑자기 손바닥을 치게 되면 깜짝 놀라 눈을 깜박이게 되지만 이러한 환경에 자주 노출되게 되면 놀라지 않게 됩니다. 이렇듯 뇌는 새로운 자극에 반응을 하게 되고 그 반응에 점점 무뎌지게 됩니다.
사람의 감정도 마찬가지입니다. 처음에 유아가 혼이 나게 되면 무서운 감정을 느끼게 되지만 지속적인 잔소리와 같은 꾸중은 유아의 반응을 무뎌지게 합니다. 따라서 유아가 왜 산만한 행동을 하는지에 대한 관찰과 부모면담을 통한 원인 분석을 해야 합니다. 기질의 문제인지, 가정환경 및 양육의 문제인지, 원에서의 생활에서 오는 스트레스인지 등과 같은 다양한 이유에 대한 분석이 선행되어야 합니다. 부드러움은 강함을 이깁니다. 부정적인 말과 행동은 유아를 더 산만하게 하기 때문에 산만한 원인 분석 후 유아를 지도해야 할 것입니다. 그리고 긍정적인 행동을 더 칭찬해 주는 방법도 도움이 될 것입니다. 산만한 아이는 선생님이 더 도와줘야 하는 연약한 아이임을 기억해야 합니다.

2. 놀이의 치료적 의미

'잘 노는 아이가 건강하고, 건강한 아이는 잘 논다'라는 말을 들어 본 적이 있을 것이다. 이렇듯 영유아의 놀이하는 모습만으로도 신체적·정서적 발달상태를 가늠할 수 있다는 것이다. 그러나 영유아는 자신이 가지고 있는 심리적 문제와 행동을 언어적으로 표현하지 못하는 한계점을 가지고 있다. 그러나 영유아의 놀이를 보면 영유아가 가지고 있는 여러 가지 발달의 모습들이 놀이를 통해 표현되고 있음을 알 수 있다. 이때 교사와 부모는 놀이치료자의 모습이 되어 영유아와 놀이를 통해 상호작용을 하고 영유아가 스스로 표현하지 못하는 분노, 우울, 위축, 외로움 등의 부정적인 감정과 기쁨, 소망, 자유, 즐거움 등과 같은 긍정적인 감정을 함께 공유할 수 있다. 그러나 이러한 노력에도 불구하고 영유아들의 놀이가 제대로 이루어지지 않는다면 교사는 전문적인 치료를 권유해 보아야 할 것이다.

1) 놀이치료의 정의와 대상

영유아의 문제행동을 감소하고 완화시키기 위한 치료의 방법은 다양하다.

그중에서도 놀이치료는 놀이활동을 주 매체로 활용한다는 점에서 영유아에게 익숙한 부분이기 때문에 영유아에게 가장 쉽게 접근할 수 있는 치료이기도 하다.

놀이치료의 이론적 근거는 놀이를 매개로 하여, 치료자와 아동 간의 인간관계가 형성되는데 이때 영유아의 스트레스를 해소시키기도 한다.

놀이치료는 심리치료의 한 형태로 놀이를 통한 심리치료의 줄임말이다.

국제놀이치료학회(1997)에서는 "놀이치료는 내담자들의 심리사회적 어려움을 방지 혹은 해결하고 최적의 성장과 발달을 돕기 위해 훈련된 치료자가 심리적인 문제를 가진 내담 아동을 돕기 위해 체계적으로 이론적 모델을 사용하는 것이라고 정의하고 있다.

놀이치료의 대상은 표 6-1과 같이 나타낼 수 있다.

표 6-1 놀이치료의 대상

구분	특성	세부내용
일반	일반적인 특성을 가진 일반	
	심리정서	우울, 불안, 분노와 적개심, 자신감 결여, 위축, 애착
	문제행동	충동성, 과잉행동, 사회·학교 부적응, 등교거부, 자살시도, 도벽, 비행, 가출, 폭력
	외상경험	심리적 외상, 성·가정폭력, 성·신체학대, 집단 괴롭힘, 방임
	한부모가정	결손가정, 이혼가정, 재혼가정, 모자·모녀가정
부적응	보호 및 지원	저소득층, 보육시설, 위탁가정, 저소득층

구분	특성	세부내용
	외국인	다문화가정, 외국인 노동자
	시설거주	양육시설, 시설보호(시설아동, 시설 부랑인), 보호관찰, 쉼터
	기타	위 항목에 해당되지 않는 특성
	발달 및 학습장애	다운증후군, 정신지체, 언어발달지체, 말더듬, 조음장애, 학습부진·장애, 경계선 지능, 감각처리장애, 과잉행동장애
	정서 및 기분장애	정서장애, 우울증, 외상후 스트레스 장애, 불안장애, 전환장애
장애	섭식장애	섭식장애, 신경성 폭식증
	아동기장애	ADHD, 자폐증, 반응성 애착장애, 반항성 장애, 위축증, 틱장애, 야뇨증, 선택적 함묵증, 아스퍼거장애, 분리불안장애
	중독장애	알코올중독, 약물남용, 인터넷 게임중독
	정신장애	정신분열증, 만성정신분열증(입원)
	의료환자 및 뇌손상장애	치매, 소아 호스피스, 알츠하이머, 뇌졸중, 뇌병변장애, 만성질환, 노인성 질환
	기타	위 항목에 해당되지 않는 장애

출처: 김예주(2018). 국내 놀이치료의 연구동향과 효과

2) 놀이치료의 효과

이는 놀이가 자연스러운 자기표현의 매개체라는 사실을 바탕으로 유아의 심리치료에 많이 이용되는 방법이며, 놀이 그 자체가 가지고 있는 카타르시스 효과를 최대의 작용원리로 생각하며 영유아의 무의식 속에 억압되어서 머물러 있던 정신적 외상에 의한 덩어리를 언어로써 또는 행위로써 외부에 표출함으로써 그 증상을 해소시키려는 심리 요법의 기술임을 의미하는 것이다(김광웅, 유미숙, 유재령, 2005).

놀이치료에 놀이도구를 활용하는 것은 놀이가 가지고 있는 치료적인 힘

때문이며 이러한 치료적 힘으로 인해 놀이는 심리치료에 적극 활용되어 정서적 부적응 문제의 치료 및 정서적 자기 통찰과 부적응을 예방되는 데 활용된다고 할 수 있다(박찬옥, 정남미, 임경애, 2004).

이렇게 놀이 치료는 치료적 가치를 가지게 되며 표 6-2와 같이 치료적 요인과 치료의 긍정적인 성과로 설명할 수 있다(Schaefer, 1993).

표 6-2 놀이치료의 치료적 가치

치료적 요인	긍정적인 성과	내용
저항극복	치료동맹 애착형성	놀이를 통해 상담에 대한 저항을 완화시키고 치료자와 친숙해짐으로써 유대관계 형성
의사소통	자신의 감정 이해	아동의 제한적인 의사소통을 보완하고 영유아의 이해를 돕는 자기표현의 방법 제공을 통해 표출된 감정이나 욕구를 이해
아동의 능력 발현	유능감 경험 자아존중감	놀이를 통해 주의집중하고 성취하며 자신의 능력을 발현하고 성장시킴으로써 환경을 통제하며 놀이과정에서 유능감을 경험하여 자아존중감 향상
정화	정서적 이완	놀이를 직면하기 어렵거나 중요한 감정 및 정서를 발산함으로써 카타르시스를 경험하고 감정분화 촉진
소산(消散)	정서적 외상 적응	외상적 경험의 재연을 통해 사건을 재경험하며 외상을 극복하여 정신적으로 해소 가능
공상, 시각화	공상적 보상	자신이 처한 고통스러운 환경을 이해하기 위해 상상력을 이용하거나 현실에서 이루지 못한 소망이나 욕구가 놀이를 통해 충족되어 현실적인 기대를 갖게 됨
긍정적인 정서	스트레스 해독 자아활성화	놀이의 재미와 자발성을 통해 안정감을 느끼고 놀이의 과정에서 느낀 행복감과 즐거움의 긍정적인 정서가 부정적인 감정이나 스트레스를 해소하며 자아활성화 촉진
역할놀이	새로운 행동습득 공감	안전하게 새로운 행동을 연습하여 유용한 기능을 습득하고 타인의 입장이나 감정, 이해 등 공감능력 향상

치료적 요인	긍정적인 성과	내용
게임	자아강화 사회화	게임놀이를 통해 자신감이 향상되며 사회화 연습을 하므로 사회적 유능함 형성
창의적 사고	문제해결력	스스로 자연스럽게 문제해결 방법을 발달시켜 힘든 상황에서도 극복할 수 있는 방법 터득
은유적 가르침	통찰력	대상, 사물 등에 비유하여 갈등과 두려움을 직면함으로써 통찰을 얻음
발달상 두려운 극복	성장, 발달	반복되는 놀이를 통해 불안과 두려움 감소
관계증진	자아실현, 친밀감	자아실현을 위해 타인과 친밀해지려고 노력하며 관계를 맺어감

출처: 이성한, 하연희, 이귀숙(2018). 아동상담

3) 놀이치료의 종류

영유아는 놀이를 통해 자신의 부정적인 감정을 발산하고 통제할 수 있게 되고, 궁극적으로 감정 해소의 과정을 거치면서 자신의 내면에 있는 자기치유력을 발휘하게 된다(Axlin, 1969). 따라서 놀이치료를 통해 영유아에게 자신의 문제를 해결할 수 있는 기회를 제공해 주며 치료의 경험을 통해 영유아 자신에 대해 이해하고 자신을 있는 그대로 수용할 수 있도록 도와주어야 한다(신숙재, 이영이, 한정원, 2000).

현재는 장기간에 걸친 개인치료뿐 아니라 집단놀이치료의 단기적 접근도 실시되고 있으며, 아동뿐 아니라 부모나 가족을 치료에 개입시키는 다양한 시도가 활발하게 이루어지고 있다.

놀이치료는 다양한 형태와 기법으로 발전되어 왔는데 놀이치료에 사용되는 매개체에 따라 치료놀이, 부모자녀놀이치료, 가족놀이치료, 모래놀이치료, 집단놀이치료, 게임놀이치료, 미술놀이치료 등으로 나눌 수 있다(김예주, 2012).

여기에서는 영유아에게 많이 사용되는 몇 가지 놀이치료를 소개하고자 한다.

(1) 모래놀이치료

모래의 성질은 자신의 생각을 마음대로 표현할 수 있는 경험을 제공하고 그 과정에서 사회성뿐만 아니라 성취감과 만족감을 가지게 함으로써 정서발달에 도움이 되는 것이다(김정미, 2004).

이러한 모래놀이치료는 자기감정 조절능력을 발달시키는 데 효과적이어서 자기표현과 사회성 향상에 긍정적인 효과가 있음을 알 수 있다(김은해, 2009).

그리고 구조화된 집단놀이, 모래놀이 프로그램의 경우 유아의 또래 상호작용에 긍정적인 효과가 있는데 이는 유아교육기관에 적용할 수 있는 치료적 예방적 사회적 프로그램이 될 수 있음을 시사하고 있다(이민희, 2009).

(2) 놀이를 활용한 집단미술치료

자신의 생각이나 느낌을 언어로 표현하는 데 어려움을 겪는 영유아의 경우 미술이라는 매체를 통해 자신의 생각을 표현하기도 하며 언어와 같은 표현능력을 보여 주기 때문에 영유아의 진단도구로 사용되기도 한다.

놀이를 활용한 집단미술치료는 매개체 및 재료를 활용하여 협동 미술활동을 통해 문제 상황이 발생하였을 때 해결하기 위해 타인의 감정을 이해하고 의견절충을 하면서 그 속에서 사회화 과정을 익히게 되므로 혼자 고립되어 있거나 집단 모임을 싫어하는 아동들에게는 변화를 추구하는 역동적인 힘을 불러일으켜 주기도 한다. 더불어 구성원들의 경험을 공감할 수 있는 기회를 제공받게 되어 집단에는 안정감이 생기고 활발한 분위기를 형성해 감으로써 서로의 관계를 긍정적으로 표현할 수 있게 된다(김도형, 2017).

(3) 교사놀이치료

교사놀이치료는 초등학교 교사 또는 유치원, 어린이집 교사들을 대상으로 놀이치료를 훈련시켜 가정이나 원내에서 부적응 유아에게 활용할 수 있도록 하는 접근이다(Zigler & Lang, 1991).

다른 놀이치료와 다른 부분은 놀이치료의 장소를 유아들의 삶의 맥락 안으로 들여와 유아교육기관에서 놀이치료가 이루어진다는 것이다. 교사놀이치료는 부모보다 좀 더 전문적이고 다수를 대하는 교사를 놀이치료사로 훈련시킴으로써 훈련기간을 더 짧게 잡을 수 있고, 자녀만을 대상으로 하는 부모놀이치료에 비해 다수의 영유아들에게 실시할 수 있으며 치료사가 아닌 유아를 가장 잘 이해하고 친숙한 교사가 직접 치료를 실시한다는 것이 다른 놀이치료들과 가장 다른 점이다. 또한 교사놀이치료를 통해 경험 부적응 영유아들의 내재화 문제, 부적응 행동은 줄어들고 적응 능력, 사회성 기술과 성취욕구, 과제수행력, 문해 기술이 향상되어 부적응 영유아들이 사회 정서적인 도움을 받을 수 있다는 것이다(김태인, 2009).

(4) 집단놀이치료

집단놀이치료는 치료자와 2명 이상의 아동 내담자로 구성되는 놀이치료 형태로 집단상담과 놀이치료의 두 가지 치료양식을 결합한 형태이다(Sweeny & Homeyer, 1999). 집단놀이치료 프로그램의 목적은 유아교육기관에서 영유아가 친밀감을 형성하고 교실 안에서 즐거움을 느끼고 적극적으로 놀이활동에 참여하는 데 의의가 있다고 할 수 있다. 더불어 자신의 부정적인 감정을 표출하고 해소시킴으로써 긍정적으로 상호작용하고 치료자와도 안정된 관계를 맺을 수 있는 것이다.

집단놀이치료는 유아교육기관에서의 유아의 놀이상호작용 능력을 향상시키며 적응능력이 높아지며 또래놀이 상호작용에서의 긍정적인 효과가 있다고 할 수 있다(김승연, 2016).

따라서 집단놀이치료 프로그램은 유아의 의사소통 도구인 놀이를 통해서 유아들이 자신이 가지고 있는 잠재력을 충분히 발휘할 수 있도록 하며, 안전하게 유아의 성장을 촉진하는 놀이경험과 집단경험 속에서 나의 정서를 조절하고 다른 영유아와의 관계 및 유아 자신과 타인, 사회성을 배울 수 있게 하는 데 도움을 줄 수 있을 것이다(김보령, 2018).

이처럼 놀이는 영유아 문제행동 및 사회성 향상을 위해 치료에도 중요하게 쓰일 만큼 중요함을 알 수 있다. 유아교육기관에서 영유아들이 놀이를 잘하는 것만으로도 영유아의 부정적 행동이 감소하고 긍정적 정서가 향상됨을 명심하고 충분한 놀이시간을 제공해야 할 것이다.

실천해 봅시다

놀이에 참여하지 못하고 문제행동을 보이는 영유아를 관찰해 봅시다.
어떠한 경우에 놀이를 하지 못하고 있나요?
(유아교육기관 방문하기 또는 TV 프로그램의 육아프로그램을 시청하기)

내가 담임선생이라면 어떠한 놀이지원을 하고 싶은가요?

7장 영유아들과 가까워지기

영유아들은 매일매일의 놀이에서 관계를 맺음으로 인해 많은 것을 배우고 느끼며 위로받기도 하고 때로는 힘들어하기도 합니다.

우리 아이들이 놀이(=삶)에서 힘들어하는 것은 무엇일까요?

그래서 우리 친구들을 어떻게 도와주면 될까요?

CHAPTER

07 놀이와 관계성

생각하기

- 영유아의 놀이와 관계성의 연관성은 중요합니다.
- 영유아의 놀이 시 관계향상을 위해 어떠한 부분을 지원해 주면 좋을까요?
- 놀이지원에 있어 영유아 교사의 준비사항을 점검해 보아야 합니다.
- 인성적 자질, 전문적 자질을 위해 준비해야 하는 것에는 어떤 것이 있을까요?

영유아에게 있어 자신과 주변을 둘러싼 환경과의 관계는 영유아의 전인적 성장과 발달에 많은 영향을 미친다고 볼 수 있다. 그리고 놀이를 통해 이루어지는 관계성을 바탕으로 영유아는 자신의 놀이에 집중하게 되고, 사회에서 배우고 느껴야 하는 감정을 알아가게 된다고 볼 수 있다.

관계성의 사전적 의미를 살펴보면 둘 이상의 사람, 사물, 현상 따위가 서로 관련을 맺거나 관련이 있음을 관계라고 정의하고 있다(국립국어원, 2015). 그리고 관계성은 나와 타인과의 관계만을 의미하는 것만이 아니라 나와 자신, 타인, 자연, 지구, 우주에 이르기까지 생물과 무생물을 포함하여 연결되어 있는 모든 성질을 의미한다고 볼 수 있다(최지민, 2014). 이러한 관계성의 개념을 사회라는 맥락 속에서 유대와 연결의 의미를 가지고 공동체적 연결을 위한 본질적 요소로서 교육적인 측면(권미량, 2015)에서도 논의할 수 있는데 이는 자신, 타인, 자연 등을 포함하는 개념적 논의들로 이루어져 있다고 볼 수 있다.

영유아들에게 있어 놀이는 삶이며 영유아 자신이 삶의 테두리 안에서 살아가고 있는지를 말해 주는 고유의 영역으로 관계성과 연관지어 본다면 놀이를 통한 관계성의 유지와 확장은 영유아의 건강한 삶의 지표가 되는 것이다.

1. 관계성과 상호작용

현대사회는 과학기술의 발달로 전 세계가 하나의 생활권이 되면서 엄청난 속도의 지식 창출과 더불어 기하급수적인 발달이 이루어졌으나 그에 따른 역기능으로 인간성 문제가 나타나면서 인간성 회복의 중요성이 거론되기 시작하였고 관계 중심의 가치관이 다시금 조명 받게 되었다. 김지훈(2010)은 관계성의 중요한 기능으로 연대지향적인 것을 말하면서, 개인이 자신을 둘러싼 수많은 자극들과 사람들과의 관계를 유지하고 통합하며 이를 토대로 여러 사회적 자극들 간의 관계와 유사성을 관련지어 이해하기 위해 관계성을 사용한다고 하였다. 따라서 영유아기부터 인간은 혼자서는 인간으로 존재할 수 없다는 것을 알아가면서 하나의 인격체로 성장하기 위해 자신과 또래의 다양한 만남의 관계를 맺어가야 할 것이다.

특히 요즈음 관계성에 어려움을 겪는 영유아들이 늘어나고 있기 때문에 영유아기부터 관계성이 활성화될 수 있도록 놀이환경 및 놀이지원을 해야 할 것이다.

1) 유아교육과 관계성

요즘 영유아들은 유아교육기관에서 보내는 시간이 많이 늘어남으로 인해 유아교육현장에서의 역할에 대한 중요성이 강조되고 있다.

영유아기에는 자아개념을 포함한 대부분의 성격특성이 형성되고 자존감, 독립성, 자율성, 자신감과 관련지어 형성되며 주변 환경을 탐색하고 활발한 상상력과 탐구력이 발달된다고 할 수 있는데 이는 놀이를 통한 관계성의 형성을 통해 이루어진다고 볼 수 있다. 영유아의 관계성을 촉진시키는 요인들에는 여러 가지가 있지만 관계성의 출발점인 애착, 자아개념을 살펴보면서 유아교육에서의 관계성의 중요성을 언급하고자 한다.

(1) 애착

애착은 관계성의 기초가 된다. 영유아가 애착이 어떻게 형성되었는가에 따라서 영유아기의 관계성의 발달을 미리 엿볼 수 있기 때문이다. 영유아가 생애 초기에 어떠한 애착을 형성하였고 형성된 애착이 지금 어떠한 영향을 미치고 있는지를 중점적으로 보게 되면 영유아의 관계형성의 척도를 예측할 수 있다.

특히 생애 초기부터 시작되는 부모, 교사, 또래와의 애착은 유아의 발달에 많은 영향을 미친다고 할 수 있다. 이러한 애착은 영아기부터 많은 상호작용을 하는 부모 혹은 유아교육기관의 교사 등의 주 양육자와 상호작용을 통해 이루어지며, 애착은 그 정도가 강하고 지속적인 경험으로 이루어지며 사랑의 경험이 대부분이라고 할 수 있다(조순옥, 이경화, 배인자, 이정숙, 김정원, 민혜영, 2015).

더불어 곽아정(2006)은 유아들은 사회적 관계 속에서 적절한 사회적 지식과 기술을 배우고 이를 적용함으로써 보다 성공적으로 성장하고 발달해 감을 이야기하고 있다.

반면 영유아기의 불안정 애착은 유아의 정서조절 능력에도 영향을 미치는데, 결여된 정서조절 능력은 자신이 감정을 정확하게 인식하지 못하게 하고, 대인간의 상황에서도 다른 사람의 의도를 잘못 인식하게 하여, 다른 사람이 느끼는 감정이나 의도를 공감하지 못하게 되고, 타인에게 끼치는 영향도 올

바르게 판단하지 못하게 되어 공격적인 행동을 유발하게 된다(이동진, 2010).

중요한 것은 애착은 단기간에 형성된다기보다는 최소한 몇 개월의 시간에 걸쳐 서서히 형성되고 지속성이 중요하기 때문에 유아교육기관에서도 영유아가 건강한 애착형성을 할 수 있도록 격려와 칭찬이 많은 상호작용이 이루어져야 할 것이다.

애착에서 중요하게 보아야 할 요소는 다음과 같다.

첫째, 애착에서 가장 중요한 부분은 주 양육자와의 관계이다.

주양육자는 주로 부모인 경우가 많지만 요즈음은 다양한 가족형태와 맞벌이로 인해 주양육자가 조부모님 또는 아이를 중점적으로 돌보아 주시는 분들도 함께 포함되기 때문에 주양육자의 범위가 넓어졌다고 할 수 있다. 영아와 주양육자의 안정된 애착은 영유아의 안정 애착을 가져오기 때문에 놀이상황에서 관계에 힘듦을 보이는 영유아가 있다면 주양육자와의 애착형태를 점검해 보면 도움이 될 것이다.

둘째, 영유아가 보이는 불안정 애착의 문제를 놀이를 통하여 해소할 수 있도록 하여야 한다. 영유아가 보이는 불안정 애착의 문제를 주양육자의 문제로만 인식한다면 유아의 건강한 놀이환경을 조성해 주기 어렵다. 놀이를 통하여 보이는 영유아의 관계의 어려움을 놀이를 통하여 개선할 수 있도록 분위기를 조성하여야 할 것이다.

영유아는 놀이를 통해 자신의 부정적 감정을 해소할 수 있기 때문이다.

셋째, 애착은 영유아기 이후의 발달을 위한 기초가 된다.

영유아는 현재 보이고 있는 애착형태에 따라 이후의 관계에 영향을 받게 되어 지금의 애착의 문제가 현재의 문제상황으로 끝나지 않고 이후의 영유아의 삶에 부정적 영향을 미치게 된다.

영유아기의 애착상태는 관계형성의 출발점임을 명심하고 영유아기의 안정애착을 가질 수 있도록 조력하여야 할 것이다.

(2) 자아개념

관계성의 첫걸음은 자아를 인식하고 존중하는 것에서 시작된다고 볼 수 있다.

영유아의 경우 자신을 소중히 여기고 아끼는 행동은 놀이에서부터 많이 나타나기 시작하며 건강한 영유아의 경우 놀이에서 자신을 표현하는 데 적극성을 지니게 되는 것이다.

자아(self)의 개념으로 제시된 다양한 정의 부분을 보면 자아개념(self-concept), 자아존중감(self-esteem), 자아인식(self-perception), 자아평가(self-evaluations), 자아효능감(self-efficacy) 등 다양한 용어로 사용되고 있음을 알 수 있으며, 이것이 의미하는 것은 이론적, 실제적으로 자아개념에 대한 일관된 정의가 없다고 할 수 있다(Harter, 1999). 그러나 다양한 정의 부분이 의미하는 것은 결국 영유아 자신이 자신을 어떻게 생각하느냐를 보는 것이라 할 수 있는데 자아개념에 따라 이후의 관계에서 자신의 행동을 확장하고 통제하는 데 영향을 미친다고 볼 수 있다. Marsh(1997)에 의하면 자아개념은 인간의 평생의 삶에 있어서 개인의 인식과 행동, 적응문제에 지속적인 영향을 미친다고 하였다.

영유아의 자신을 어떻게 생각하는지에 대한 자아개념의 중요성은 다음과 같다.

첫째, 긍정적 자아개념을 가진 유아는 자신의 놀이를 흥미롭게 즐길 수 있다.

영유아기의 기초가 마련되는 자아개념의 발달은 삶의 전 영역에 의미 있는 영향을 미치는데, 어린 시기에 형성한 자아개념은 자기에 대한 이미지를 형성하는 기초가 되며(정명숙, 2007), 이를 토대로 세상을 바라보는 기초적인 시각을 형성하게 된다고 볼 수 있다. 나아가 경험과 현상을 어떻게 해석할지를 결정하는 기능과 기대감, 내적인 지속성을 유지하는 기능을 통해 환경에 대한 개인의 반응을 결정짓는 데에도 깊이 영향을 미친다고 할 수 있다(홍순정, 최석란, 신은수, 1999).

둘째, 긍정적 자아개념을 가진 영유아는 원만한 대인관계를 형성한다.

신현옥(2002)은 긍정적인 자아개념이 형성되면 대인관계에서도 원만하게 되고 정신 건강에도 좋은 기반이 되어 유아나 다른 성인에게도 행복감을 느끼게 해준다고 하였다. 이는 유아기에 긍정적인 자아개념 형성이 필요한 중요한 이유가 되는데 긍정적 자아개념은 유아가 행복한 삶을 살아갈 수 있도록 하는 터전이 되기 때문이다(오금은, 2012). 반대로 부정적 자아개념을 가진 영유아는 교사에게나 또래에게 의존적이며 집단활동 시 주의를 기울이거나 과제에 집중하기를 어려워하고 충동적으로 행동하는 등과 같은 행동 특성들을 보인다.

셋째, 자아개념은 일생 동안에 걸쳐 지속되며 각 시기마다 달라질 수 있다.

영유아들이 자신에 대한 가치, 능력 등은 놀이를 통해 지속적으로 달라질 수 있는데 이때 영유아를 인정해 주며 존중하는 모습과 개개인에 대한 관심들은 영유아의 긍정적 자아개념을 형성하는 데 도움을 준다.

넷째, 자아개념은 영유아의 문제해결력에 영향을 미친다.

영유아는 자신에게 주어진 놀이상황에서도 여러 가지 문제를 해결하며 놀이를 확장시키는데 영유아의 긍정적 자아개념은 문제해결력을 높이는 결과를 가지고 온다고 할 수 있다. 결국 자신에게 자신 있는 유아는 자신에게 주어진 문제에도 자신감을 가지며 해결할 수 있다는 것이다. 따라서 '모든 문제는 자신이 어떻게 생각하느냐에 따라 달라지는 것이다'라는 것이 영유아에게도 적용되는 것이다.

2) 교사와의 상호작용

교사는 영유아에게 있어 부모 다음으로 많은 영향을 미치는 존재임을 알 수 있다.

이는 가정을 제외한 곳에서 유아가 가장 많은 영향을 받게 되는 성인이 교사임을 알 수 있다. 영유아 시기는 모방이 강한 시기이기 때문에 교사와 영유아의 상호작용은 영유아기에 많은 영향을 주게 됨을 알 수 있다. 교사와 영유아의 상호작용은 언어적 상호작용뿐만 아니라 언어적, 비언어적 상호작용을 모두 포함하기 때문에 교사의 역량은 중요하다고 볼 수 있다.

유아교육기관에서 교사와 영유아는 끊임없이 상호작용한다. 유아교사와 영유아의 상호작용이란 유아교육기관에서 일어나는 교사와 영유아의 의사소통을 의미한다고 볼 수 있는데, 이는 영유아의 전인적 성장과 발달에 도움을 준다고 볼 수 있다. 곽희경(2011)은 유아교육기관에서 일어나는 보육과 교육은 유아교사와 영유아 간의 상호작용을 통하여 일어난다고 하였으며 교사와 영유아의 상호작용의 질적 수준은 유아교사의 특성에 의해 결정된다고 하였다. 또한 놀이를 실행하고 확장하는 주체는 유아이지만 놀이와 교육과정을 연계하여 놀이 중심의 교육과정을 구성하는 사람은 교사이기(윤민아, 2019) 때문에 유아와 교사의 상호작용은 중요한 요소임을 알 수 있다.

교사와 영유아의 상호작용의 중요성은 다음과 같다.

첫째, 영유아의 전인적 발달에 영향을 미친다.

교사와 영유아의 상호작용은 영유아에게 지식과 정보를 제공할 뿐 아니라 영유아의 전인적 발달에 영향을 미치게 된다. 교사는 영유아와의 상호작용을 통하여 교육과정의 실천의 통로를 열게 되고 유아들은 행복감을 느낄 수 있게 되어 놀이를 통한 학습에 흥미를 느끼게 되는 것이다. 더 나아가 양질의 상호작용은 영유아에게 있어 긍정적인 관계를 형성하고 경험하게 하며 영유아는 교사와의 상호작용을 모델링하여 자연스럽게 사회의 질서와 규칙을 알아가게 되고 또래와의 조화를 이루며 관계를 맺는 방법에 영향을 받게 되는 것이다(이경미, 2016).

둘째, 영유아의 정서 표현과 사회적 상호작용에 영향을 미칠 수 있다.

영유아가 자신의 의견을 말하고, 질문하면서 서로의 대화에 초점을 맞추며 능동적으로 대화에 참여할수록 교사와 영유아의 상호작용은 영유아의 정서 표현과 사회적 상호작용에 영향을 준다(박희숙, 윤수정, 2014). 정서적 상호작용은 교사와 영유아의 애착에도 영향을 미치게 되어 교사와 영유아의 정서적 상호작용이 잘 이루어질수록 또래와의 사회관계 능력이 향상되고, 영유아의 긍정적 표현이 증가한다고 볼 수 있다.

셋째, 교사의 행복감은 영유아와 상호작용의 수준을 높인다.

교사가 행복감을 가지고 영유아와 상호작용을 하면 유아와의 상호작용 수준이 높아지고 영유아와의 상호작용이 적극적인 참여를 유도하여, 영유아가 경험하는 부분을 다양하고 풍부하게 할 뿐 아니라 영유아가 보이는 반응에 있어 적극적이고 허용적인 태도와 함께 여유를 나타낼 수 있다(한서원, 2018).

이는 교사가 느끼는 감정이 영유아에게도 전달되는 것을 알 수 있는 대목으로 평소 교사의 심리적 상태가 중요하다는 것이다.

넷째, 민감성을 가지고 있는 교사는 영유아의 놀이상황을 잘 파악할 수 있다.

민감성이 높은 교사는 놀이상황에서 영유아가 겪는 어려움을 잘 알 수 있어 영유아의 상호작용 시 영유아가 겪는 어려움과 부적응 상황을 좀 더 세밀하게 알 수 있다.

영유아와의 상호작용에서 중요한 것은 영유아가 보이는 태도와 언어가 어떠한 상황에서 이루어진 것인지를 아는 것이다. 민감성이 높은 교사는 영유아의 개별적인 태도에도 관심이 높기 때문에 질 높은 영유아와 질 높은 상호작용을 실시할 수 있다.

3) 또래와의 상호작용

영아기 초기에는 부모-자녀의 상호작용이 중심이 되다가 점점 성장하면서 유아기로 접어들게 되면 점차 또래와의 상호작용을 통해 사회적 지식을 확장해 나가고 유아교육기관에서 필요한 기술을 습득함으로써 사회 적응의 기초를 만들어 간다고 할 수 있다. 영유아들의 사회적인 기술의 대부분은 또래와의 놀이를 통해 관찰되고 또래와의 상호작용은 영유아의 앞으로의 사회적 기술을 예측하는 데 중요한 부분이라 할 수 있다. 또래는 서로 등등한 관계에서 상호작용하고 협력하기 때문에 또래와의 상호작용은 어떤 유형의 개인적 관계보다도 더 중요함을 알 수 있다(이미화, 2015).

또래와의 부정적인 관계를 형성한 유아들은 친구들의 놀이방해를 하거나 놀이단절을 경험하는 모습을 많이 보이고 교실에서 활동을 할 때 친구들을 방해하거나 신체적 공격성을 많이 보이고, 이후의 학업성취에 있어서도 낮은 수준을 보인다고 할 수 있다(Fantuzzo & Mcwayne, 2002).

Fantuzzo, Sutton-Smith, Coolahan, Manz, Canning 그리고 Debnam(1995)은 또래 상호작용의 정의를 영유아의 발달적 과제로 인식하고 영유아가 학급 내 놀이상황에서 상호작용하는 가운데 보여주는 행동특성이라 하였으며 영유아의 또래놀이 상호작용은 영유아의 발달과정에서 다음과 같은 여러 가지 중요한 기능을 한다고 하였다(홍혜진, 2017).

첫째, 영유아는 또래놀이 상호작용을 통해 현재보다 더 큰 사회 속에서 스스로의 정체감을 발견하게 된다.

둘째, 영유아는 또래놀이 상호작용을 통해 다른 사람의 관심사에 대한 이해, 다른 사람과 의사소통하는 능력들을 포함한 사회·인지적 기술의 기초를 발달시킨다. 즉, 영유아는 또래놀이 상호작용을 통해서 자기중심성을 탈피할 뿐만 아니라 다른 사람과의 관계성을 이해하고 친구와의 관계 속에서 발생하는 다양한 문제들을 해결하는 능력이 발달하는 등 사회·인지적 성장을 이루게 된다.

셋째, 또래놀이 상호작용을 통해 영유아들은 신체적·인지적 기술들에 대한 직접적인 가르침을 서로 주고받게 된다.

넷째, 또래 간 상호작용은 부모가 도움을 주지 못하는 친숙하지 않거나 위협적인 상황에서 정서적 지지를 제공한다.

따라서 영유아는 또래와의 상호작용에서 사회의 규칙을 배우게 되고 긍정적, 부정적 감정을 동시에 배우기도 한다.

또래놀이 상호작용을 하면서 유아들은 또래와 의사소통하는 방법을 배우고 영유아 자신에게 적합한 사회적 행동에 대한 피드백을 주고받으며, 이를 통하여 사회화 기술이 향상되므로 유아의 또래놀이 상호작용은 사회생활에 필수적이라고 할 수 있다(이근재, 2001). 영유아는 또래와 놀이 경험을 통해 자기 중심적인 성향에서 벗어나 다른 사람의 입장을 이해하고 더불어 자신과 타인을 지각하게 되며 이를 통하여 다른 사람의 입장에서 느끼고 생각하면서 또래와의 긍정적인 관계를 맺으며 이를 유지할 수 있는 능력을 기르게 된다(단현국, 2005). 그리고 영유아들은 또래들과 함께 사이좋게 놀거나 싸움을 하면서 함께 살아가는 데 중요한 사회적 능력을 배우게 되고, 놀이과정을 통해 집단참여, 질서 지키기, 놀잇감 공유하기 등 협동능력을 습득할 수 있게 됨을 알 수 있다(고문숙, 임영심, 황정숙, 2012).

더불어 또래와의 상호작용은 놀이의 몰입도를 활성화시킨다.

놀이에 대한 몰입도는 놀이의 다양한 전개와 확장활동에 많은 영향을 미치게 된다.

영유아는 자신의 능력에 적합한 놀이와 목적 자체가 되는 놀이에 몰입하게 되는데 성인과 다른 점은 또래와의 상호작용을 통해 놀이에 몰입한다는 것이다(오정희, 최남정, 2010).

2. 놀이지도를 위한 교사의 자질

영유아의 놀이지도를 잘하는 교사가 되기 위해서는 다양한 면이 준비되어야 한다.

영유아 교사는 영유아에게 많은 영향을 미치는 성인 중 한 명이기 때문에 교사 개인의 인성적인 부분과 더불어 유아교육을 위한 전문적인 자질 모두가 중요한 자질 중 하나이다. 더불어 2019 개정 누리과정에는 교사의 놀이성도 중요한 자질 중 하나가 된다고 볼 수 있다.

1) 교사의 인성적 자질

Cataldo(1983)는 영유아 교사들이 갖추어야 할 바람직한 태도와 인성적 자질로 영유아를 사랑하고 존중하며, 융통성 있고, 개방적인 사고와 인내심, 유아 및 가족과의 정서적 유대 관계 형성, 사회적·정서적 성숙, 유머감각, 비판을 수용하고 제거할 수 있는 능력이라고 하였다.

교사의 인성적 자질은 교사가 가지고 있는 개인적인 요소와 함께 성장 과정과 같은 환경적 요인들이 합쳐진 부분들이 나타난다고 볼 수 있다.

따라서 교사들은 끊임없이 자신의 장점과 단점을 파악하면서 영유아들과 어떻게 생활하며 그들을 사랑하고 교사로서 어떻게 영유아들과 소통할 것인지를 고민해 보아야 한다.

다음은 교사의 인성적 자질 중에서 점검해 보아야 할 부분이다.

첫째, 교사는 자신을 사랑하고 있는지를 점검해 보아야 한다.

많은 교사들이 업무적인 스트레스에 싸여서 자신을 돌아보지 못하고 있기 때문이다.

교사는 영유아들에게 나를 사랑하는 아이로 양육하기 위해 많은 에너지를 쓰는 것만큼 교사도 자신을 사랑하는 데 시간을 써야 한다.

교사는 자신의 이해와 성찰로 인격적인 통합을 이루는 사람이어야 영유아를 완전히 조력할 수 있다. 때때로 자신에 대한 각성 부족으로 교사로서 객관적이지 못한 태도를 취하는 경우도 있기 때문이다. 따라서 교사는 자신을 알기 위해 노력해야 하며 자신의 정체성, 가치관, 욕구, 감정, 강점과 한계점 등을 잘 이해해야 한다.

나 자신을 사랑하기

- 전신 거울에 비춰진 나의 모습을 자세히 바라봐 주기
- 나의 얼굴의 표정을 보며 내가 어떠한 모습을 하고 있는지, 무슨 생각을 하며 살아가고 있는지에 대해 곰곰이 생각해 보는 시간 가져보기
- 나에 대해 생각해 보는 시간을 가지며 나를 격려해 주는 특별한 이벤트도 계획해 보기

둘째, 교사는 자신의 건강상태를 체크해 보아야 한다.

유아교육현장에서 교사의 체력은 정말 중요한 역할을 한다.

활발하게 움직이는 영유아들과 상호작용을 해야 하며 교사 자신에게 주어지는 그 외 필수서류와 같은 업무적인 부분들로 인해 많은 교사들이 체력적인 부분을 힘들어한다. 그리고 사람마다 다른 건강상태를 가지고 있기 때문에 체력이 약한 경우는 더 힘듦이 느껴지기 때문에 평소에 자신의 건강상태를 확인하면서 적절한 체력보충을 해야 한다.

나의 건강상태 확인하기

- 나의 건강상태 중에서 약한 부분이 있다면 어떻게 이 부분을 보완할 것인지 고민해 보아야 한다. 기관지가 약한 경우 배즙을 먹는다 등과 같은 실질적인 나만의 실천 목록이 있어야 하는데 평소에 나를 힘들게 하는 체력적인 부분을 심도 있게 체크해 보는 것이 꼭 필요하다.

셋째, 교사는 스트레스 관리를 해야 한다.

스트레스는 교사가 유아교육현장에서 하루 종일 영유아들과 생활하는 동안 영향을 미칠 뿐만 아니라 퇴근 후에도 교사의 일상에 영향을 미치기 때문에 스트레스 관리는 교사가 관리해야 하는 영역 중에서도 아주 중요한 부분이라고 할 수 있다. 교사 자신이 겪는 스트레스와 심리적 소진은 영유아에게 직접적으로 악영향을 끼칠 수 있다.

소중한 사람들과 함께 하는 시간도 계획해 보면서 하고 싶었던 일들을 실천해 보는 시간을 가져 봄으로써 스트레스 관리를 해야 한다.

다음은 유아교육현장에서 느낄 수 있는 교사들의 스트레스에 관련된 내용들이다.

교사들의 마음의 소리1(내가 가장 스트레스받을 때)

- 유아들과 일과 생활하는 도중에 여러 가지 업무를 해내야 하거나 업무시간 안에 일을 마치지 못해 업무시간 외에 일을 해내야 할 때(7년차 교사).
- 교사로서 나름 충분히 신경을 쓰고 있는데도 학부모의 요구사항이 많을 때, 아이가 놀다가 다쳤을 때(8년차 교사).
- 다른 교사와 비교를 하거나 업무와 서류가 쌓이고 인간관계가 좋지 않을 때(1년차 교사).
- 개인적으로 힘든 일이 있거나 반 아이가 다쳤을 때, 일지·서류의 제출일이 다가올 때(4년차 교사).
- 유아가 울고 있는데 왜 울었는지 물으면 대답을 안 해서 답답할 때(1년차 교사).
- 밥 먹지 않는 아이들이 많을 때(9년차 교사).

POINT

교사들은 끝없는 서류와 잠 부족, 여가시간의 부족, 과중한 업무, 인간관계의 어색함, 하고 있던 일이 잘 풀리지 않을 때, 학부모의 건의사항이 너무 많을 때, 아이들이 말을 안 들을 때, 일이 잘 풀리지 않을 때, 잔소리를 들을 때, 퇴근시간이 늦어질 때, 아이들이 다칠 때, 우리반에서 사건이 터졌을 때, 일처리를 깔끔하게 하지 못했을 때, 가사일과의 병행 등과 같이 보통의 직장인들의 스트레스 상황과 비슷한 모습을 보이기도 하였다. 더불어 아이들과의 관계 및 학부모들의 관계와 같이 확대된 인간관계도 교사의 스트레스가 많음을 알 수 있었다.

교사들의 마음의 소리2(스트레스가 나에게 미치는 영향)

- 하루하루가 개운하지 않고, 머리도 아프곤 했었다. 그리고 잠자기 전 스트레스를 생기게 한 일에 대해 생각하고 생각해서 잠을 깊게 자지를 못한다(1년차 교사).
- 아이들과 있는 시간보다 업무를 해야 한다는 압박감으로 아이들이 2차적 순서가 되어 꼼꼼히 놀이하고, 관찰하고, 이야기해야 하는 것이 머릿속에만 맴돈다. 아이들에게 미안한 마음을 가지지만 눈앞에 닥친 업무로 인해 아이들에게 꼼꼼하지 못하게 체크하거나 혹은 유아들의 행동을 지나쳐 버릴 때가 생기는 것 같다. 직장에서의 스트레스가 풀리지 않아 집으로 돌아가서도 남편에게 이유 없는 짜증과 성격을 부려 나만 예민한 사람이 되는 것 같아 나 스스로 자책할 때가 가끔 있다(4년차 교사).
- 스트레스가 많을 땐 두통이 생기거나 머릿속이 멍해지는 느낌이 들어 모든 일에 무기력해진다. 그래서 그런지 스트레스가 많은 날엔 해야 할 업무를 처리하는 시간이 오래 걸리는 것 같다. 밤에 잠을 자는 시간에도 자주 깨거나 하여 다음날 아침에 피곤함을 느끼는 경우도 있었다. 때로는 모바일이나 인터넷을 통한 쇼핑을 하며 충동구매를 하는 경우가 있다. 꼭 필요하지 않은 신발이나 옷을 산 후 이후 후회하는 경우도 있었다(5년차 교사).
- 아무래도 나에게 있어 제일 많은 시간을 투자하는 시간이 일이다 보니 스트레스를 받게 되면 일하는 데 있어 제일 많은 악영향을 끼치게 되는 것 같다. 일이 집중이 잘 안되고, 예민해지고 짜증이 나서 주변 사람들이나 아이들에게도 많은 악영향을 주게 되는 것 같다. 그리고 스트레스를 받게 되면 나도 모르게 몸이 먼저 반응을 하게 되고 몸이 아프거나 힘들면 '아...내가 스트레스를 받고 있구나' 하고 알 수 있었다(3년차 교사).
- 대부분의 시간을 원에서 보내다 보니 순간적인 감정이 올라와서 아이에게 좋은 말로 이야기하지 못하고 작은 일에도 짜증을 내게 되는 것 같다. 하루 종일 기분

이 좋지 않고 다운되어 있다. 즐거움이 사라지는 것 같다(3년차 교사).

- 몸에서 반응할 만큼 큰 것 같다. 얼굴과 몸에 트러블이 먼저 생기고, 마음이 불안해진다. 풀면 좀 괜찮은데, 바쁜 삶을 살다보면 풀지 못하고 그냥 지나칠 때가 많은데, 그때는 표정부터 어두워지고 마음에 여유가 안 생기는 것 같다(5년차 교사).

POINT

교사의 장기적인 스트레스는 좌절, 의기소침, 무기력해짐, 성격이 까칠해짐, 예민해짐, 낮은 자존감과 같은 부정적인 성격의 변화 및 미숙한 감정 조절, 더불어 쉽게 피로감을 느끼고 병이 생기면서 신체적·정신적인 피로누적을 경험하며 과소비 및 충동구매를 경험하게 됨을 알 수 있었다.

이처럼 많은 교사들이 스트레스로 인해 유아교육현장에서 많은 어려움을 겪고 있으므로 스트레스 관리가 곧 교사의 능력이 된다고 볼 수 있다.

넷째, 교사의 성품이다.

영유아들과 함께하는 매일이 행복하지만 유아교육현장 속에서 영유아가 교사를 속상하게 만드는 상황이 하루에도 몇 번씩 일어나곤 한다. 그러나 그런 상황 속에서도 유아들은 다양한 가능성을 가졌다는 생각, 영유아들이 바르게 성장할 수 있을 거라는 믿음을 가지고 유아의 눈높이에서 유아를 바라보는 마음이 준비되어야 한다.

특히 교사는 높은 수용성을 가지고 있어야 한다. '수용성'이란 교사의 평가나 판단을 유보한 채 현재 있는 그대로 영유아를 받아들이는 것으로 영유아를 있는 그대로 수용하는 것은 '아동을 존중하는 태도'에서 시작된다. 영유아를 인간으로서 존중할 때 교사는 자신의 선입견이나 판단을 배제한 채 영유아의 생각, 감정, 행동, 상황 등을 이해할 수 있게 된다.

다섯째, 동료교사와의 관계이다.

동료교사와 좋은 관계를 유지하는 것은 유아교육현장에서 기본적인 자질이 된다고 볼 수 있다. 동료교사와의 좋은 관계는 업무 향상에도 도움이 되며 유아교육현장에서 겪을 수 있는 다양한 어려움들을 함께 풀어나갈 수 있는 조력 동역자이기 때문이다.

공감을 통해 동료 간의 신뢰감과 관계성이 형성되면 서로 마음의 문을 열게 되면서 교사가 겪을 수 있는 내면의 경험을 외현적으로 표현할 수 있게 되는 것이다.

2) 전문적 자질

교사의 역할을 잘 감당하기 위해서는 2019 개정 누리과정이 어떠한 방향으로 바뀌고 있는지에 대한 숙지가 필요하다. 2019 개정 누리과정에서 교사의 역할을 무엇으로 생각하는지에 대한 여러 가지 고민이 필요한 시기이다. 교사의 역할은 단순 개인의 교사가 생각해서 실행할 수 있는 간단한 영역이 아니기 때문이다. 영유아의 놀이에 교사의 역할에 대해 생각해 보았을 때 다양한 부분을 고려해야 한다. 현재 시행되고 있는 2019 개정 누리과정은 이전의 교육과정보다 자율성을 강조하기 때문에 이전의 누리과정의 놀이 실행보다 높은 교사의 전문성과 역량이 요구된다고 할 수 있다(유재경, 황지영, 박은미, 2020). 특히 유아교육기관에서 유아의 놀이에 많은 영향을 미치는 요인의 하나인 교사는 유아의 발달과 교육의 질을 결정짓는 중요한 요인이 된다고 할 수 있다(류진순, 2007).

또한 교사의 놀이성은 유아와의 긍정적인 상호작용과 교수 역할을 수행하는 데 도움을 준다고 할 수 있다(서향원, 2019).

따라서 교사는 영유아가 놀이를 하는 동안 좋은 활동 모델로, 조력자로, 참여자의 역할을 통해 놀이를 지원하고 확장시킬 수 있는 놀이지원자로서의 역량을 발휘해야 한다(박찬옥, 2020).

또한 교사의 놀이지원 역량도 함께 길러야 한다.

교사의 놀이지원 역량이란 교사가 영유아를 대상으로 놀이지원에 대한 전문적인 능력과 미래의 성공을 예측할 수 있는 내적 동기, 정서와 태도, 사고방식, 기능과 특성 등을 포함하는 능력을 의미한다고 할 수 있다(권다은, 2019).

다음은 교사가 전문적인 자질을 가지고 놀이 지도 시 해야 하는 역할이다.

첫째, 영유아의 삶에 관심을 가지고 놀이를 지원하는 역할이다.

유아의 일상이 놀이가 되고 놀이가 일상이 되기 때문에 유아의 눈높이에 맞추기 위해서 유아의 삶과 놀이에 관심을 가져야 한다. 교사는 유아의 관심이 있는 곳에 적절한 개입을 함으로써 놀이를 확장시켜 의미있는 경험이 일어나도록 도와야 한다.

둘째, 영유아의 시도와 요구를 허용하는 역할이다.

놀이의 문을 여는 열쇠는 허용이라 할 수 있는데 교사는 그 문을 여는 열쇠를 영유아에게 주어야 한다.

영유아의 시도와 요구를 허용할 때 유아는 교사의 계획을 넘어 놀이 속 상상력을 마음껏 펼친다. 영유아가 주도적으로 놀이할 수 있도록 격려하며 영유아의 생각을 존중하고 교실의 환경 또한 유아들로 인해 변화할 수 있다는 것을 알려 주어야 한다. 또한 유아들이 스스로 안전을 인지하고 대처할 수 있음을 믿고 배움의 기회를 주어야 하며 교사도 잠재된 위험에 대해 함께 약속을 정하는 등의 적절한 제한을 마련할 수 있다.

셋째, 유아가 주도적으로 놀이를 할 수 있는 환경을 만들어 주는 역할이다.

바깥놀이나 자연을 접할 수 있도록 하여 자유롭게 놀이할 수 있도록 하며, 특히 공간을 자유롭게 이용할 수 있도록 해 주어야 한다. 아이들이 놀이하기에 교실이라는 곳은 딱딱한 느낌이 많이 들기에 교실의 공간을 자유롭게 사용할 수 있도록 하여 유연하게 이용할 수 있도록 지지해 준다. 책상, 교실의 물건 등을 자유롭게 옮길 수 있도록 한다.

넷째, 교사의 간섭을 최소화하는 방관자적 역할이다.

교사는 영유아들에게 많은 것을 가르치고 그 속에서 배움이 일어나는 것에 자연스럽게 관심을 가진다. 하지만 놀이 상황 속에서는 유아들에게 무언가 가르치려는 것보다 그들과 함께 어울려 알아가는 것이 필요하다. 그렇기에 힘을 빼고 하루를 보내야 한다.

다섯째, 영유아를 존중하는 것이다.

교사는 영유아들의 놀이를 존중하여야 하며 영유아가 놀이에서 무언가를 배우고 경험하는 모든 것들을 존중하는 자세를 가져야 한다.

여섯째, 영유아의 놀이를 관찰하는 것이다.

관찰을 하면서 영유아의 놀이를 구체적으로 파악하고 영유아가 흥미있어 하는 것에 관심을 가지며 상황에 따른 적절한 놀이지원을 할 수 있다. 또한 관찰을 통해 유아의 성향과 발달수준을 더 자세하게 파악할 수 있다.

따라서 교사의 자질을 간단하게 표현한다면 '기다림의 미학'을 가진 여유로운 성품을 가진 인성적 자질과 영유아의 능력을 인정하는 전문적인 자질을 가지고 있는 교사라고 할 수 있다.

3. 영유아와의 상호작용의 실제

실제 유아교육현장에서 2019 개정 누리과정을 바탕으로 영유아와 상호작용에서 고민하는 교사의 모습을 종종 볼 수 있다.

다음은 중앙육아종합지원센터의 '제 4차 어린이집 표준보육과정(3~5세 보육과정) 놀면서 자란다'의 영유아-교사의 상호작용에서의 고민부분을 발췌한 내용이다.

이를 통해 영유아의 상호작용의 실제에서 교사의 역할 및 어떠한 지원이 필요한지 알아보고자 한다.

교사고민1. 놀이지원자의 역할이란

경력 10년차 교사입니다.
누리과정을 7년째 운영 중인데 늘 계획한 대로 실행하고 평가하고 반영한 것에 익숙해져서인지 개정 누리과정은 무엇부터 먼저 변화를 주어야 하는지 모르겠어요.
놀이지원자로서의 교사라는 용어도 매우 낯설게 다가옵니다.
무엇보터 바꾸어야 하나요?

Tip 교사지원

- 놀이지원자로서의 교사, 놀이 들여다보기부터 시작한다.

유아의 놀이를 지원하기 위해서는 유아의 놀이를 관심 있게 들여다보는 것부터 시작해야 한다. 유심히 들여다보면 유아들의 특별한 관심과 흥미, 좋아하는 놀이, 실제적인 경험이 놀이를 통해 표현되고 있음이 새롭게 보이기 시작한다. 놀이 들여다보기를 통해 교사의 지원이 필요한 시점과 유아의 지원 요구를 파악해 본다.

교사고민2. 유아의 놀이 요구가 서로 다른 경우

유아들이 자유롭게 놀이하다 보면 서로 다른 요구를 하는 경우가 있어요.
저 혼자 반을 담당하고 있는데 이럴 때 어떻게 해야 하나요?

Tip 교사지원

- 교사 혼자가 아닌 보육교직원, 유아의 협력을 통해 놀이를 지원한다.

유아의 놀이지원이 유아의 모든 요구를 들어주어야 한다는 의미는 아니다. '우리 어린이집, 우리반'의 상황을 고려하여 '수용 가능한' 수준에서 융통적으로 지원하는 것이 바람직하다.

따라서 평소 교사회의 등을 통해 사전에 우리 어린이집의 물리적·인적 상황, 교사 간 지원 범위와 수준을 협의하고 소통하는 과정이 필요하다. 교사 간에 지원할 수 있는 범위, 유아들의 지원 요구의 수준, 놀이 공간의 안전문제 등을 미리 살펴봐야 한다.

교사고민3. 교사의 놀이 개입이 필요한 경우

유아들의 놀이를 지원하기 위해 놀이 개입을 할 때마다 오히려 놀이에 방해가 되는 것 같아요. 놀이 개입이 필요한 경우나 적절한 개입 방법은 무엇인가요?

Tip 교사지원

- 적절한 지원의 타이밍에 대한 하나의 정답은 없다.
  - 유아 놀이 및 전체 상황을 주시하고 기다리면서 놀이를 지원해 줄 수 있는 적절한 방법 찾기
  - 필요한 놀이 자료를 제공하거나 질문을 통해 놀이를 확장해 주기

놀이개입의 적절한 타이밍은 현장에서 찾아야 한다.

유아 놀이 전체 상황을 들여다보고 관찰하면서 유아 놀이에 개입해야 할지, 아니면 기다리는 것이 좋을지 판단해 보아야 한다.

놀이를 지속적으로 관찰하면서 유아가 교사의 도움을 필요로 하거나, 스스로 해결할 수 없어 힘들어하며 어려움을 느낄 때, 놀이에 참여하지 못하고 망설이는 경우에는 교사의 적절한 놀이 개입이 필요하다.

교사고민4. 놀이에 소외되거나 관심이 없는 유아의 놀이 지원

유아의 놀이를 관찰하다 보면 놀이에 관심이 없고 소외되는 유아가 있어요. 교사만 계속 쫓아다니고, 교사하고만 소통하려고 하죠.

또래와의 놀이가 잘 이루어지지 않는 경우는 어떻게 해야 할까요?
우리 반에는 매일 혼자 그림을 그리거나 책을 읽거나, 퍼즐만 하는 아이가 있어요.
친구들의 놀이에 관심을 보이는 듯하다가도 혼자 놀이하죠.
처음에는 아이들과 같이 놀려고 했지만, 이제는 혼자 놀이하는 친구로 인식하고 있어요.

Tip 교사지원

▸ 유아는 자신만의 방식으로 놀이하고 배운다.
- 유아가 혼자 놀이하기를 원한다면 놀이공간과 시간 허용하기
- 혼자 놀이하는 유아에게 위로나 도움이 필요한지 확인하고 방치되지 않도록 지원하기
- 친구와 놀이하고 싶으나 참여하기 어려워하는 경우에는 놀이에 최대한 지원하기

유아들은 성격 및 기질 등에 따라 또래와의 놀이가 흥미로울 수도 반대로 흥미가 없을 수도 있다. 특히 학기 초에는 혼자 놀이하는 유아를 더 많이 볼 수 있다. 유아는 서로 다른 관심과 능력을 가지고 있으며 다양한 맥락 속에서 자신만의 방식으로 놀이하고 배운다.

먼저, 유아가 혼자 놀이할 수 있다는 것을 인정해야 한다. 유아가 자유롭게 혼자 놀이할 수 있는 시간과 공간을 허용하고, 억지로 친구들과의 놀이를 강요하지 않도록 해야 한다.

그러나 교사가 혼자 놀이하는 유아를 전혀 신경 쓰지 않거나 혼자 놀이하는 것도 알지 못한다면 유아를 방치할 수 있으므로 주의해야 한다. 교사가 유아의 놀이를 잘 들여다봄으로써 도움이나 위로, 놀이 초대가 필요한지 등을 알고 적절하게 지원해야 한다.

교사고민5. 위험한 놀이를 하는 유아에 대한 지원

유아들이 '위험한 놀이'를 하는 경우가 있습니다.
유아의 흥미와 안전의 균형을 어떻게 맞춰야 할까요?

Tip 교사지원

- ‘위험한 상황’에 따라 교사의 지원 혹은 규칙을 지키도록 한다.
  - 어린이집 실내·외 공간의 안전 사전점검하기
  - 위험한 놀이 인지한 경우, 유아와 안전하게 놀이를 할 수 있는 규칙 정하기
  - 친구와 놀이하고 싶으나 참여하기 어려워하는 경우에는 놀이에 최대한 지원하기

유아가 ‘위험한 상황’을 인지하지 못하는 경우라면 놀이를 잠시 멈추고, 안전에 대해 이야기 나누며 유아들과 규칙을 정한 뒤 놀이하도록 한다.

교사가 먼저 ‘위험한 놀이’라고 하여 놀이 자체를 제한하기보다는 아이들이 안전하게 놀이할 수 있도록 적절히 지원하거나 안전한 규칙을 함께 만들어 보는 것도 방법이 될 수 있다. 그럼에도 위험한 놀이를 계속하여 유아들이 위험한 상황에 놓이게 된다면 이럴 때는 놀이를 지속할 수 없음을 이야기하고, 단호하게 위험한 행동을 제지해야 한다.

교사고민6. 놀이지원에 대한 교사 간의 견해가 다른 경우

교사1: 이번 주에는 우리 반 아이들이 ‘길 만들기’ 놀이를 시작했어요.
블록으로 교실 전체에 길을 만들더니 오늘은 복도까지 길이 이어졌어요.
아이들의 놀이가 계속 확장되어 가는 모습이 재미있네요.

교사2: 아이들의 놀이가 확장되어 가는 것은 좋지만, 복도까지 길이 이어지면 다른 반 아이들이 블록에 걸려 넘어지지 않을까요?
전 놀이가 확장되는 것보다 안전이 더 중요하다고 생각해요.

교사3: 우리 반은 저 혼자 담당하고 있어서 아이들의 놀이 요구를 다 들어주기가 너무 힘들어요. 다른 반은 두 명의 교사가 있어서 공간이 달라도 지원이 가능하겠지만, 저는 혼자이다 보니 놀이 관찰조차도 힘들 때가 많아요.

Tip 교사지원

▸ 동료 교사와 고민을 나눌 때 구성원 모두가 함께 성장한다.

개정 누리과정은 교사의 자율성을 강조하다 보니 제시된 사례처럼 '놀이의 확장', '놀이의 안전', '교사의 역할' 등에서 교사마다 견해 차이가 나타날 수 있다.

따라서 교사 간 견해, 상황 등이 다르므로 오해가 발생하지 않도록 어린이집의 당면한 문제, 공동 공간 사용 기준, 보육교직원 간의 협력 범위 등을 전체 회의에서 정해 '우리 어린이집, 우리반'의 상황을 고려하여 '수용 가능한' 수준에서 융통성 있게 지원하는 것이 바람직하다.

따라서 평소 교사회의 등을 통해 사전에 우리 어린이집의 물리적·인적 상황, 교사 간 지원 범위와 수준을 협의하고 소통하는 과정이 필요하다. 교사 간에 지원할 수 있는 범위, 유아들의 지원 요구의 수준, 놀이 공간의 안전문제 등을 미리 살펴보아야 한다.

교사고민7. 부모의 놀이에 대한 이해가 부족한 경우

만 5세 반이라 내년에 초등학교에 입학하는데, 계속 놀기만 하는 것 아니냐고 부모님들의 우려가 큽니다. 아이들이 즐겁게 놀이하는 것은 좋지만 한글, 수에 대한 교육이 필요한 거 아니냐는 부모님들의 걱정이 많습니다.
부모님들을 이해시킬 수 있는 방법은 무엇일까요?

Tip 교사지원

▸ 개정 누리과정 운영에 있어 부모와의 공감대 형성은 중요하다.

부모의 유아·놀이 중심 보육과정에 대한 이해는 누리과정의 실행에 영향을 미치는 중요한 요인이다.

먼저, 자녀의 초등학교 입학을 앞둔 부모의 불안감 등을 공감해 주어야 한다.

'놀이가 중요합니다'라는 막연한 안내가 아닌 '놀이 속 배움'의 의미를 이해할 수 있도록 면담, 간담회, 교육 등을 통해 '개정 누리과정에 대한 사전 정보'를 안내하는 것도 방법이 될 수 있다.

놀이가 왜 중요한지 구체적인 설명과 함께 놀이를 통해서도 '글자, 수' 등 유아의 인지적인 발달과 경험이 충분할 수 있음을 안내할 필요가 있다.

교사는 부모가 놀이에 대해 어떤 생각을 갖고 있는지 파악하고 부모와 소통하고 협력하며 보육과정 변화에 참여할 수 있도록 지원할 필요가 있다.

부모의 놀이 이해를 돕기 위한 방법

- 놀이 이해를 돕기 위한 부모교육('EBS 놀이의 힘' 교육영상 활용, 자체부모교육 등)
- 부모 소모임을 통한 놀이 참여 이해 돕기(어린이집-부모 간 소통 등을 통해 부모가 자신의 자녀를 포함한 유아의 놀이를 이해하고 가정에서의 지원을 위해 놀이 참여자로서 어떤 역할을 해야 하는지 이해할 수 있도록 지원)
- 부모의 놀이참여 기회확대(부모참여, 부모 재능기부 등을 활용한 놀이기회 제공)
- 놀이정보 공유(가정통신문, 알림장, 홈페이지, 카페, 블로그 등 SNS를 활용하여 놀이에 대한 구체적인 내용 공유)

실천해 봅시다

요즘 내가 느끼고 있는 스트레스는 어떤 것인가요? 차근차근 적어 봅시다.

내가 느끼는 스트레스는 어디서부터 오는가요? 객관적으로 적어 봅시다.

스트레스 해소를 위한 방법을 적어 보고 실천해 보십시오. 교사는 나 자신을 먼저 사랑하는 지혜를 가져야 합니다~

8장 영유아들과 가까워지기

객관적으로 관찰한다는 것은 무엇인가요?

객관적인 관찰의 눈을 가지고 우리 아이들이 놀이하는 모습을 관찰해 봅시다.

CHAPTER

08 놀이와 반성적 사고

생각하기

- 영유아의 놀이를 관찰하는 이유는 무엇일까요?
- 영유아의 놀이를 관찰하면 어떤 점이 영유아에게 도움이 될까요?

2019 개정 누리과정에서는 기관 및 학급 수준 교육과정 운영의 자율성이 강화됨에 따라 평가 역시 그 방법과 시기에 대해서도 자율성을 가지도록 하고 있다. 교사는 누리과정 운영의 질을 개선하기 위하여 기관과 학급의 특성을 반영하여 자율적으로 누리과정 운영을 평가하여야 한다. 누리과정 운영평가는 일과구성이 적절하였는지, 일상생활이나 활동이 놀이를 지원하는 방식으로 진행되었는지, 놀이를 통해 어떤 경험이 어떻게 일어났는지 등에 대해 반성적으로 들여다보는 과정이다. 교사는 학급 내 놀이의 내용, 놀이를 통해 학급에서 일어나고 있는 유아들의 배움과 참여 등에 대한 기록을 바탕으로 교육과정을 평가하고 교육과정 개선 계획에 이를 반영할 수 있다(교육부, 보건복지부, 2019). 2019 개정 누리과정 이전에 비해 영유아들의 놀이는 관찰과 일지, 그리고 영유아평가에 많은 영향을 미치게 되었다. 현재 시행되고 있는 2019 개정 누리과정은 유아 주도적인 교육과정인 만큼 영유아의 놀이를 잘 관찰하고 지원하는 교사의 역량이 중요하다.

따라서 관찰은 영유아의 개개인의 발달 수준을 파악하고 영유아의 전인적인 성장과 발달을 돕기 위한 중요한 기초가 된다.

영유아 관찰은 개별적인 영유아의 발달 수준 및 특성을 파악하고 영유아의 요구에 따라 지원하며, 문제행동이나 위험에 대해 해결할 수 있고 부모상담 자료로 활용할 수 있다. 영유아의 놀이를 관찰하여 영유아의 흥미와 관심은 무엇인지 어떠한 놀이를 선호하는지, 친구들과 어떻게 소통하는지를 알고 지원하며 유아의 놀이과정과 끄적였던 그림, 친구들과 어울리는 모습들을 사진으로 남겨 영유아가 놀이를 통해 배우는 상황들에서의 특성과 변화들을 이해할 수 있다.

놀이 중심·유아중심의 2019 개정 누리과정은 관찰 기록들이 보육일지 및 교육일지, 관찰일지, 포트폴리오, 놀이계획 및 부모상담 자료로 활용되며 관찰이 더욱 중요하게 되었다.

1. 놀이와 관찰

관찰은 주의를 기울여 보고 듣고 느끼고 이해하는 것이다. 이렇게 보고 듣고 느끼는 과정을 통해 관찰 대상을 이해하게 되는 것이 관찰이다. 교사는 영유아가 하는 놀이의 흐름을 관찰해서 영유아의 관심과 흥미가 무엇인지, 놀이를 통해 무엇을 경험하는지 등을 파악할 수 있다. 이러한 관찰을 통해 교사는 다양한 배움이 일어나도록 적절하게 지원하는 역할을 하는 것이 교육과정의 실행이다. 관찰을 통해 교사는 놀이하는 유아와 적절한 순간에 상호작용하고, 충분한 시간이나 새로운 자료를 제공하며, 공간 구성의 주도권을 주는 등의 다양한 지원을 할 수 있다.

이때, 평가 자료의 수집과 기록 때문에 교사가 유아를 지원하는 데 어려움을 갖지 않도록 유의한다. 교사는 많이 기록해야 한다는 부담에서 벗어나 유아관찰기록 중 유아 이해 및 놀이지원에 중요하고 의미 있다고 판단되는 자료를 선별한다. 자료를 수집할 때에는 효과적으로 내용을 조직할 수 있고, 기록을 쉽게 활용할 수 있으며 관리하는 데에도 시간이 덜 드는 방법을 활용하는 것이 좋다.

1) 영유아의 놀이 관찰하기

영유아에게 놀이란 삶이고 세상을 살아가는 데 유용한 기술들을 배우기 때문에 영유아의 놀이 관찰은 교사에게도 매우 중요한 것이다.

영유아 관찰의 목적은 영유아의 성향과 발달수준을 자세하게 파악하는 것이다. 영유아의 놀이에 흥미와 관심을 가지고 참여하고 즐기며, 영유아가 놀이를 통해 배우고 유아-유아, 유아-교사, 유아-환경 간에 능동적인 상호작용이 이루어지는 것을 기록하여 영유아의 성향과 발달수준을 더 자세하게 파악할 수 있다. 또한 관찰을 통해 영유아가 흥미 있어 하는 놀이가 무엇인지 파악하여 어떻게 놀이지원을 해 줄 수 있는지 알 수 있다.

관찰의 단계는 기록, 해석(추론), 평가의 단계로 이루어진다.

첫째, 관찰한 것을 기록하는 단계이다.

이때 일어나고 있는 장면과 상황을 가능한 자세하고 객관적으로 적어야 한다.

둘째, 해석(추론)의 단계이다.

관찰하고 있는 상황에서 행동의 원인을 찾는 과정으로 해석을 할 때에는 관찰한 내용을 객관적으로 추론하여 행동의 원인 및 감정을 추측하여 관찰한 자료의 의미를 찾아보는 과정을 거친다.

셋째, 평가의 단계이다.

축적된 관찰자료를 바탕으로 현재의 발달상태와 앞으로의 지도 방향에 대한 결론 및 놀이지원에 관련된 내용을 결정하는 단계이다. 정확한 평가를 하기 위해서는 놀이 행동을 반복, 지속적으로 관찰해야 한다.

2) 관찰법의 유형

영유아의 발달단계와 상황에 따라 다양한 관찰법을 이용한다.

표 8-1은 관찰법의 유형을 소개하고 정의, 장점, 단점을 간략하게 소개하고자 한다. 교사는 영유아의 놀이상황에 따라 필요한 관찰법을 선택해 영유아를 관찰하는 능력을 길러야 한다.

표 8-1 관찰법의 유형

일화기록	정의	• 한 가지 행동이나 상황에 초점을 맞추어 기록하는 관찰법이다. • 미리 정해진 범주의 행동이 일어나거나 관찰자의 판단에 의해 기록되므로 관찰자는 상황이나 행동이 발생하는 맥락을 정확하게 알고 있어야 한다.
	장점	짧은 시간 간결한 형태로 기록되므로 많은 시간이 소요되지 않는다.
	단점	표본식 기술에 비해서 상황 묘사가 적다.
표본식 기술	정의	• 미리 정해 놓은 시간이나 활동이 끝날 때까지 관찰 대상이 한 말과 행동을 비디오를 찍듯이 자세하게 기록하는 관찰법이다. • 보통 10~30분 동안 사건 순서대로 기록하며 장면마다 시간 표시를 한다.
	장점	모든 장면을 상세하게 기록하므로 대상에 대한 자세한 정보를 얻을 수 있다.
	단점	한 번에 적은 숫자의 인원만 가능하다.
시간 표집법	정의	계획된 시간 간격에 따라 여러 번 반복하여 관찰하여 기록하는 관찰법이다.
	장점	관찰하기 쉽고 자주 일어나는 행동을 관찰할 때 적절하다.
	단점	행동의 유무 등 빈도수만 표시하기 때문에 상황과 정확한 배경을 이해하기 어렵다.

체크리스트	정의	영역별 활동이나 수행 여부를 평정할 수 있는 관찰 내용의 모음으로 예, 아니요 등의 이분법적 상황에 해당되는 부분에 체크하는 관찰법이다.
	장점	동일한 수준의 유아들을 짧은 시간동안 행동의 수행 여부를 확인하는 데 적절하다.
	단점	수행의 과정과 정도에 대한 평가에는 적합하지 않다.
평정척도법	정의	평가 기준에 따라 나타나는 유아의 행동 특성과 반응의 정도를 5점 또는 7점으로 구분된 점수에 표시하는 방식의 평가이다.
	장점	사용하기 편리하고 많은 영역을 동시에 평가할 수 있다.
	단점	평가자의 주관이 개입되기 쉽고 요소별 평가로 전체를 반영하지 못한다.

출처: 이경화, 김연진, 배지현(2019)

3) 영유아관찰일지 작성의 예

(1) 유치원에서의 관찰일지기록 및 발달평가

생활기록부 작성을 위한 관찰 일화기록

반		성별	남, 여
생년월일		이름	

날 짜		시 간	:
장 면		영 역	신 의 사 예 자
관 찰 내 용		분 석	

날 짜		시 간	:
장 면		영 역	신 의 사 예 자
관 찰 내 용		분 석	

출처: 부산시 E유치원

♧ 2학기 유치원 생활 ○○반 이름: 김○○ 담임교사:

♡ 교육과정 관련 발달 사항 ♡

영 역	성장 발달 사항
신체운동 건강 영역	전자미디어의 순기능뿐 아니라 역기능에 대해 인식하고 이를 바탕으로 자기조절능력을 가지고 올바르게 사용하기 위해 노력하며 일상생활에서 휴식의 중요성을 알고 휴식을 취할 수 있습니다.
의사소통 영역	주제를 정하여 함께 이야기 나누는 즐거움을 느끼며 자신의 생각, 느낌, 경험을 간단한 문장이나 글자로 표현하는 데 관심을 가집니다.
사회관계 영역	자신이 하고 싶은 활동을 스스로 계획하고 할 수 있는 일을 해보며 교사와 주변 사람들에게 친밀감을 갖고 화목하게 지냅니다.
예술경험 영역	주변 환경에서 접하는 다양한 소리와 음악의 셈여림, 빠르기, 리듬 등의 요소에 관심을 가지고 신체를 이용하여 사물의 특성을 적극적으로 표현합니다.
자연탐구 영역	주변의 사물과 자연 세계, 동식물의 특성에 대해 지속적으로 호기심을 갖고 알고자 하며 정보나 자료를 수집할 수 있습니다.
종합 발달 사항	○○는 규칙을 잘 지키고 맡은 일을 성실하게 끝까지 완성하려고 노력하나 지금보다 주변의 도움이 필요합니다. 발표에 좀 더 자신감 있는 태도를 가질 수 있도록 꾸준히 지도하겠습니다.

출처: 부산시 E유치원

♡ 몬테소리 교과 진보 사항 ♡

영역	가장 좋아하는 작업	현재 작업 수준	진급 후 진행할 작업수준
일상생활 영 역	건빵 갈기	일상교재를 사용하는 질서감이 생겼습니다.	보다 세련된 소근육 사용을 요하는 일상교재들을 소개
감각영역	갈색계단	다양한 평면도형의 이름을 알고 창의적으로 변형해 볼 수 있습니다.	다양한 다각형 상자와 무게, 온도 변별 작업
수영역	9999 큰 수 덧셈	9999까지의 수읽기와 그 만큼의 양에 익숙해졌습니다.	구체물을 점점 추상화하여 연산하는 작업 소개
언어영역	연계성	자음과 모음의 소리와 형태를 익혀 단어 만들기의 준비를 하고 있습니다.	이중자음, 모음 소개, 다양한 언어 쓰기 교재
자연과학 영 역	조개(동물학)	분류학, 동물학 교재를 통하여 주변 세계에 대해 안목을 키우고 있습니다.	지질학, 역사학, 천체학 소개
종합	○○는 교사가 소개하는 교구에 주의를 기울여 집중합니다. 몬테소리 언어영역 작업을 통해 읽기와 쓰기에 관심을 가지게 되었습니다.		

출처: 부산시 E유치원

2021학년도 유아미술평가척도

유아이름: 김○○(만 3세)

영역	평가관점	평가내용	평가				
			1	2	3	4	5
신체	각종 재료와 용구 잡기능력	각종 재료와 용구를 바르게 잘 잡고 안정적으로 사용한다.					
	신체의 통합	각종 재료를 바르게 잡고 신체의 균형을 유지하며 안정적으로 활동한다.					
정서	자신의 경험 표현	자신의 경험 표현을 적극적으로 한다.					
	감정(느낌)의 표현	작품에 자신의 감정(느낌)을 다양하게 잘 표현한다.					
	활동의 흥미도	미술활동에 많은 흥미를 보이며 즐겁게 활동한다.					
	자신의 작품에 대한 만족감	자신의 작품에 아주 만족하며 적극적으로 설명한다.					
사회	상호협력	미술활동에서 주도적 역할을 하며 주의를 환기시켜 협동으로 이끈다.					
	활동 후 정리정돈	스스로 정리를 깨끗이 하며 다른 아동도 협력하게 한다.					
	다른 작품의 감상	다른 아동의 작품에 관심을 가지고 질문하며, 적극적 태도를 보인다.					
	활동의 주도권 (교사주도/ 유아주도)	미술활동에 아동이 스스로 주도하며 적극적으로 표현한다.					
창조·미적	독창성	주의 깊은 관찰과 노력으로 다른 아동과는 전혀 다르고 독창적인 작품을 표현한다.					
	다양성(재료 및 내용)	유아 스스로 재료, 주제에 대한 내용이나 활동에 아이디어가 풍부하고 다양하다.					
	상상력	스스로 상상력을 풍부하게 표현하며 그러한 활동을 즐긴다.					
	색채의 조화로움	색의 대조, 다양한 색의 사용은 물론 효과적이고 조화롭게 표현한다.					

출처: 부산시 E유치원

(2) 어린이집에서의 관찰일지기록 및 발달평가

<table>
<tr><td colspan="3" rowspan="2">유아 관찰일지 (만 3세)</td><td rowspan="2">결
재</td><td>담임</td><td>원장</td></tr>
<tr><td></td><td></td></tr>
<tr><td colspan="2">이 름</td><td>이☆☆</td><td>반 명</td><td colspan="2">○○반</td></tr>
<tr><td colspan="2">생 년 월 일</td><td>2018.00.00</td><td>성 별</td><td colspan="2">여</td></tr>
<tr><td colspan="2">기 록 사 항</td><td colspan="4">• 관찰은 모든 놀이, 일상생활, 실내외 공간, 견학이나 행사, 또래 간 상호작용 등 일과의 모든 시간에서 영유아가 나타내는 반응이나 행동을 고루 포함하여 객관적으로 관찰하여 기록하며 특정영역에 치우치지 않도록 한다.
• 관찰된 내용을 날짜와 함께 해당 칸에 기록한다. 개별 영유아의 관찰기록을 기초로 영유아를 지도한다.
• 관찰기록은 부모 면담 시, 기초 자료로 활용한다.
• 교수계획에 중점을 두어 지도해야 할 내용이나 참고해야 할 사항을 기록할 수 있다.</td></tr>
<tr><td rowspan="6">3/18</td><td>관찰장면</td><td colspan="4">토끼를 구해 줄 거예요</td></tr>
<tr><td colspan="5">내용</td></tr>
<tr><td colspan="5">교사가 새로운 책을 가져와서 책꽂이에 꽂아두었다. ☆☆이가 호랑이 책을 꺼낸다. “선생님, 책 읽어주세요.”라고 말한다. 책을 읽다가 호랑이가 토끼를 잡아먹는 장면이 나왔다. “호랑이가 왜 토끼를 물고 있어요?”라고 말한다. “호랑이가 배가 고파서 토끼를 잡아먹으려고 하네.”라고 말하자 “내가 토끼를 구해줘야 겠어요”라고 말한다. “☆☆이가 토끼를 많이 좋아하지. 어떻게 구해줄 거야?”라고 묻자 “내가 호랑이 입에서 토끼를 꺼내 줄 거예요.”라고 말한다.</td></tr>
<tr><td>누리과정
발달영역</td><td colspan="4">의사소통 > 책과 이야기 즐기기 > 책에 관심을 가지고 상상하기를 즐긴다.
사회관계 > 나의 감정을 알고 상황에 맞게 표현한다.</td></tr>
<tr><td>해석</td><td colspan="4">애착인형으로 토끼를 가지고 다닐 만큼 토끼를 많이 좋아한다. 그런데 토끼가 호랑이에게 잡아먹히는 장면을 그림책에서 목격하자 호랑이가 사나운 동물이라는 것을 생각하지 않고 토끼를 구해 주어야겠다고 다짐을 하는 모습이 토끼에 대한 애정을 나타내는 것 같다.</td></tr>
<tr><td>지원</td><td colspan="4">실사판 그림으로 되어 있는 책을 제시했는데 약육강식의 사진이 너무 사실적으로 표현되어 있어서 어린아이들에게는 충격적일 수 있을 것 같다. 다음에는 책을 고를 때 이런 것을 피해서 선택해야겠다.</td></tr>
</table>

날짜	구분	내용
4/9	관찰장면	나비는 왜 알에서 태어났나요?
	내용	
	봄향기 노래를 부르며 선생님이 "무엇을 보았니?"라고 질문을 하자 ☆☆이가 "무당벌레도 보고 나비도 봤어요."라고 말한다. "맞아, 어제 바깥놀이 가서 무당벌레도 보고 나비도 봤지!"라고 말하자 ☆☆이가 "선생님, 나비는 왜 알에서 태어났나요?"라고 묻는다. "왜 알에서 태어났을까?"라고 다시 묻자 "나비알이니까요"라고 말한다.	
	누리과정 발달영역	자연탐구 > 자연과 더불어 살기 > 주변의 동식물에 관심을 가진다. 의사소통 > 듣기와 말하기 > 상대방이 하는 이야기를 듣고 관련해서 말한다.
	해석	생명체에 관심을 가지고 있으며 바깥놀이 때 보았던 무당벌레와 나비를 회상하며 말할 수 있으며 나비가 알에서 태어나는 것을 궁금해하며 질문할 수 있음. 교사의 질문에 자신의 생각을 말할 수 있음.
	지원	바깥놀이 때 보았던 생물과 꽃의 사진을 찍어서 교실에 전시해 주어 경험을 회상하는 데 도움을 주어야겠다.
5/27	관찰장면	#클레이 목걸이
	내용	
	마카롱 그림을 가위로 잘라서 커다란 종이에 나란히 풀칠해서 붙인다. 종이를 계속 흔들고 있다. "클레이로 마카롱 꾸며줄까?"라고 선생님이 말하자 "네. 좋아요."라고 말하며 클레이로 작은 공을 만들어 마카롱 그림 위에 하나씩 올린다. 사람 그림을 보며 "나는 목걸이 만들어 주고 싶어요."라고 말하며 작은 콩모양을 여러 개 만들어 연결해서 붙인다. 다 붙인 후에 "나 머리띠도 만들어 줄래요."라고 말하며 같은 방법으로 머리띠를 만들고 종이인형을 가위로 오린다.	
	누리과정 발달영역	예술경험 > 창의적으로 표현하기 > 다양한 미술 재료와 도구로 자신의 생각과 느낌을 표현한다. 의사소통 > 듣기와 말하기 > 자신의 경험, 느낌, 생각을 말한다.
	해석	종이인형과 클레이를 이용해서 자신이 원하는 것을 만들 수 있으며 원하는 것을 말로 표현할 수 있음.
	지원	다양한 미술재료를 제공해 주어서 창의적인 놀이가 이루어질 수 있도록 해야겠다.

출처: 부산시 J어린이집

<table>
<tr><td colspan="2" rowspan="2">유아 발달상황 (만 3세)
(추가자료)</td><td rowspan="2">결
재</td><td>담임</td><td>원장</td></tr>
<tr><td></td><td></td></tr>
<tr><td>이 름</td><td>이☆☆</td><td>반 명</td><td colspan="2">사랑가득반</td></tr>
<tr><td>생 년 월 일</td><td>2017.00.00</td><td>성 별</td><td colspan="2">여</td></tr>
<tr><td colspan="2">3월</td><td colspan="3">4월</td></tr>
<tr><td colspan="2">사진</td><td colspan="3">사진</td></tr>
<tr><td>누리과정</td><td>내용 및 해석</td><td>누리과정</td><td colspan="2">내용 및 해석</td></tr>
<tr><td></td><td></td><td></td><td colspan="2"></td></tr>
<tr><td colspan="2">5월</td><td colspan="3">6월</td></tr>
<tr><td colspan="2">사진</td><td colspan="3">사진</td></tr>
<tr><td>누리과정</td><td>내용 및 해석</td><td>누리과정</td><td colspan="2">내용 및 해석</td></tr>
<tr><td></td><td></td><td></td><td colspan="2"></td></tr>
<tr><td colspan="2">7월</td><td colspan="3">8월</td></tr>
<tr><td colspan="2">사진</td><td colspan="3">사진</td></tr>
<tr><td>누리과정</td><td>내용 및 해석</td><td>누리과정</td><td colspan="2">내용 및 해석</td></tr>
<tr><td></td><td></td><td></td><td colspan="2"></td></tr>
</table>

출처: 부산시 J어린이집

2021학년도 유아 관찰기록 (만 3세)

이 름	이☆☆	반 명	○○반	결재	담임	원장
생년월일	2017.00.00	성 별	여			

구분		신체운동·건강	사회관계	예술경험	의사소통	자연탐구	놀이	일상생활
3월	기록		○		○		○	
	사진				○			
4월	기록				○	○	○	
	사진							
5월	기록			○	○		○	
	사진					○	○	
6월	기록							
	사진							
7월	기록							
	사진							
8월	기록							
	사진							
행동발달 평가								
총평								

출처: 부산시 J어린이집

2. 놀이와 일지

교실에서의 하루는 유아의 놀이와 매일 반복되는 일상생활 그리고 활동으로 구성된다. 개정 누리과정에서는 일과에서 바깥놀이를 포함하여 유아의 놀이가 충분히 이루어지도록 편성하여 운영할 것을 강조한다. 일과에는 놀이 외에도 등원과 하원, 간식과 점심, 손 씻기와 화장실 다녀오기, 안전에 대한 지도 등 매일 반복되는 일상생활도 포함된다. 또한, 교사는 유아의 놀이를 지원하는 활동도 계획할 수 있다. 놀이, 일상생활, 활동이라는 일과는 교사가 미리 계획할 수 있지만 유아와 의논하여 순서를 정할 수도 있고, 날씨의 변화나 놀이에 대한 흥미 지속 여부에 따라 달라질 수 있다. 교사는 유아가 놀이에 충분히 몰입하고 진정한 배움이 일어날 수 있도록 놀이와 일상생활, 활동을 유연하게 운영할 수 있어야 한다(교육부 보건복지부, 2021).

1) 일과의 운영

(1) 놀이시간을 충분히 운영한다.

바깥놀이를 포함한 놀이시간이 분절되지 않고 지속적으로 운영될 때, 유아는 놀이에 몰입하면서 의미 있는 배움의 기회를 가질 수 있다. 그러므로 유아들이 놀이의 흐름이 끊어지지 않고 충분히 놀았다고 느낄 수 있도록 놀이 시간을 편성하는 것이 중요하다. 교사는 놀이의 흐름을 중단했을 때 중요한 배움의 순간을 놓칠 수 있다고 판단되면 놀이시간을 연장할 수 있다. 바깥놀이를 포함한 놀이시간은 일과 가운데 가장 우선으로 충분히 편성되어야 한다.

어린이집 평가제에서는 영유아가 자신이 좋아하는 놀이나 활동을 자발적으로 선택하여 충분히 경험할 수 있도록 하루 중 오전, 오후를 합쳐 2시간 이상 실내 놀이시간을 운영하여야 한다. 이때 오전 1시간 이상은 연속적으로 운영하여야 한다. 오전 바깥놀이도 1시간 이상은 연속적으로 운영하여야 한다. 실외 놀이란 실외에서 영유아가 자발적으로 선택하고 주도하는 놀이와 활동을 의미하며, 실외에서 이루어지는 교사 주도의 대집단 활동, 행사 등은 실외 놀이에 포함되지 않는다.

(2) 일상생활이 융통성 있고 유아 주도적으로 이루어지도록 한다.

일상생활은 기본적인 욕구를 충족시켜 주고 놀이를 잘할 수 있는 심신의 건강을 제공하는 시간이므로 편안하고 즐겁게 이루어지도록 편성하고 운영한다. 유아들은 놀이와 활동뿐 아니라 일상생활을 통해서도 기본생활습관, 안전, 인성 등 다양한 배움의 기회를 갖는다. 교사는 유아가 자율적이고 주도적으로 일상생활을 할 수 있도록 충분한 시간을 허용해 주어 유아가 편안함을 느끼는 가운데 즐거운 배움이 일어나도록 지원한다. 교사는 놀이의 흐름을 지속하기 위하여 유아의 기본적인 요구를 방해하지 않는 범위 내에서 일상생활 운영방법, 일과 중 시간 배치 등의 변화를 시도해 볼 수 있다. 예를 들어, 간식이나 화장실 다녀오기 등의 일상생활은 놀이시간과 분리되어 일어나기도 하지만 놀이를 하는 과정에도 허용될 수 있도록 한다. 또한 매일 반복되는 일상이지만 놀이와 같은 방식으로 일상생활을 즐길 수 있는 방법을 유아와 함께 찾아보는 것도 좋다.

어린이집 평가제에서 교사가 영유아의 놀이를 이끌어 가지 않도록 하고 놀이의 시작, 진행, 마무리에 대한 결정의 주도권이 영유아에게 있도록 한다. 역할놀이의 경우 놀이의 역할을 교사가 일방적으로 정하지 않고, 영유아가 하고 싶은 역할을 자유롭게 할 수 있도록 격려하도록 한다. 미술영역에서는 교사가 정해 놓은 방법대로만 색칠하기, 만들기, 꾸미기 등을 하지 않도록 한다.

유아의 경우 교사는 유아가 자신의 주변 환경과 사물, 사람에 대해 다양한 호기심을 가지고 이를 놀이와 활동으로 연결하여 문제를 주도적으로 탐구하고, 해결할 수 있도록 한다. 교사가 일방적으로 설명이나 통제, 지시로 일관하여 유아의 호기심과 동기유발을 방해하지 않도록 한다. 영유아의 경우 교사는 영아 스스로가 놀이와 활동을 주도적으로 이끌어 나갈 수 있도록 세심하게 관찰하며, 적절하게 반응하고 격려하도록 한다.

(3) 놀이와 연결하여 활동을 운영한다.

교사는 유아의 놀이를 관찰하고, 놀이가 활발하게 이루어질 수 있도록 지원하는 과정에서 필요한 경우 이야기 나누기, 노래, 동화, 게임 등 적절한 유형의 활동을 연결하여 운영한다. 활동은 교사가 계획하여 제안할 수도 있고, 유아가 다른 유아들과 공유하기 위해 준비할 수도 있다. 활동에 참여하는 유아는 학급 전체가 될 수도 있고 관심 있는 소집단의 유아가 될 수도 있다. 일과 중 활동 시간은 교사가 계획하여 실시하거나 놀이의 흐름을 위해 필요하다면 놀이 중간에 잠깐 모여서 활동을 실시하고 다시 놀이로 연결할 수 있다. 교사는 활동을 계획했다 하더라도 유아의 흥미와 놀이진행 상황에 따라 내용과 방법을 변경하거나 운영하지 않을 수도 있다. 활동의 내용은 놀이를 지원하거나 놀이 중의 문제를 해결하기 위한 내용으로 구성하는 것이 좋다. 활동의 방법 또한 유아·놀이 중심 교육과정을 실천할 수 있도록 유아들이 즐겁게 참여할 수 있는 교수방법을 사용하여야 한다.

어린이집 평가제에서 유아의 경우 대집단 활동은 필요한 경우에 최소한으로 실시하고 영아의 경우 의도적인 대집단 활동을 실시하지 않도록 한다. 교사는 영아가 선택한 놀이나 놀이 자료에 대해 긍정적으로 반응함으로써 영아가 교사에게 수용, 인정받는 느낌을 가지고 자신 있게 놀이를 시도할 수 있도록 하여야 한다.

(4) 일과를 융통성 있게 운영한다.

교사는 유아들이 놀이의 흐름이 끊어지지 않고 충분히 놀았다고 느낄 수 있도록 일과를 편성하는 것이 중요하다. 일과의 순서는 일관성이 있어야 하지만 융통성 있게 운영되어야 한다. 교사는 전날의 놀이 흐름에 대한 기록과 평가를 반영하여 다음 날의 일과를 다른 순서로 조직할 수 있다. 다른 연령과 놀이 경험을 공유하기 위하여 교사들 간의 협의를 통하여 일과를 조정할 수도 있고 날씨나 자연현상에 따른 관심을 놀이에 반영하기 위해 일과 순서를 바꿀 수도 있다. 일과의 융통성 있는 운영은 유아로 하여금 주도적으로 경험을 구성해 볼 수 있는 기회를 준다. 유아와 함께 일과를 평가하고 다음 날의 일과 중 일부를 유아 스스로 정해 보게 하는 것, 일과의 변화가 필요하다고 판단될 때 교사가 독단적으로 결정하지 않고 유아의 의견을 반영해 주는 것 등의 방법을 시도해 볼 수 있다.

2) 어린이집 평가제에서의 보육일지

하루 일과와 놀이실행에 대한 기록은 다음 보육에 반영되어 보육과정 운영의 질 향상에 기여하게 되므로 어린이집에서는 '하루 일과'와 '실제 경험한 놀이 및 활동의 내용'을 보육일지에 매일 기록·관리해야 한다.

보육일지 작성 시에 모든 '하루 일과'를 시간순으로 기재할 필요는 없으나, 실내 놀이시간 및 바깥놀이 시간, 낮잠 시간(만 3세 이하) 등은 기재해야 하고, '놀이 및 활동에 대한 기록'에는 영유아들이 흥미를 보인 놀이 및 활동의 기록, 주요놀이에 대한 평가 또는 다음 놀이를 위한 지원 계획 등을 포함하여 간단하게 작성할 수 있다.

평가제에서 별도로 규정한 보육일지 양식이 있는 것은 아니므로, 어린이집의 특성에 적합한 양식으로 사용하되, 지표 및 항목에서 확인하고 있는 사항이 누락되지 않도록 작성해야 한다(보건복지부, 한국보육진흥원, 2021).

(1) 반별 보육일지에 영유아의 하루 일과와 놀이실행에 대한 기록이 있어야 한다.

영유아가 어떻게 하루를 보냈는지, 어떤 놀이와 활동을 하였는지, 어떻게 놀이와 활동을 하였는지에 대한 내용이 보육일지에 반별로 매일 기록되어 있어야 한다.

(2) 필요한 경우 하루 일과 및 놀이실행에 대한 기록을 다음 놀이 지원 및 활동계획에 반영하고 있어야 한다.

필요한 경우 보육일지에 놀이와 활동, 일상생활 등을 기록한 내용에 기초하여 이후 놀이지원 및 활동계획에 반영한 기록이 있어야 한다.

3) 교육·보육일지 작성의 예

2019 개정 누리과정 이전 일지 형태는 교사가 하루 일과 운영을 계획하여 도입, 전개, 마무리, 확장활동 등을 할 수 있는 계획이 먼저 수립된 일지의 형태였다. 이 시기의 일지는 계획된 하루 일과가 어떻게 진행되었는지를 적는 것이 중요하였으며 활동에 대한 평가 및 유의사항을 적는 부분이 있어 계획된 내용에 대한 평가 위주의 일지 작성이 이루어졌다.

2019 개정 누리과정의 일지와 그 전의 일지의 가장 큰 차이점은 놀이활동 및 일상생활을 관찰하여 일지를 작성한다는 것이다.

다음은 2019 개정 누리과정 전과 후의 교육일지, 보육일지의 차이점을 통해 놀이 관찰의 중요성을 알아보고자 한다.

(1) 2019 개정 누리과정 이전 유치원 일지

❤ 일일교육계획안 ❤

결재	담 임	부장교사	원 장
		전결	

반 명	○○반(혼합반)	시 기	2016년 6월 14일(화)	수업일수	

생활주제	주 제	소 주 제		
우리 동네	우리 동네의 기관		3세	우리 동네 공공기관에 관심 가지기
			4세	공공기관에서 하는 일 알아보기
			5세	공공기관 알아보기

목 표		
	3세	• 우리 동네의 생활공간에 관심을 가진다.
	4세	• 블록을 활용하여 다리미와 옷걸이를 만들 수 있다.
	5세	• 우리 동네의 다양한 공공기관의 종류와 하는 일을 안다.

시간	활동명	활동 내용	자료 및 기타사항
9:00 ~ 10:20	등원 및 자유 선택활동	• 등원 후 반갑게 인사를 나누고 정리한 뒤 자유선택활동을 한다. 【일상영역】 도구사용(숟가락) 【감각영역】 구성삼각형(작은 육각형 상자) 【수 영역】 9999 큰 수 놀이 덧셈 【언어영역】 조각글자(받침 없는 것) 【자연과학영역】 <동물학> 개구리 <식물학> 허브	
10:20 ~ 10:30	정리정돈 및 아침모임	• 자신이 사용한 교구를 정리하고 모임 자리에 앉는다. • 아침모임을 한다. • 자유선택활동을 평가한다.	
10:30 ~ 11:00	영양교육	<영양교육> • 한 줄 기차로 차례를 지켜 강당으로 이동한다. • 반별로 모여 앉는다. • 우리 몸에 좋은 음식을 알아본다. • 우리 몸에 좋지 않은 음식을 알아본다. • 올바른 식습관에 대해 이야기 나눈다. • 활동을 평가한다.	• 우리 몸에 좋은 음식, 해로운 음식 사진 자료 • 동영상 자료
11:00 ~ 11:30	바깥놀이	<주걱으로 공 나르기> • 두 팀으로 나눠 앉는다. • 활동 준비물을 살펴본다. • 한 팀에서 한 명씩 나와 주걱 위에 공을 올린다. • 반환점까지 뛰어가서 공을 바구니에 넣는다.	• 주걱 2개 • 작은 공 20개 • 바구니 2개 • 반환점 • 수건

시간	활동	내용	준비물 및 비고
		• 다시 출발점까지 돌아오면 다음 유아가 주걱 위에 공을 올린 후에 출발한다. • 마지막 유아까지 해 본 뒤에 어느 팀의 바구니에 공이 더 많은지 확인한다. • 활동을 평가한다. *손을 씻고 차례대로 교실로 들어간다.	
11:30 ~ 12:30	점심	• 손을 씻고 점심 먹을 준비를 한다. • 모둠별로 점심을 배식한다. (도우미 친구들 지도) • 점심을 먹은 후 자리 주변을 깨끗이 정리한다. • 차례를 지켜 양치질을 한다. • 양치질이 끝난 유아는 교실에서 좋아하는 책을 골라 책을 읽는다.	• 점심 • 행주 • 정리쟁반 • 다양한 책
12:30 ~ 13:00	바깥놀이	• 부담임 교사와 줄을 서서 바깥으로 이동한다. • 바깥놀이 시 지켜야 할 안전에 대해 이야기 나눈다. • 자유롭게 바깥놀이활동을 한다. • 손을 씻고 연령별 수업을 하러 이동한다.	• 수건
13:00 ~ 13:40 2015 개정 유치원 교육과정	음악 (만 3세)	<빵가게 아저씨> • 노랫말 자료를 이용해서 빵가게 아저씨에 대한 이야기를 들려준다. • 교사가 부르는 '빵가게 아저씨' 노래를 감상한다. • 노래를 감상한 후 느낌을 이야기 나눈다. • 노랫말을 넣어서 여러 번 반복하여 노래 부른다. • 노랫말에 어울리는 율동을 만들어 노래 부른다. • 활동을 마친 후 느낌을 이야기 나눈다.	• 만 3세 담당교사 ○○○ 선생님과 별님반 교실에서 활동한다. • 음원자료 '빵 가게 아저씨', 가사판
	블록 (만 4세)	<예쁘게 다림질해요> • 구겨진 옷을 보며 이야기를 나눈다. -옷이 구겨졌을 때는 어떻게 해야 할까요? -구겨진 옷을 펴려면 무엇이 필요할까요? • 다리미를 보며 생김새를 알아본다. • 블록을 이용하여 다리미와 옷걸이를 구성해 본다. • 유아 스스로 블록을 활용하여 다리미와 옷걸이를 만들어 본다. • 블록을 정리한다.	• 만 4세 담당교사 □□□ 선생님과 풀잎반 교실에서 활동한다. • 블록
	이야기 나누기 (만 5세)	<공공기관은 어떤 일을 할까?> • '그런 집 보았니?' 노래를 들어본다. • 우리 동네의 공공기관에 가 본 경험에 대해 이야기 나눈다. • 공공기관에서 하는 일에 대해 알아본다. • 활동을 평가한다.	• 만 5세 담당교사 ◇◇◇ 선생님과 꽃잎반 교실에서 활동한다. • 우리 동네의 다양한 공공기관 사진, 음원자료 '그런 집 보았니?'

<table>
<tr><td>13:40
~
14:00</td><td>간식</td><td>• 손을 씻고 간식 먹을 준비를 한다.
• 모둠별로 간식을 배식한다. (도우미 친구들 지도)
• 간식을 먹은 후 자리 주변을 깨끗이 정리한다.
• 1차 귀가 유아부터 옷이나 머리모양을 단정히 한다.</td><td>• 간식접시, 포크
• 우유
• 행주
• 정리쟁반</td></tr>
<tr><td>14:00
~</td><td>평가

귀가
지도</td><td><평가 및 귀가>
• 오늘 어떤 활동을 했는지 회상하고 평가해 본다.
• 귀가 시 지켜야 할 안전 규칙에 대해 이야기 나눈다.
• 차량 안전에 대해 이야기 나눈다.
• 유괴 · 성폭력에 대해 이야기 나눈다.
• 내일 활동에 대해 예고한다.
• 교사와 인사를 나누고, 노선에 따라 안전하게 귀가한다.
• 방과 후 과정 유아는 방과 후 과정 교실로 이동한다.
• 방과 후 과정 유아는 자유선택활동을 한다.</td><td>• 노선표
• 방과 후 과정 유아를 체크하여 종일반 교사에게 유아의 상황이나 전달사항을 인계한다.</td></tr>
<tr><td>총 평</td><td></td><td></td><td></td></tr>
</table>

출처: 부산시 E유치원

(2) 2019년 개정 누리과정 이전 어린이집 일지

<table>
<tr><td colspan="2" rowspan="2">(만 3세 반) 일일보육계획안</td><td rowspan="2">2018년 6월 5일 (화) 날씨: 비, 흐림</td><td>담 임</td><td>원 장</td></tr>
<tr><td></td><td></td></tr>
<tr><td>주 제</td><td colspan="2">우리 동네</td><td>소주제</td><td>궁금한 우리 동네</td></tr>
<tr><td>목 표</td><td colspan="4">내가 자주 가는 곳에 대해 조사한 것을 친구들 앞에서 말해 본다.
(사회관계 > 사회에 관심 갖기 > 지역사회에 관심 갖고 이해하기)</td></tr>
<tr><td>기본생활 습관</td><td colspan="4">계단을 오르내릴 때 난간을 꼭 잡아요</td></tr>
<tr><td>시간 / 활동명</td><td colspan="2">활동계획 및 방법</td><td>준비물 및 유의점</td><td>실행 및 평가</td></tr>
<tr><td>등원 및 통합보육 손 씻기 및 오전간식 7:30~9:00 (1시간 30분)</td><td colspan="2">▸등원 및 통합보육/교실 환기
-등원하면서 본 동네 간판 모습 이야기하며 맞이하기
• 선생님과 친구에게 인사하기
• 유아의 기분과 건강상태 확인하기
• 스스로 소지품을 정리할 수 있도록 도와주기
• 투약 의뢰서 유무 확인하기
• 통합 보육실에서 자유놀이하기
▸오전 간식-개별 간식 제공
• 등원한 유아 손 씻기 및 화장실 다녀오기
• 손을 씻은 후 준비된 간식 가지고 자리에 앉기
• 간식 먹은 후 스스로 정리하기</td><td>출석 수첩, 출석 도장
오전 간식
급식일지 참조(식품알레르기 대상자는 대체음식 제공함/서류 참조)</td><td></td></tr>
<tr><td rowspan="5">실내자유 놀이활동 9:00~10:40 (1시간 40분) (50% 유아등원: 9시)</td><td colspan="2">▸실내 자유 놀이활동
• 새로운 영역활동 소개하기
-교실의 새로운 각 영역과 활동들에 대해 이야기 나누기
• 유아가 하고 싶은 놀이를 선택하여 교사와 또래와 상호작용하며 놀이하기
• 교사의 도움이 필요한 놀이에 적절히 참여하기
▸등원유아 개별 간식 제공 / *안전교육 자료 제시</td><td></td><td rowspan="5"><쌓기영역>
아이들이 살고 있는 곳의 아파트 이름과 표상을 합쳐서 제시해 주었다. 아이들은 아파트 이름을 말하기 시작했다. 같은 곳에 사는 유아는 서로 아파트 이름이 똑같다며 신기해하기도 했다.

<미술영역>
색종이 모양을 큰 세모, 작은 세모, 동그라미, 직사각형, 정사</td></tr>
<tr><td rowspan="2">쌓기 영역</td><td>우리 동네 울타리 (+, -)</td><td rowspan="2">동네 울타리 제시자료 종이블록, 와플블록</td></tr>
<tr><td>① 우리 동네 울타리에 대해 이야기 나눈다.
② 종이블록으로 울타리를 만들어 본다.
③ 와플블록으로 다른 동네를 만들어 본다.
④ 동네와 동네를 어떻게 하면 연결할 수 있는지 이야기 나누며 동네를 연결해 본다.</td></tr>
<tr><td rowspan="2">역할 영역</td><td>우리 동네로 초대합니다 (+, -)</td><td rowspan="2">내가 자주 가는 곳 그림카드, 초대카드</td></tr>
<tr><td>① 우리 동네에서 내가 자주 가는 곳에 대해 소개한다.
② 친구에게 우리 동네 초대 카드를 주며 우리 동네에 초대한다.
③ 우리 동네에게 내가 자주 가는 곳에 대해 이야기하며 함께 놀이한다.</td></tr>
</table>

<table>
<tr><td rowspan="13"></td><td rowspan="2">미술
영역</td><td colspan="2">네모로 만든 우리 동네 (+, -)</td><td rowspan="2">세모, 네모, 동그라미 모양 종이, 우리 동네 지도 활동지, 풀, 가위, 사인펜</td><td rowspan="13">각형 등 다양한 모양으로 잘라서 바구니에 넣어주었다. 아이들은 자신이 가위로 자르기도 하지만 주어진 색종이를 합쳐서 여러 가지 집 모양을 만들었다.

<수조작영역>
행복버스 교구의 버스에 관심을 보이며 버스로 게임판에 있는 길을 따라 움직여 보는 유아가 있었다. 주사위를 던져서 나오는 숫자만큼 칸을 이동해 보자고 했다. 도착한 곳에 '허브농원'이 있었다. "'허브농원'에는 무엇이 있을까?" 하고 물었다. 그림카드 중에 꽃을 찾아서 "꽃이 있어요"라고 말했다. 찾은 유아가 꽃 카드 하나를 가져갔다. 그렇게 함께 주사위를 던지며 도착한 곳에서 찾을 수 있는 카드를 찾았다. 행복동네 이야기를 들려주면 활동하는 데 더 큰 의미</td></tr>
<tr><td colspan="2">① 우리 동네 지도를 보며 함께 이야기 나눈다.
② 우리 동네에서 내가 자주 가는 곳의 건물을 만들어 볼 것을 제안한다.
③ 세모, 네모, 동그라미 모양의 색종이로 우리 동네를 만들어 본다.</td></tr>
<tr><td rowspan="2">수·조작
영역</td><td colspan="2">우리 동네 행복버스 (+, -)</td><td rowspan="2">행복버스
교구</td></tr>
<tr><td colspan="2">② 행복버스 게임판을 소개한다.
③ 게임 순서를 정한다.
④ 주사위를 던진다.
⑤ 도착한 칸에 행복 마을 건물이 있으면 건물에 맞는 카드에서 사용하는 것을 찾아 가져간다.
⑥ 다시 출발선까지 도착하면 가지고 있는 카드 개수를 세어 본다.
⑦ 카드를 많이 가지고 있는 유아가 이긴다.</td></tr>
<tr><td rowspan="2">과학
영역</td><td colspan="2">하늘에서 본 우리 동네 모습 (+, -)</td><td rowspan="2">위성사진</td></tr>
<tr><td colspan="2">① 위성사진을 보며 어떤 그림인지 이야기 나눈다.
② 위성사진 속에 어린이집을 찾아본다.
③ 어린이집 주변의 건물을 살펴본다.
④ 위성사진에서 내가 살고 있는 동네를 찾아보고 내가 살고 있는 곳을 찾아본다.</td></tr>
<tr><td rowspan="2">음률
영역</td><td colspan="2">좋아하는 악기 연주하며 '우리 동네' 노래 부르기 (+, -)</td><td rowspan="2">'우리 동네'
음원
여러 가지
악기
가사판</td></tr>
<tr><td colspan="2">① 우리 동네 노래를 들어본다.
② 우리 동네 노래를 흥얼거리며 따라 불러본다.
③ 우리 동네 노래에서 나오는 동네의 장소를 말해 본다.
④ 내가 좋아하는 악기로 우리 동네 노래에 맞춰 연주해 본다.</td></tr>
<tr><td rowspan="5">언어
영역</td><td colspan="2">내가 좋아하는 곳은? (+, -)</td><td rowspan="5">내가
좋아하는 곳
조사지,
활동지,
스티커 판,
스티커,
쓰기도구</td></tr>
<tr><td>듣기</td><td>우리 동네에서 친구가 좋아하는 곳을 이야기할 때 듣는다.</td></tr>
<tr><td>말하기</td><td>우리 동네에서 내가 좋아하는 곳을 말한다.</td></tr>
<tr><td>읽기</td><td>우리 동네에서 내가 좋아하는 곳의 이름을 읽어본다.</td></tr>
<tr><td>쓰기</td><td>우리 동네에서 내가 좋아하는 곳의 이름을 따라 써본다.</td></tr>
</table>

			가 있을 것 같아서 그림동화를 제시해 주어야겠다.
정리정돈/ 손 씻기 및 화장실 다녀오기 10:40~ 11:00 (20분)	▸정리정돈하기/교실 환기 •정리음악을 들으며 교구들을 제자리에 정리하기 ▸화장실 다녀오기 •차례를 기다리며 화장실 다녀오기 ▸손 씻기 •스스로 손을 깨끗이 씻기	정리음악	
대·소집 단활동 11:00~ 11:20 (20분)	▸아침인사 •아침 인사 노래를 함께 부르며 인사하기 •오늘의 날짜, 요일, 날씨를 알아보기 •네임카드로 출석 부르기 ▸기본생활습관: 계단을 오르내릴 때 난간을 꼭 잡아요 ▸대·소집단 활동 (이야기 나누기: 우리 동네에서 내가 자주 가는 곳은? ① 내가 자주 가는 곳은 어떤 곳인지 조사지를 보면서 친구들 앞에서 소개한다. ② 차례대로 나와서 내가 동네에서 자주 가는 곳에 대해 이야기한다. ③ 발표한 친구가 사는 동네에 대해 궁금한 점이 있으면 질문한다. ④ 모든 유아의 발표가 끝나면 조사지를 벽면에 게시하여 친구들과 함께 더 많은 이야기를 나눈다.	컴퓨터 음원 네임카드, 날짜판 가정과 연계 조사지	<이야기 나누기> 가정과 연계 활동으로 우리 동네에서 내가 자주 가는 곳의 사진을 붙여서 만들어 오는 조사지로 발표해 보는 활동을 했다. 아이들은 서로 자기가 가져온 것을 먼저 발표하고 싶었다. 자주 가는 곳 중에서도 가장 좋아하는 곳은 어디인지 왜 좋아하는지도 이야기 나누었다. 이야기를 나누는 과정에서 "나는 ○○집에 놀러 가고 싶어요"라고 말하는 유아도 있었다. 조사지를 벽면에 게시해서 아이들이 자유롭게 이야기 나눌 수 있도록 해야겠다.
실외활동 11:20~	▸실외활동 (어린이집 주변 동네 산책하기) -어린이집 주변 동네를 산책하면서 어떤 건물들이 있는지	비상의약품 물, 물컵,	

11:55 (35분)	살펴본다. • 대체활동: 훌라후프 기차 타고 동네 한 바퀴	물티슈	
손 씻기 11:55~ 12:10 (15분)	▸손 씻기 • 선생님과 함께 손 씻기 • 손 씻은 유아는 개인 도시락을 꺼내 자리에 앉기	도시락	
점심/ 양치하기 12:10 ~ 13:10 (1시간)	▸점심 및 양치하기/교실 환기 -내가 살고 있는 동네 이름 말하며 밥 먹기 • 점심을 나누어 주고 감사인사 후 바르게 식사하기 • 골고루 음식 먹고 스스로 자리 정리하기 • 숟가락과 젓가락을 안전하게 사용하도록 하기 • 밥을 다 먹은 유아는 스스로 양치하도록 하기	점 심 급식일지 참조 (식품알레르기 대상자는 대체음식 제공함/서류 참조)	
실내자유 선택활동 13:10~ 13:30 (20분)	▸실내 자유놀이활동/교실 환기 • 오전 자유놀이활동과 계획표 동일함. • 원하는 영역에서 자유롭게 놀기 • 교사의 도움이 필요한 놀이에 적절히 참여하기 *안전교육 자료 제시		
특별활동 13:30~ 14:00 (30분)	▸특별활동 [퍼포먼스미술] • 퍼포먼스미술 선생님과 인사 나누고 주제에 맞는 활동하기		
화장실 가기/ 손 씻기/ 오후간식 14:00~ 14:15 (15분)	▸손 씻기 및 화장실 다녀오기 • 스스로 화장실 다녀오기 및 손 씻기 ▸오후 간식 • 감사 인사를 한 후 맛있게 먹기	오후 간식 급식일지 참조 (식품알레르기 대상자는 대체음식 제공함/서류 참조)	
낮잠준비/ 낮잠 귀가지도 14:10~ 15:40 (1시간 30분)	▸낮잠 준비 -이불을 덮고 잠자기 • 편안한 분위기를 느낄 수 있도록 낮잠준비 • 그림책 및 조용한 음악 들으며 낮잠준비 ▸낮잠 • 개인이불과 베개를 가지고 자리에 누워 조용히 잠들기 • 늦게 잠들거나 일찍 깨는 유아 (낮잠 안 자는 유아) 휴식을 갖거나 정적인 활동하기 ▸귀가지도 -우리 동네에서 만나 사람들에게 인사를 나눌 수 있도록 해 주세요. • 일찍 귀가하는 유아는 안전하게 차량탑승	이불, 베개 낮잠음악	낮잠시간에 수면함
낮잠 깨기/ 화장실	▸낮잠 깨기/교실 환기 • 유아들이 스스로 일어날 수 있도록 음악 틀어주기		

<table>
<tr><td>다녀오기
손 씻기
15:40~
16:00
(20분)</td><td>• 개인 이불 정리해 보기
▸ 화장실 다녀오기
• 스스로 화장실 다녀오기
▸ 손 씻기
• 스스로 손을 깨끗이 씻기
• 손 씻은 유아는 간식 자리에 앉아 간식 먹을 준비하기</td><td></td><td></td></tr>
<tr><td>종일반
간식
16:00~
16:20
(20분)</td><td>▸ 종일반 간식
• 준비된 간식 먹은 후 스스로 자리 정리하기</td><td>종일반 간식
급식일지 참조 (식품알레르기 대상자는 대체음식 제공함/서류 참조)</td><td></td></tr>
<tr><td>실외활동
16:20~
16:50
(30분)</td><td>▸ 실외활동 (실외 놀이터 이용하기)
- 실외 놀이터에서 친구들과 함께 놀이한다.
• 대체활동: 훌라후프 기차 타고 동네 한 바퀴</td><td>비상의약품
물, 물컵,
물티슈</td><td></td></tr>
<tr><td>손 씻기
및 화장실
다녀오기
16:50~
17:00
(10분)</td><td>▸ 손 씻기 및 화장실 다녀오기
• 화장실 다녀오기 및 손 씻기</td><td></td><td></td></tr>
<tr><td>귀가지도
17:00~
17:20
(20분)</td><td>▸ 귀가지도
- 우리 동네에서 만나 사람들에게 인사를 나눌 수 있도록 해주세요
• 오늘의 활동을 생각하며 이야기해 보기</td><td></td><td></td></tr>
<tr><td>귀가지도/
통합보육
실내자유
선택활동
17:20~
19:30
(2시간
10분)</td><td>▸ 통합보육 및 실내 자유놀이활동 (통합보육실로 이동: 푸른바다반)
• 자신의 소지품 정리하기
• 선생님과 친구에게 인사하기
• 통합보육프로그램 활동하기
• 원하는 영역에서 자유롭게 놀고 개별적으로 귀가하기
*안전교육 자료 제시</td><td>통합보육
프로그램
일지 참조</td><td></td></tr>
<tr><td>일일평가</td><td colspan="3">자유선택활동 시간에 ‘우리 동네’ 음원을 계속 틀어놓았다. 노래에 관심이 있는 유아는 나오는 노래를 흥얼거리며 따라 부르기도 했다. 가정과 연계활동으로 조사해 온 조사지를 벽면에 붙여주었다. 아이들은 같이 놀이하는 친구에게 다시 한번 자신이 자주 가는 곳을 알려주면서 이야기하는 모습을 보였다. 그리고 다른 친구가 자주 자는 곳에 관심을 보이며 ‘가고 싶다’라고 말하거나 ‘우리 동네에도 하나로 마트 있는데’라고 말하며 동네끼리 비교하는 모습도 보였다. 동네에 관심을 갖도록 가정과 연계활동으로 조사지를 준비했는데 아이들이 동네에 관심을 가지는 모습을 볼 수 있었고 계속적으로 관심을 지속시켜 나가는 모습을 볼 수 있어서 좋았다.</td></tr>
<tr><td>유아관찰</td><td colspan="3">*유아 관찰지에 기록함.</td></tr>
</table>

청결	보육실		교구	기구(매월 2회)		비품		
	청결상태	환기, 습도	놀잇감	에어컨	선풍기	교구장	사물함	책상
	상 중 하	상 중 하	소독, 세척	소독, 세척	소독, 세척	소독	소독	소독

청결	화장실		양치		컵	행주, 수건, 걸레			침구	
	청결	칫솔	컵	마실 물	물컵 관리	행주	수건	걸레	이불	베개
	세제, 세척	자외선 살균	세척	상 중 하	상 중 하	세제, 삶기	세제, 삶기	세제, 삶기	소독, 세척	소독, 세척

안전 교육	소방	실종, 유괴	약물오남용	성교육	재난	교통

출석	재적	출석	결석	결석원아-사유
	○○명	○○명	명	

투약 의뢰	*투약 의뢰서 첨부함.	전화일지	*전화통화일지에 기록함

출처: 부산시 J어린이집

(3) 2019년 개정 누리과정 이후 유치원 일지

11월 3주 놀이상황 관찰지

반 이름	○○반(만3-5세)		전개기간	2020년 11월 3주 (2020.11.16.~2020.11.20.)
생활 주제	지구방범대		계획주제	지구가 아파요
교육 목표	• 우리가 살고 있는 지구의 환경오염 문제에 대해 관심을 가진다. • 환경을 지키고 보호할 수 있는 방법에 대해 관심을 가진다.			
일과		교육실행	놀이실행	놀이관찰(일화기록)
11/16 (월)	등원 및 자유선택활동-정리정돈 및 화장실 다녀오기-안전교육-아침모임-이야기 나누기-점심-바깥놀이-자유놀이-평가 및 귀가지도	[약물 및 사이버 중독] 술을 마시면 우리 몸이 아파요 [이야기 나누기] 물과 흙을 보호해요	[바깥놀이] 화단에 물 주기 [자유놀이] 물과 흙을 보호하는 방법 적어보기	물과 흙을 보호하는 방법에 대해 적어보며 아이들끼리 이야기를 나눈다. ○○: 농약을 사용하지 않아요. 라고 적어야지. △△: 줄여요 라고 적을 꺼거든? ☆☆: 나는 그럼 '쓰레기를 버리지 않아요.' 이 부분 쓸게. (사인펜을 꺼내어서 알록달록하게 글자를 쓴다.) ○○: ◇◇ 니 차례야. 너는 '공장 폐수 때문에 '이거 짧은 거 쓰면 되겠네.
11/17 (화)	등원 및 자유선택활동-정리정돈 및 화장실 다녀오기-아침모임-이야기 나누기-점심-자유놀이-평가 및 귀가지도	[이야기 나누기] 일회용품과 다회용품	[자유놀이] 내 손으로 만드는 그린환경 쓰레기가 썩는 데 걸리는 시간 퀴즈	내 손으로 만드는 그린환경 게임활동을 하며 주사위를 굴린다. ○○이가 "아싸, 나는 나무 심기."라고 하며 주머니에서 그림을 꺼낸다. △△이가 "이제 내 차례야." 하며 주사위를 굴리고 말을 움직여서 공장이 있는 곳으로 옮긴다. ○○이가 "너는 환경오염 시키는 거야. 나무 못 심어."라고 말하고 다시 주사위를 굴린다.
11/18 (수)	등원 및 자유선택활동-정리정돈 및 화장실 다녀오기-안전교육-차량탑승-숲체험-정리정돈-점심-자유 숲 놀이-차량	[생활안전] 숲에서 지켜야 할 약속	[숲 놀이활동] 단풍과 낙엽은 달라요 낙엽으로 이름 쓰기 호수에 사는 친	○○가 낙엽을 주워서 교사에게 보여준 뒤 정자 위에 모은다. △△이가 "나도 할래. 같이 하자."라고 말하니 고개를 끄덕이며 같이 낙엽을 주우러 다닌다. 낙엽을 다 줍고 ○○가 "우리 이걸

	탑승-평가 및 귀가지도		구는?	로 뭐하지?"라고 하자, □□이가 옆에서 낙엽으로 글자를 쓴다. 그걸 본 ○○가 "우리 이름 적어보자."라고 한다.
11/ 19 (목)	등원 및 자유선택활동-정리정돈 및 화장실 다녀오기-안전교육-아침모임-게임-점심-바깥놀이-건강교육-자유놀이-평가 및 귀가지도	[생활안전] 실종, 유괴상황을 알고 도움을 요청해요 [건강교육] 흡연음주교육	[게임] 친구와 함께 쓰레기를 모아요 [자유놀이] 분리수거놀이	친구와 함께 쓰레기를 모아요 게임을 하며 ○○이와 △△이가 팀을 먹고 고무줄을 당겨 종이컵에 끼운다. 쟁반 위에서 빼려고 하자 □□가 "너희가 양쪽에서 좀 더 당겨야 빠지지."라고 한다. 티비를 보고 시간이 흘러가는 것을 본 후 ○○이가 "빨리 모으자!"라고 하며 서둘러서 종이컵을 모은다.
11/ 20 (금)	등원 및 자유선택활동-정리정돈 및 화장실 다녀오기-안전교육-차량탑승-숲체험-정리정돈-점심-자유 숲 놀이-차량탑승-평가 및 귀가지도	[생활안전] 숲에서 지켜야 할 약속	[숲 놀이활동] 도토리깍정이 팽이 만들기 자연물 식당 차리기 톱질을 해봐요	바닥에 있는 밤송이를 보더니 아이들이 줍기 시작한다. ○○: 선생님. 여기 밤송이 껍질이 진짜 많아요. 안에 밤도 들었어요. 쭈그려 앉아 나뭇가지와 발을 사용해서 밤송이를 벌려 밤을 꺼내려고 한다. △△: 손에 안 찔려? 나도 하고 싶은데, 무서워서 못 하겠어. ○○: 별로 안 아파. (행동으로 보여주며) 이렇게 하면 돼. 발로 또 밟기도 하고

놀이 주제망	총평
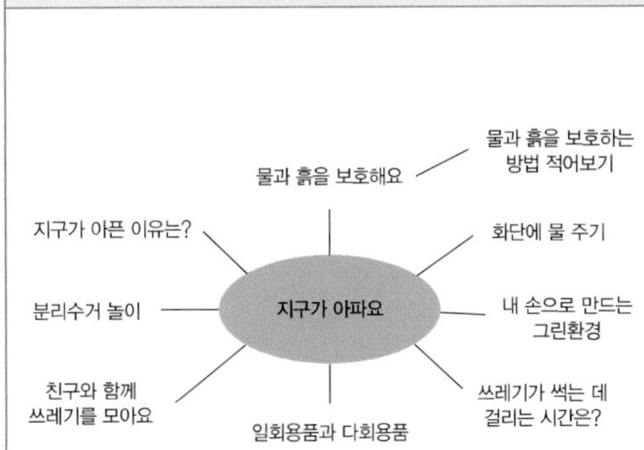	지구가 아파요 주제에 따라 지구가 아픈 이유, 그리고 지구 온난화에 관심을 가지고 인간이 만들어 낸 환경오염의 문제 등을 살펴보는 시간을 가졌다. 이산화탄소, 메탄, 온실가스 등 아이들이 과학적인 부분에서 관심을 가질 수도 있었고 생각보다 많이 알고 있는 친구들도 있어서 이번 한 주에 놀이를 하고 알아감에 있어 아이들의 도움을 많이 받고 크게 어렵지 않게 할 수 있었던 것 같다. 다음 주에 더 잘 연계하여 환경을 보호하고 직접 해볼 수 있도록 계획하고 실천해야겠다.

놀이상황·평가 및 반영				
11/16(월)	11/17(화)	11/18(수)	11/19(목)	11/20(금)
지구가 아파요를 주제로 물과 흙이 오염되는 이유에 대해 이야기를 나누고 보호하는 방법까지 알아보았다. 아이들의 대답은 항상 '쓰레기를 버리면 안 돼요.'라고 일관적인 대답이 많았지만 다양한 예시와 그림들을 보고 많이 알게 된 것 같다. 내일부터는 직접 실천까지 하며 숲에 가서도 쓰레기를 주워보고 환경을 지키기 위한 노력을 실천함으로써 경험으로 인해 아이들이 더 잘 기억할 수 있었으면 좋겠다.	일회용품과 다회용품에 대해 알아보며 아이들이 생각보다 의미와 제품에 대해 잘 알고 있었다. 우리가 평소 편리하려고 무심하게 사용하는 일회용품부터 조금이라도 실천하기 위해 노력하는 다회용품까지. 유치원에서도 아무렇지 않게 사용하는 일회용품들을 아이들이 많이 짚어내어 이야기해 주었는데 지금부터라도 조금씩 아껴 사용하고 덜 사용하기로 했다. 가정에서도 부모님께 환경을 보호하는 방법에 대해 알려주기로 하고 마무리하였다.	숲에서 ○○가 산에 가지 않으려고 떼를 쓰고 움직이지 않고 실랑이를 하다 엉덩방아를 찧고 채집통을 주우러 내려가다 호수에 빠지기도 하였다. 숲 선생님과 ○○가 요즘 트러블이 많아 걱정이고 ○○도 그로 인해 스트레스를 많이 받고 부정적인 방향으로 표출하는 것 같아 속상하다. 비가 한동안 많이 오지 않아 호수가 말라버려 시우가 옷은 젖지 않아 다행이었고 그 안에 들어가 ☆☆이와 이주가 고동 몇 마리를 잡았는데 아이들이 신나하고 즐거워했다. 나 또한 너무 신기하고 신통방통했지만 주변 사람들이 볼까 눈치가 보여 얼른 풀어주라고 재촉하였다. 요즘 숲에서 어른들이 아이들 놀이하는 것에 관심도 많으시고 간섭을 하셔서 너무 피곤하다.	흡연음주교육을 하며 아이들이 부모님과 조부모님이 담배를 피우는지, 술을 마시는지 알려주었다. 어렸을 때부터 이런 교육을 한다는 것이 한편으로는 씁쓸하기도 한편으로는 왜 아이들에게 이런 것을 알려주어야 하나 어른들이 더 본보기가 돼야 할텐데 하는 생각이 든다. 친구와 함께 쓰레기를 모으는 게임을 할 때 사용했던 고무줄이 저번에 숲놀이 때 솔방울 옮기기를 했던 방법과 같은 물건이었는데 종이컵은 견고하고 무게가 가볍다 보니 아이들이 게임활동으로 하기 적합하여 좋았다. 아이들도 너무 재미있어 하고 즐거워하여 협동도 잘되고 교구장에 비치하여 자유롭게 할 수 있도록 도왔다.	매번 계획했다가 못 가본 성지곡산을 가봐서 너무 좋았는데 비가 온 후라 너무 너무 추워서 아이들도 교사도 점심 먹을 때 추위에 떨며 먹었다. 밤송이가 많아 위험할 줄 알았는데 생각보다 아이들이 조심스럽게 잘 놀이해 주었고, 도토리 열매와 깍정이도 쉽게 볼 수 있어서 아이들이 자연물로 놀이하는 요소가 많이 있어 좋은 장소라고 생각되어 앞으로 자주 찾을 생각이다. 아이들이 직접 도토리 깍정이에 송곳으로 뚫어 반으로 자른 이쑤시개를 끼워 팽이를 만들어 시합을 하는 모습을 보고 정말 자연에서 자기가 만든 장난감으로 놀이하는 것이 참 좋다라는 생각이 들었다.

출처: 부산시 E유치원

(4) 2019년 개정 누리과정 이후 어린이집 일지

○○○반 일일 보육일지 (만3세)

년 월 일 요일	날씨	미세먼지	담임	원장
	맑음	오전: 좋음 / 오후: 보통		

전체인원	명	출석인원	명	결석(사유)	

생활주제	나와 가족	주제	우리 가족
일과의 흐름	07:30~08:50	통합보육	당직선생님과 함께 편안하게 놀이하기
	08:50~10:30	오전간식 및 실내놀이	개별적으로 간식 먹은 후 자유롭게 놀이하기 (50% 등원 9시)
	10:30~10:50	정리정돈 및 화장실	함께 정리정돈 후 화장실 다녀오기(손 씻기)
	10:50~12:10	바깥놀이(대체)	(실내놀이 및 대체: 매미소리 신체로 표현하기)
	12:10~13:00	점심	화장실에서 손 씻은 후 점심 식사하기
	13:00~13:30	오후 실내놀이	오전에 진행된 자유놀이 확장하여 놀이하기
	13:30~14:00	특별활동	퍼포먼스 미술
	14:00~14:15	오후간식	손 씻은 후 간식 먹기
	14:15~14:30	활동 및 귀가지도	안전교육 후 귀가지도
	14:30~15:50	낮잠 및 휴식	개별침구를 펴고 편안하게 음악을 들으며 낮잠 및 휴식하기
	15:50~16:20	침구정리, 연장반간식	개별침구 정리 후 화장실에서 손 씻고 간식 먹기
	16:20~17:00	실내놀이 및 귀가지도	자유롭게 놀이하기
	17:00~19:30	연장보육	기본보육 아동은 하원하고 연장보육 아동은 연장반으로 이동 연장반에서 자유롭게 놀이하며 부모님 오시면 순적적 귀가
오늘의 계획 및 지원	• 안전교육 <재난대비 : 생명의 문 비상구> • 나무놀이터에 나갈 때 소꿉 챙겨나감. 내일부터 가위도 챙겨나가기 • 미역국이 나오는 날 미술특강에서 만져보았던 미역 회상할 수 있도록 질문하기		
놀이평가 및 다음날 지원 계획	[놀이 및 활동 실행기록] (반영) 나무놀이터에 나갈 때 소꿉을 챙겨나갔더니 아이들이 흙과 나뭇잎으로 음식을 만들며 놀이했다. (지원계획) 나뭇잎을 손으로 자를 때 잘 뜯어지지 않았다. 내일은 가위를 가지고 와서 나뭇잎을 가위로 자를 수 있도록 해주어야겠다. 풍경 만들기를 했다. 풍경을 만들기 전에 소리를 들려주었는데 **은 "소리가 예뻐요"라고 말하며 다른 친구들도 소리가 좋다고 했다. 매직으로 테두리를 칠하고 클레이로 속을 채워 넣었다. 다른 클레이에 비해 끈적거림이 많았다. @@은 "이거는 거미줄이 정말 많이 생겨요"라고 말하며 클레이를 섞어서 하트 모양을 채워 넣었다. 아이들이 클레이를 무척 재미있어 했다. (지원계획) 사용하고 남은 클레이를 통에 담아 제공해주어 놀이할 수 있도록 해주어야겠다. [특이사항] <안전교육> 비상구에 대해 이야기를 나누고 비상구 표시가 어디에 있는지 직접 살펴보았다. 비상구는 어느 때 사용하는지에 대해서 이야기를 나누었다. <특별활동> 퍼포먼스 미술시간에 미역을 탐색하는 시간을 가졌다. 미역국에 미역을 먹어본 경험은 있어도 미역을 직접 손으로 만져보는 것은 처음이 아이들이 대부분이었다. 미역에서 바다냄새가 난다, 미역국 냄새가 난다고 말하며 미역을 탐색했다. (지원계획) 점심에 미역국 메뉴가 나올 때 미역에 대해 회상할 수 있도록 이야기 나누어 보아야겠다.		

3. 놀이와 평가(평가의 흐름과 인식이 바뀌었다)

우리나라의 유치원 교육과정의 변천과 역사를 살펴보면 유아교육과정에서 평가가 갖는 의미가 점차 더 중요해지고 있으며 그 방법에 대한 논의도 시대에 따라 달랐음을 알 수 있다. 제1, 2차 유치원 교육과정에서 포함되지 않았던 평가가 제3차 교육과정에서부터 처음 등장하였고, 제5차 교육과정부터 평가의 기틀이 뚜렷해졌으며 구체적이고 세부적인 지침이 있는 평가방법을 제시하였다. 3~5세 연령별 누리과정에서 이러한 성향이 확대되어 유아의 수준과 발달, 학습 성취도를 평가할 수 있는 표준화 방안이 현장에서 많이 사용되었다. 그러나 2019 개정 누리과정에서는 현장의 자율성을 인정하고 놀이 중심, 유아중심을 실천할 수 있는 평가로 변화되었다(조성경, 2020).

유아교육에서의 평가는 등수나 성적, 대학진학이 아닌 유아의 행복과 전인적 발달을 지원하는 데 목적이 있으며 국가수준의 교육과정인 2019 개정 누리과정에서도 이를 명시하고 있다. 특히 2019 개정 누리과정에서 평가는 유치원과 어린이집에서 유아가 중심이 되고 놀이가 살아나는 누리과정의 운영을 되돌아보고 개선해 가는 과정이며 이를 위하여 놀이와 일상생활, 활동의 누리과정 운영평가와 유아평가에서 교사의 자율성을 강조하고 있는 실정이다(교육부, 보건복지부, 2019).

이렇듯 교육과정의 변천과 함께 평가에 대한 의미와 인식 또한 바뀌고 있다. 교육평가는 초창기 합리주의, 과학주의, 행동주의 입장에서 측정, 객관화된 방법 위주의 평가였다면 이제는 통합적, 구성주의적, 포스트모더니즘 입장에서 협상, 조정, 대화와 협력위주의 평가로 전환되고 있다(김남희, 2010).

1) 2019 개정 누리과정에서의 평가

2019 개정 누리과정의 가장 두드러진 변화 중 하나는 교사의 자율성을 지원하고 현장에서 놀이가 살아날 수 있도록 국가수준 교육과정을 간략화한

것이다. 진정한 유아중심, 놀이 중심 교육과정은 교사의 책무성이 자율성을 뒷받침할 때 완성된다. 기존에 '미리 계획한 계획안에 기반한 실행과 평가'에 주력하기보다는 '지속적인 놀이지원 계획을 수립하는 것'에 초점을 두고 놀이가 살아나는 평가를 할 수 있도록 해야 한다(교육부, 보건복지부, 2019).

평가는 유아평가와 누리과정 운영평가로 나누어 볼 수 있다. 유아평가는 유아의 고유한 특성과 시간의 흐름에 따른 변화를 이해하고자 하는 것이다. 누리과정 운영평가는 놀이, 일상생활, 활동이 잘 연계되어 유아에게 의미 있는 통합적 경험의 내용으로 운영되었는지를 알아보는 것이다. 유아평가와 누리과정 운영평가는 유치원과 어린이집의 상황이나 필요에 따라 가장 적합한 방법을 선택하여 자율적으로 실시하도록 하였다(교육부, 보건복지부. 2019).

그러나 유아평가와 누리과정 운영평가를 분리하여 평가하는 것이 아닌 통합적으로 이루어질 수 있도록 하였다.

(1) 유아평가

유아평가의 경우, 유아의 특성 및 변화 정도를 평가한다. 유아평가는 일상생활 및 놀이과정에서 주로 이루어진다. 유아의 놀이에 대한 기록을 통해 유아의 흥미와 관심, 놀이 선호, 또래와의 상호작용 등 유아의 특성과 변화 정도를 평가할 수 있다. 계획안 또는 일지에 기록한 유아들의 실제 놀이 모습, 유아의 놀이 결과물, 유아의 놀이에 대한 기록, 유아의 작품, 사진이나 동영상 등을 활용할 수 있다.

(2) 누리과정 운영평가

누리과정 운영평가의 내용은 일과 구성이 적절한지, 일상생활이나 활동이 놀이를 지원하는 방식으로 진행되었는지의 여부를 평가한다. 놀이를 통해 어떤 경험이 어떻게 일어났는지 등을 반성적으로 들여다보았는지의 여부에 대한 평가가 필요함을 강조하고 있다.

누리과정 운영평가를 시행할 때 학급 내 놀이의 내용, 놀이를 통해 학급에서 일어나고 있는 유아들의 배움과 참여 등에 대한 기록을 바탕으로 교육과정을 평가할 수 있다고 언급하였으며 놀이에서 누리과정 5개 영역을 경험하였는지의 경험여부를 평가하도록 하였다. 누리과정의 5개 영역은 유아가 놀이를 통하여 경험해야 할 내용이므로 교사는 놀이상황에서 5개 영역과 관련한 경험이 어떻게 이루어졌는지 연계할 수 있다. 이는 5개 영역의 내용을 유아가 달성해야 할 성취의 기준으로 삼는다는 것은 아니다. 매일 일과를 5개 영역에 따라 연계할 필요는 없다. 일과(놀이, 일상생활, 활동) 후 혹은 하나의 놀이흐름이 마무리되었을 때 5개 영역의 경험이 어떻게 나타났는지 검토하고 지원을 계획해 볼 수 있다.

(3) 2019 개정 누리과정 평가 결과의 활용

유아평가와 교육과정 평가를 진행한 후, 누리과정 5개 영역의 내용이 놀이와 일상생활, 활동에서 어떻게 경험되었고 어떠한 배움이 일어났는지를 평가하여 이를 추후 놀이지원에 반영할 수 있도록 해야 한다(교육부, 보건복지부, 2019). 2019 개정 누리과정 고시문에서는 평가 결과의 활용에 대해 '평가의 결과는 유아에 대한 이해와 누리과정 운영 개선을 위한 자료로 활용할 수 있다'라고 기술되어 있다(교육부, 보건복지부, 2019). 따라서 유치원 및 어린이집의 상황에 따라 학부모 면담 자료, 개별적인 유아의 요구에 반영, 다음 해의 교육, 보육계획을 수립할 때 반영하기 등 다양하게 활용될 수 있다.

2) 어린이집 평가제에서의 영유아평가(보건복지부, 한국보육진흥원, 2021)

(1) 일상생활, 놀이에서 개별 영유아의 반응과 행동을 관찰하여 기록한다.

영유아별로 일상생활, 놀이를 포함하여 일과 전반에 걸쳐 나타나는 영유아의 행동을 관찰하여 기록한 자료가 있어야 한다. 영유아의 반응과 행동에 대한 관찰이 월 1회 이상 주기적으로 이루어져야 한다.

(2) 영유아 관찰 기록을 종합하여 영유아별 발달특성과 변화의 정도에 대한 총평을 연 2회 이상 기록한 내용이 있어야 한다. 이는 영유아의 발달특성과 변화에 대해 표준보육과정을 토대로 하여 평가한다.

(3) 영유아평가 결과를 영유아의 놀이지원, 부모면담 등에 반영하여야 한다. 영유아평가결과를 영유아 놀이지원, 활동 선정, 환경구성, 상호작용 방법, 부모면담 중 하나 이상에 반영하고 있어야 한다.

MEMO

Play in Early Childhood Education

P/A/R/T

03

놀이의 실제

CHAPTER

09 교육과정을 기반으로 한 놀이지원

1. 표준보육과정에서의 놀이

「2020 개정 표준보육과정」에서는 놀이를 통한 영유아의 배움을 강조하고 있다. 영아에게 놀이는 세상을 경험하는 과정이다. 영아의 반복되는 놀이를 존중하고 그 즐거움을 충분히 느끼도록 하되, 교사는 영아가 새로운 놀이를 탐색해 볼 수 있도록 영아의 개인적 리듬을 고려해 지원해 줄 수 있다(보건복지부, 2020).

0~2세 보육과정 목표

1) 자신의 소중함을 알고 건강하고 안전한 환경에서 즐겁게 생활한다.
2) 자신의 일을 스스로 하고자 한다.
3) 호기심을 가지고 탐색하며 상상력을 기른다.
4) 일상에서 아름다움에 관심을 가지고 감성을 기른다.
5) 사람과 자연을 존중하고 소통하는 데 관심을 가진다.

1) 놀이를 통한 배움의 이해

표준보육과정에서는 영유아가 놀이를 통해 경험하는 배움을 각 영역과 연결지어 이해할 수 있도록 안내하고 있다. 이는 교사가 가르쳐야 할 내용이 아닌 영유아가 즐겁게 놀이하면서 배우는 내용으로 교사는 영유아의 놀이에서 나타나는 통합적 경험을 영역별 내용과 연결해 보면서 영유아의 놀이를 통한 배움을 이해할 수 있다.

2) 놀이와 연계한 활동을 통한 영유아의 배움 지원

영유아가 하고 있는 놀이에 부합하면서 영유아의 흥미나 관심과 관련된 동화 듣기, 노래 부르기, 요리하기, 게임 등을 제안하여 즐겁게 놀이하는 방식으로 활동을 할 수 있다. 영유아의 흥미나 관심 등을 고려하지 않고 미리 정해진 생활주제에 따라 활동을 진행하기보다는 영유아가 주도해 가는 놀이와 연계하여 활동을 진행하는 것이 바람직하다.

교사는 영유아의 건강과 안전을 위해 필수적으로 요구되는 일상생활 습관 지도나 안전 교육을 계획하여 운영할 수 있다. 어린이집에서는 영유아가 놀이 안전과 생활 안전을 지키고, 위험한 일이 발생하였을 때 도움을 받아 대처할 수 있는 능력을 기를 수 있도록 안전 교육을 실시해야 한다. 영아의 경우 대집단 형태의 교육이 아니라 놀이와 연계하거나 전이시간을 이용하여 자연스럽게 안전교육이 이루어지도록 한다.

3) 자율성을 바탕으로 영유아의 놀이 배움 지원

영유아는 자신에게 가장 적합한 방식으로 놀이하기 때문에 영유아의 놀이는 예측하기 어렵다. 교사는 영유아가 놀이하며 배울 수 있도록 상황에 따라 필요한 교육적 판단을 자율적으로 할 수 있어야 한다. 교사가 영유아의 놀이를 존중한다는 것은 영유아의 놀이를 바라만 보거나 방관하는 것이 아니라, 영유아의 배움에 필요한 지원 내용을 생각하고, 준비하고, 지원하는 과정을 모두 포함한다.

2. 표준보육과정에서의 놀이를 지원하는 교사의 역할

1) 영유아의 의사 표현을 존중하고 민감하게 반응한다.

교사는 영유아 개개인의 특성, 기질, 개인차를 고려하여 영유아의 의사 표현을 존중하고 개별적으로 민감하게 반응해야 한다. 영유아는 언어적 방식과 비언어적 방식을 통해 의사 표현을 시도하며, 개인적 기질과 특성에 따라 표현 방식과 강도도 다르므로 교사가 주의 깊게 관찰하고 이해하며 요구에 맞게 반응해야 한다. 특히, 영아는 언어표현이 미숙하므로, 시선, 손짓, 표정 등 비언어적인 표현에 더 민감한 주의를 기울여야 한다.

2) 영유아가 흥미와 관심에 따라 놀이에 자유롭게 참여하고 즐기도록 한다.

교사가 미리 준비한 놀이를 선택하게 하는 방식보다는 영유아가 자유롭게 놀이하며 즐기는 방식으로 바꾸어 갈 필요가 있다. 교사는 영유아가 주도하는 놀이에 내재된 의미와 가치를 파악하고 영유아가 놀이를 지속하고 몰입해 나갈 수 있도록 지원해야 한다. 교사는 놀이 상황과 맥락에 따라 새롭게 생성되는 영유아의 놀이를 존중하고 이해하면서 영유아가 필요로 하는 놀이 자료, 놀이 공간과 안전 등을 고려하여 필요한 지원을 할 수 있다.

3) 다양하고 안전한 실내외 놀이 공간 구성하기

교사는 놀이 공간을 구성하고 변형해 나가며 영유아의 자유로운 놀이를 지원할 수 있다. 보육실의 흥미 영역은 영유아들이 가장 좋아하는 놀이를 중심으로 구성하는 것이 좋으며, 영유아들이 흥미를 보이지 않는 영역은 다른 영역과 통합하여 재구성하거나 다른 영역으로 대체하는 것도 가능하다.

영아의 경우, 신체를 움직이며 탐색할 수 있는 충분한 공간을 구성해 주는 것이 필요하다. 보육실 밖의 복도나 계단, 구석진 공간 등 영유아가 놀이할 수 있는 실내공간은 먼저 안전에 문제가 없는지 파악한 후에 놀이 공간으로 구성할 수 있다.

실외 공간은 영유아가 마음껏 뛰어놀며, 자연과 계절의 변화를 만나고 탐색할 수 있는 놀이 환경이다. 교사는 영유아가 몸을 충분히 움직여 즐겁게 놀이하고 위험으로부터 자신을 안전하게 보호하는 능력을 기를 수 있도록 지원해야 한다.

4) 풍부한 놀이자료 제공하기

영아의 발달특성에 맞게 크기, 감촉, 모양, 색 등을 고려하여 놀이자료를 제공하여 주는 것이 좋다. 비구조적인 열린 자료를 풍부하게 제공하여 영유아가 자신만의 방식으로 활용할 수 있도록 지원하며 영유아가 찾아낸 새로운 놀이자료나 창의적인 놀이 방식을 인정하고 존중해야 한다.

5) 영유아와 영유아, 영유아와 교사, 영유아와 환경 사이에 능동적인 상호작용이 이루어지도록 지원하기

더 재미있게 놀이하기 위해 양보하고, 배려하고, 나와 다른 의견을 수용하여 조절하는 경험을 할 수 있도록 교사는 영유아들이 자유롭고 활기차게 놀이할 수 있는 분위기를 제공하여 영유아 사이의 다양한 상호작용을 격려해 주어야 한다.

영유아는 혼자 충분하고 반복적으로 환경을 탐색하는 과정을 통해 배워나가므로, 교사는 영유아의 환경 탐색에 대해 관심을 가지고 지원하도록 한다. 교사는 영유아와 환경과의 상호작용에 주의를 기울이고 존중하며 영유아들이 환경과 즐겁게 상호작용할 수 있도록 지원해야 한다.

6) 각 영역의 내용이 통합적으로 영유아의 경험과 연계되도록 한다.

영유아는 놀이를 하며 이미 각 영역을 통합적으로 경험하고 있으며 교사는 자율성을 바탕으로 영유아의 놀이상황과 맥락에 따라 각 영역을 다양한 방식으로 융통성 있게 영유아의 경험과 연계하여 지원할 필요가 있다.

7) 개별 영유아의 요구에 따라, 휴식과 일상생활이 원활히 이루어지도록 한다.

영아는 어린이집에 오면서 가정에서 생활하던 신체리듬과 다른 변화를 겪게 된다. 영아의 월령이 낮을수록 개별 일과 운영은 더욱 중요하다. 교사는 영아가 어린이집의 일상생활과 신체리듬에 잘 적응할 수 있도록 충분히 기다려 주며 지원해 나가야 한다.

8) 영유아의 연령, 발달, 장애, 배경 등을 고려하여 개별 특성에 적합한 방식으로 배우도록 한다.

교사는 영유아의 다양한 특성을 이해하고 각 특성을 최대한 고려하여 배움을 지원해야 한다. 같은 연령이라도 개별 영유아의 특성이 다르듯이 영유아가 놀이하는 모습도 다르게 나타난다. 영유아는 서로 다른 관심과 능력을 가지고 있으며 다양한 맥락 속에서 자신만의 방식으로 놀이하고 배운다. 따라서 교사는 영유아의 특성에 적합한 지원을 위해 발달적 특성이나 장애 정도, 문화적 배경을 우선적으로 파악해야 하며, 필요할 경우 관련 기관 또는 전문가와 협력할 수 있다.

3. 개정 누리과정에서의 놀이

「2019 개정 누리과정」에서는 배움으로서의 유아 놀이의 의미와 가치를 강조하고 있다. 개정 누리과정에서 놀이는 유아가 흥미와 관심을 가지고 자발적으로 즐겁게 참여하며 배우는 과정이며 놀이가 유아의 삶이자 배움의 방식임을 강조한다. 개정 누리과정이 실행력을 갖추기 위해서는 유아 놀이에 대한 이해가 필요하다. 교사는 유아의 놀이에서 놀이의 의미와 특성뿐만 아니라 놀이가 배움으로서 지니는 가치도 이해할 수 있어야 한다. 개정 누리과정에서는 자유로움, 주도성, 즐거움이라는 놀이의 주요 특성을 명시하고 있다. 또한 자유로움, 즐거움, 몰입, 상상력 등을 수반하는 놀이의 특성을 기술하고 있다(교육부, 보건복지부, 2019).

3~5세 보육과정(누리과정) 목표

1) 자신의 소중함을 알고, 건강하고 안전한 생활 습관을 기른다.
2) 자신의 일을 스스로 해결하는 기초능력을 기른다.
3) 호기심과 탐구심을 가지고 상상력과 창의력을 기른다.
4) 일상에서 아름다움을 느끼고 문화적 감수성을 기른다.
5) 사람과 자연을 존중하고 배려하며 소통하는 태도를 기른다.

1) 놀이는 자유롭다.

- 놀이에서의 자유는 계획된 목적으로부터의 자유, 미리 결정된 규칙으로부터의 자유, 사실로부터의 자유, 시간과 공간의 제약으로부터의 자유를 포함한다.
- 놀이는 뚜렷한 목적을 가지고 계획된 활동으로부터의 자유를 포함한다. 그러므로 교사는 놀이에서 특정 학습 목표를 달성하도록 일방적으로 안내하기보다는 유아가 놀이하는 흐름을 읽고 따라가야 한다. 그래야

놀이의 특성이 살아난다.

- 놀이는 이미 정해진 규칙으로부터의 자유를 포함한다. 유아는 놀이하면서 혼자 또는 함께 규칙을 만들며 이미 만들어진 규칙을 바꾸거나 파기하고 새롭게 생성한다. 이처럼 놀이의 질서는 놀이 안에서 만들어지며 놀이를 놀이답게 만든다.
- 유아는 자신의 경험을 놀이 맥락에서 활용하지만 그것이 반드시 있는 그대로의 사실일 필요는 없다. 유아는 놀이에서 경험을 자유롭게 선택하고 현실을 넘어서 상상하고 자유롭게 표현할 수 있다.
- 놀이는 특정 시간과 공간의 제약을 받지 않고 언제 어디서나 이루어질 수 있다. 유아는 놀이할 때 필요한 상황을 만들어 낸다. 과거, 현재, 미래를 넘나들고 교실, 복도 등 영역의 경계를 넘어 놀이한다. 자유로운 놀이는 변형과 창조의 특성을 가지게 된다.

2) 놀이는 주도적이다.

- 놀이에서의 주도성은 유아의 자발성, 능동성, 내재적 동기, 즉흥적 전개와 같은 특성과 관련되어 있다. 유아는 놀이하면서 신체적, 사회적, 인지적으로 능동적이며 자발적인 참여를 끊임없이 이어간다. 이처럼 놀이는 유아 스스로 의지를 발동시키고 표현하며 자발적 조율이 전제되는 맥락에서 유지된다. 이러한 자발성은 유아의 내부에서 일어난 욕구와 동기가 무엇보다도 중요한 원동력이 된다. 내재적 동기는 자신의 신체, 정신, 행위를 스스로 통제하고 주의를 기울이고 끈기 있게 집중하게 한다. 따라서 유아의 놀이는 외부에서 계획하여 제공한 학습 목표의 범위 안에 머무르는 일련의 과제 수행과는 다른 속성을 가진다.
- 내재적 동기가 놀이의 바탕이 되기 때문에 놀이 주제, 놀이 자료, 놀이 상대, 이야기 줄거리는 개인 또는 집단의 흥미와 관심에 따라 즉흥적으로 생성되고 소멸되고 연결되고 변형된다. '내가 하고 싶은 것'이 고리

가 되는 즉흥적 변화는 놀이가 다채롭게 전개될 수밖에 없는 이유를 잘 드러내 준다.

- 유아는 놀이하는 가운데 주도적으로 놀이 맥락을 생성하고 목표를 만든다. 놀이는 주도적 참여자인 유아가 스스로 적극적으로 세상을 알아가는 여정이자 세상을 새롭게 창조하는 과정으로서 창의성을 담고 있다.

3) 놀이는 즐겁다.

- 놀이에서는 재미와 기쁨, 몰입, 실험, 마주침, 해소, 심미성, 유머 등의 정신적, 정서적 상태를 수반하는 즐거움이 있다. 유아는 또래, 교사와 함께 협력하면서 재미와 기쁨을 느끼고 표현한다. 때로는 재미와 기쁨이라는 정서를 넘어 몰입의 상태로 들어가기도 한다. 유아는 놀이를 반복하고 변화를 발견하는 재미를 가지며 놀이를 지속하기도 한다.
- 놀이하면서 유아는 감정을 싹 틔우며 새로운 물질의 성질과 현상 및 관계를 발견하며 상상한다. 호기심을 가지고 세상의 다양한 물질과 만나서 자유롭게 탐색하는 과정에는 유아 고유의 가설을 생성하고 실험하고 관찰하고 도전하며 문제 해결을 하는 성취감과 즐거움이 있다.
- 놀이는 감정의 분출구가 되기도 하고 심미적 경험의 원천이 되기도 한다. 유아는 놀이에서 정서적 긴장, 두려움, 갈등을 해소하고, 따뜻함, 배려, 아름다움과 같은 심미성을 통합함으로써 즐거움을 경험한다. 비언어적 또는 언어적 유머는 놀이의 즐거움을 이루는 주요특성이다. 놀이에서 유머가 사용되어 유희성이 증폭되면 즐거움이 강화되고 공유된다.

그러나 놀이는 여전히 무궁무진한 탐구와 해석이 가능하다. 위에서 제시한 자유로움, 주도성, 즐거움이라는 보편적인 놀이 특성 외에도 더 많은 유아 놀이의 의미와 특성이 발견될 수 있다. 따라서 놀이를 교육과정 실행의 중심에 두는 교사는 유아 놀이의 의미와 특성을 지속적으로 발견하고 연구해 나가야 한다. 교사는 유아에게 놀이 시간을 충분히 제공하고, 유아의 놀이를 유심히 살펴보고, 귀 기울이면서 놀이를 이해하도록 해야 한다.

4. 개정 누리과정에서의 놀이를 지원하는 교사의 역할

개정 누리과정에서는 유아·놀이 중심 교육과정이 실현될 수 있도록 교육과정 운영에 대한 교사의 자율성을 강조한다. '자율성'이란 학급의 고유한 특성이 드러나도록 유아의 놀이를 중심으로 교육과정을 운영하는 것을 의미한다. 교사는 유아들이 놀이를 통해 드러내는 새로운 흥미와 관심에 따라 교육과정을 운영할 수 있기 때문에 같은 기관의 동일 연령 학급이라 할지라도 전혀 다른 내용의 교육과정을 운영할 수 있다.

개정 누리과정의 가장 두드러진 변화 중 하나는 교사의 자율성을 지원하고 현장에서 놀이가 살아날 수 있도록 국가수준 교육과정을 간략화한 것이다. 교사는 간략화된 교육과정 내용을 기반으로 '유아와 교사가 동시에 주체'가 되는 누리과정을 실현하는 데 초점을 두어야 한다. 기존에 생활주제에 맞춘 계획된 활동을 놀이보다 우선적으로 실시했다면, 이제 이를 지양하고 유아에게 마음껏 놀이할 권리를 회복시켜 주는 것이 개정의 취지이다(교육부, 보건복지부, 2019). 진정한 유아·놀이 중심 교육과정은 교사의 책무성이 자율성을 뒷받침할 때 완성된다. '책무성'이란 유아·놀이 중심 교육과정에서 놀이, 일상생활, 활동이 잘 이루어질 수 있도록 고민하고 지원하는 교사의 역할 인식 및 실천을 의미한다. 특히, 교사의 책무성은 놀이 속에 녹아 있는 배움과 누리과정 5개 영역의 내용을 읽어내고 지원하는 것이 핵심이다. 이는 교사가 수시로 일과 가운데 유아·놀이 중심의 철학을 벗어나지는 않았는지 자신을 돌아보면서 교수를 실천할 때 지켜진다.

1) 놀이를 잘 운영하기 위한 교사의 역할

개정 누리과정의 변화에 맞도록 놀이를 잘 운영하기 위해 교사가 수행해야 하는 역할은 다음의 네 가지로 요약할 수 있다.

첫째, 유아·놀이 중심 교육과정을 이해하고 실천하는 역할

둘째, 놀이를 통한 유아의 배움을 지원하는 역할

셋째, 놀이와 배움을 기록하고 평가하는 역할

넷째, 함께 배우며 성장하는 역할

각각을 교육과정의 변화와 연계하여 살펴보면 다음과 같다.

(1) 유아·놀이 중심 교육과정을 이해하고 실천하기

개정 누리과정에서 일과는 놀이, 일상생활, 활동으로 구성되는데 특별히 '놀이'를 중심으로 일과를 편성할 것을 권장한다.

- 교사는 누리과정 총론 및 5개 영역의 내용을 숙지하고 유아의 놀이, 일상생활, 활동과 연계하여 교육과정을 운영하는데, 특별히 놀이하며 배우는 유능한 유아에 대한 이해가 우선되어야 한다.
- 누리과정 개정의 중점 중 하나는 놀이 중심 교육과정 운영이다. 따라서 누리과정을 잘 이해하고 실행한다는 것은 일과에서 놀이시간을 충분히 제공하고 유아들의 흥미와 무관한 활동을 교사가 계획해서 실시하지 않는다는 것을 의미한다.
- 유아 및 놀이 중심이 강조된다고 하더라도 교사가 계획한 활동이나 법적으로 요구되는 활동(예: 안전교육)을 실시하되 유아가 주도적으로 즐겁게 참여하는 활동으로 진행하는 것이 중요하다. 이를 위해서는 유아의 놀이나 일상생활을 잘 관찰하고 이와 연계할 수 있는 활동을 실시하는 것이 필요하다.

(2) 놀이를 통한 유아의 배움을 지원하기

유아 중심 교육과정을 성공적으로 실행하기 위해서 교사는 유아를 교육과정 운영의 주체로서 교사와 함께 교육과정을 구성해가는 공동 구성자로 인정해야 한다. 어떤 유아라도 자유롭게 놀이하고 그 안에서 배움을 구성할 수 있는 역량을 지닌 존재임을 신뢰하고 유아의 놀이를 잘 관찰해야 한다.

- 유아의 놀이를 잘 관찰하고 지원하기 위해서 교사는 교육과정 구성의 파트너로서 유아의 놀이를 주의 깊게 바라보고 유아가 경험하는 기쁨과 슬픔, 좌절과 감동을 함께 느끼고 공유할 수 있어야 한다.
- 유아의 놀이를 잘 관찰하기 위해서 교사는 유아를 이해하려는 민감성을 갖추려고 노력하는 동시에 유아가 놀이를 통해 경험하는 것, 스스로 배우는 것이 무엇인지 이해하려고 노력할 필요가 있다. 이때 유아들이 구성하고 만들어내는 총체적 의미를 충분히 읽어내기 위해 노력해야 한다.
- 유아의 놀이를 지원하기 위해 교사는 놀이에 직접 참여하지 않고도 격려, 미소, 공감의 표정을 보이거나 칭찬과 격려의 말을 건네는 정서적 지원을 제공할 수 있다. 또한, 놀이를 관찰하다가 배움이 일어나도록 질문이나 제안을 건네 보는 등의 상호작용에 기반한 언어적 지원, 공간 구성을 바꾸어주거나 새로운 자료를 제공하는 등의 환경적 지원을 할 수 있다.
- 환경적 지원을 할 때는 심미적·창의적 감수성을 키워줄 수 있도록 공간과 자료를 제공해 주는 것이 중요하다.

(3) 놀이와 배움을 기록하고 평가하기

개정 누리과정은 교사가 선계획하여 '계획-실행-평가-계획'으로 이어지던 기존의 '선형적' 과정을 지양한다. 교사는 유아의 놀이, 일상생활, 활동을 잘 관찰하고 기록하다가 유아의 배움을 지원하기 위한 계획을 수립하는 것이 좋다. 특히, 개정 누리과정은 5가지 추구하는 인간상을 제시하고 있으므로 누리과정 목적과 목표 및 5개 영역별 목표와 내용을 유아의 성장 변화 및 교육과정 운영에 대한 판단의 근거로 삼을 수 있다.

- 유아의 배움을 잘 기록하고 평가하기 위해서 교사는 결과가 아닌 과정에 주목해야 한다.
- 개정 누리과정은 과도한 부담이 되는 평가의 형식을 탈피하고자 하였으므로 기록 및 평가에 있어서 틀에 맞춘 과도한 문서화를 요구하지 않으며 형식과 분량에 있어 기관별·학급별로 자율성을 부여한다.
- 진행된 주제 및 놀이나 활동에 따라 누리과정 5개 영역 중 일부 영역이나 인간상이 두드러질 수 있으므로 평가를 함에 있어서 단편적인 놀이 에피소드나 활동보다는 전개된 놀이와 일상생활, 활동에 대한 누적된 기록을 총체적으로 고려해야 한다.

개정 누리과정의 구성

추구하는 인간상	건강한 사람, 자주적인 사람, 창의적인 사람, 감성이 풍부한 사람, 더불어 사는 사람
목적	유아가 놀이를 통해 심신의 건강과 조화로운 발달을 이루고 바른 인성과 민주 시민의 기초를 형성하는 데에 있다.
목표	• 자신의 소중함을 알고, 건강하고 안전한 생활 습관을 기른다. • 자신의 일을 스스로 해결하는 기초능력을 기른다. • 호기심과 탐구심을 가지고 상상력과 창의력을 기른다. • 일상에서 아름다움을 느끼고 문화적 감수성을 기른다. • 사람과 자연을 존중하고 배려하며 소통하는 태도를 기른다.

⇑

	놀이, 일상생활, 활동				
누리과정영역	신체운동·건강	의사소통	사회관계	예술경험	자연탐구
영역별 목표	실내외에서 신체활동을 즐기고, 건강하고 안전한 생활을 한다.	일상생활에 필요한 의사소통 능력과 상상력을 기른다.	자신을 존중하고 더불어 생활하는 태도를 기른다.	아름다움과 예술에 관심을 가지고 창의적 표현을 즐긴다.	탐구하는 과정을 즐기고, 자연과 더불어 살아가는 태도를 가진다.

(4) 함께 배우며 성장하기

기존 교육과정에서도 유아의 주도성과 놀이를 강조해 왔기 때문에 유아·놀이 중심을 강조하는 개정 누리과정에 대해 교사들은 무엇이 달라진 것인지 혼란을 느낄 수 있다. 만약 일과 속에서 “우리 언제 놀아요?”, “정리 안 하고 계속 놀고 싶어요.”, “만든 거 안 부수면 안 돼요?”, “나는 쌓기놀이 못 했어요.”, “선생님 다 했어요. 이제 가서 놀아도 돼요?”라는 유아의 소리를 자주 듣고 있다면 개정 누리과정이 강조하는 유아 주도적 놀이 중심 교육과정의 운영을 위해 교사의 지속적인 성찰이 필요하다고 볼 수 있다.

- 유아·놀이 중심 교육과정을 실행하기 위해 교사는 자신과 유아의 역량을 신뢰하고, 유아의 자율성을 보장하는 학급의 문화를 만들어야 한다. 이를 위해서 교사는 주기적으로 자신의 교육철학과 개정 누리과정에 대한 이해를 점검하고 배움을 이어가야 한다.
- 놀이를 지원하는 과정에서 교사는 각 유아와 놀이의 특성을 고려하여 놀이를 언제, 어떻게 지원해야 할지에 대한 끊임없는 고민에 직면하게 된다. 적절한 상호작용의 순간을 놓치기도 하고 도움을 주려다 오히려 교사 주도가 되는 경험을 하기도 한다. 이렇게 정답이 없는 자율적인 교육과정을 운영하면서 교사는 한편으로 자신의 전문성을 인정받는 것 같아 보람도 느끼지만, 다른 한편으로 자신이 잘하고 있는지에 대한 불안감을 느낄 수도 있다. 그러나 이러한 고민과 불안감은 교사가 지속적으로 배움을 추구하게 만드는 원동력이 될 수도 있다.
- 개정 누리과정에서 강조하는 교육과정 운영의 자율성은 교사 개개인이 알아서 모든 것을 하라는 의미가 아니다. 오히려 교사들이 서로의 전문성을 인정하고 고민과 의견을 나누며 함께 배우고 성장하는 학습공동체를 자율적으로 구성하여 정서적이고 실천적인 지원이 이루어질 것을 기대한다. 교사의 계속적 성장과 배움이 일어나기 위해서는 유치원과 어린이집 기관 차원에서, 그리고 나아가 시·도 및 국가 차원의 전폭적인 지원이 필요하다.

2) 놀이지원자로서의 교사

(1) 편성하기

유아·놀이 중심 교육과정 편성은 유치원과 어린이집에서 하루, 한 주, 한달, 한 학기, 일 년의 시간을 어떻게 살아갈 것인가에 대한 교육내용과 시간을 조직하는 과정이다. 유아·놀이 중심 교육과정에서는 각 기관의 실정에 맞게 교육계획을 수립하고 일과를 놀이, 일상생활, 활동으로 구성하되 놀이가 충분히 이루어지도록 편성하여 운영할 것을 강조한다(교육부, 보건복지부, 2019).

① 교육적 지원 계획해 보기

개정 누리과정에서는 교사가 미리 모든 것을 계획하여 그대로 실행하는 것을 지양하고 실행된 교육과정을 담는 것을 강조하여, 만들어진 교육과정이 아니라 만들어가는 교육과정에 의미를 둔다. 교사는 전체 또는 개별 유아가 진행하고 있는 놀이에 초점을 두되 유아가 생활 속에서 경험하고 있는 크고 작은 관심사, 일상생활을 편안하게 유지하기 위하여 필요한 경험, 계절이나 날씨와 같은 자연적인 현상, 기관의 특별한 행사 등을 반영하여 계획할 수 있다.

② 일과 구성하기

개정 누리과정에서는 일과에서 바깥놀이를 포함하여 유아의 놀이가 충분히 이루어지도록 편성하여 운영할 것을 강조한다. 일과에는 놀이 외에도 등원과 하원, 간식과 점심, 손 씻기와 화장실 다녀오기, 안전에 대한 지도 등 매일 반복되는 일상생활도 포함된다. 놀이, 일상생활, 활동이라는 일과는 교사가 미리 계획할 수 있지만 유아와 의논하여 순서를 정할 수도 있고, 날씨의 변화나 놀이에 대한 흥미 지속 여부에 따라 달라질 수 있다.

- 놀이시간을 충분히 운영한다.
- 일상생활이 융통성 있고 유아 주도적으로 이루어지도록 한다.
- 놀이와 연결하여 활동을 운영한다.
- 일과를 융통성 있게 운영한다.

(2) 교수·학습 실천하기

유아의 배움을 지원하기 위해 교사가 구체적으로 어떻게 실제를 구현할지에 대한 것이다. 개정 누리과정은 교사가 유아의 흥미와 관심, 개별 특성을 존중하며 유아의 다양한 놀이와 경험을 지원할 수 있도록 공간을 구성하고, 자료와 시간을 조직하고 상호작용에 변화를 줄 것을 강조한다.

① 놀이공간

교사는 유아가 공간에 부여하는 의미를 이해하기 위해 놀이의 전개를 지켜보면서 유아의 놀이를 방해하는 요소가 무엇인지를 관찰하고, 유아의 의견을 반영하여 놀이공간을 구성하고 운영해 나가는 자율성을 가진다. 학기 초에는 놀이자료를 구분하기 위한 기본적인 영역을 구분하고 각 영역이 지나치게 협소해지지 않도록 가구를 배치해보는 것이 좋다. 또한, 한번 정한 영역을 한 학기 내내 고정하지 않고 놀이에 따라 즉각적으로 재배치해 주려는 융통성을 발휘하고 실내외 전체공간을 놀이를 위해 다양하게 활용하려는 노력이 필요하다.

- 놀이공간을 융통성 있게 배치해 본다.
- 놀이하는 공간을 넓혀 본다.
- 유아에게 공간 배치의 주도권을 주어 본다.
- 다른 놀이공간을 찾아본다.

② 놀이자료

유아는 다양한 놀이자료를 풍부하게 사용하고 자신만의 방식으로 재창조하는 과정을 통해서 사물에 대한 탐색, 심미적인 경험, 또래와의 상호작용, 성취감 등을 얻을 수 있다. 놀이방법이 이미 정형화되어 있거나 특별한 교육적 목표를 가진 자료를 교사가 제공하더라도 유아는 다른 방식으로 놀이할 수 있다. 교사는 유아가 어떤 자료에 흥미를 갖고 탐색하고자 하며 놀이를 통해 새롭게 의미를 부여할 때 이를 수용해 주어야 한다. 유아에게 위험하거나 유해하지 않는 한 모든 자료가 놀이자료가 될 수 있다는 새로운 가치를 함께 실현하려는 열린 마음과 유아의 주도성을 인정해 주는 태도를 가지는 것이 필요하다.

- 교사의 의도와 다르게 놀 때 유아가 결정한 자료 활용 방법을 격려한다.
- 자연물이나 자연현상도 자료가 될 수 있다.
- 다양한 일상의 사물을 놀이자료로 활용한다.
- 자료가 없어도 놀이할 수 있다.
- 기존의 자료도 새롭게 활용해 본다.

③ 상호작용

유아와 유아 간의 상호작용은 놀이하는 과정에서 끊임없이 일어난다. 유아는 서로 놀이를 제안하거나 협력하며 문제를 해결하고 갈등을 통해서 관계를 형성하는 방법을 배우기도 한다. 교사는 이러한 유아의 유능함을 신뢰하면서 유아와 유아 간 관계를 지원해야 한다. 교사는 유아 간 상호작용이 활발히 일어나도록 자유로운 놀이 환경을 충분히 제공해 주고 주의 깊게 관찰하며 필요한 자료를 제공하거나 공간을 조정하는 등의 지원을 제공하는 것이 좋다.

교사가 유아와 상호작용하는 방법은 비언어적, 언어적 소통방법을 모두 포함한다. 교사는 관찰하기, 질문하기, 제안하기, 함께 참여하기, 정서 지원하기와 같은 방법으로 유아와 상호작용하면서 놀이를 간접적 또는 직접적으로 지원한다. 교사의 상호작용은 놀이에 대한 흥미를 지속시키거나 놀이의 방해요소를 제거해 줌으로써 유아의 놀이에서 5개 영역의 내용에 해당하는 충분한 경험이 일어나도록 하는 데 초점을 둔다.

- 유아와 유아의 상호작용을 지원한다.
- 유아와 환경의 상호작용을 지원한다.

- 놀이지원을 위해 관찰한다.
- 제안하며 놀이를 지원한다.
- 유아의 놀이에 참여하며 지원한다.
- 질문하며 놀이를 지원한다.
- 정서적으로 지원해 준다.

④ 놀이와 안전

놀이 중 다툼이 일어날 수도 있고, 놀이의 흐름에 따라 과격하게 부딪치는 거친 신체놀이가 일어날 수도 있다. 유아는 위험 상황을 예측하는 능력이 부족하므로 놀잇감을 위험하게 만들거나 사용함으로써 안전사고의 여지가 생기기도 한다.

교사는 안전한 놀이를 보장하기 위하여 물리적 환경의 안전성을 점검하고 위해를 가할 수 있는 사물이나 물질을 사전에 차단하여야 한다. 물리적 안전성이 확보되었다면 유아 스스로 놀이 가운데서 자신의 몸을 조절하고 통제할 수 있는 방법을 학습할 수 있도록 유아와 함께 어떻게 안전하게 놀이할 것인가에 대해서 토의하고 놀이를 제한하지 않는 범위에서 규칙을 정해 본다.

- 안전이라는 이유로 놀이를 불필요하게 제한했는지 검토해 본다.
- 위험한 요소가 있는지 유아 스스로 살펴볼 시간과 기회를 준다.
- 새로 찾아본 놀이공간의 안전을 유아와 함께 점검해 본다.
- 모든 구성원이 놀이와 안전에 대해 소통한다.

(3) 평가하기

개정 누리과정에서는 기관 및 학급 수준 교육과정 운영의 자율성이 강화됨에 따라 평가 역시 그 방법과 시기에 대해서도 자율성을 가지도록 하고 있다. 교사는 관찰과 기록, 수집, 부모 설문지 등의 다양한 방법을 이용하여 유아와 누리과정 운영에 대한 평가를 실시한다.

① 평가를 위한 자료 모으기

교육과정은 유아의 놀이와 일상생활, 활동 속에서 이루어지므로 교사는 유아의 놀이와 일상을 관찰하여 기록한다. 교사는 특히 유아의 놀이 과정을 관찰하여 평가에 필요한 자료를 모을 수 있다. 이때, 평가 자료의 수집과 기록 때문에 교사가 유아를 지원하는 데 어려움을 갖지 않도록 유의한다. 교사는 많이 기록해야 한다는 부담에서 벗어나 유아관찰기록 중 유아 이해 및 놀이지원에 중요하고 의미 있다고 판단되는 자료를 선별한다.

② 자료 활용하여 평가하기

평가는 유아평가와 누리과정 운영평가로 나누어 볼 수 있다. 유아평가는 유아의 고유한 특성과 시간의 흐름에 따른 변화를 이해하고자 하는 것이다. 누리과정 운영평가는 놀이, 일상생활, 활동이 잘 연계되어 유아에게 의미 있는 통합적 경험의 내용으로 운영되었는지를 알아보는 것이다.

- 유아의 특성 및 변화 정도를 평가한다.
- 누리과정 운영을 평가한다.
- 놀이에서 누리과정 5개 영역을 경험하였는지 돌아본다.

	교사지원 내용
상호작용 지원	• 관찰하기(흥미와 관심을 파악하고 놀이를 이해하고자 관찰) • 함께 놀이하며 질문하기(배움이 일어나도록 질문) • 함께 놀이하며 제안하기(배움이 일어나도록 제안) • 놀이 참여하기 • 정서적 지원하기(유아의 생각과 느낌, 경험을 공감, 격려하는 표현)
일과의 변화 지원	• 놀이시간 확장 • 놀이를 지원하기 위한 활동
자료의 변화 지원	• 유아가 결정한 자료 활용 방법지지 • 교사가 계획한 자료 제공 • 유아가 발견한 자료 지원
공간의 변화 지원	• 교실 밖으로 확장 • 교실 내 공간 재구성
기타 지원	• 안전

CHAPTER

10 계절놀이

정서적으로 건강하고 마음이 따뜻한 아이로 성장하는 계절놀이!
더 작은 것에 집중하며 관심을 가지며 소중함을 배워나간다.
오색의 아름다움을 만들어낸 창조주를 떠올리게 된다.

1. 나비	알에서 나비로 변해 가는 과정을 지켜보면서 나비에 대한 사랑을 놀이로 표현함
2. 수박	수박과 관련된 동화책과 전래동요로 놀이를 만들어 냄
3. 매미	매미 허물에 대한 아이들의 관심을 반영하여 주제를 선정하고 활동에서 놀이로 이어짐
4. 아쿠아리움	아쿠아리움을 교실뿐 아니라 공간의 변화를 주어 복도까지 확장하여 놀이함
5. 냉장고	여름을 시원하게 보내기 위해 아이들과 냉장고를 만들어 놀이함
6. 얼음	얼음을 손과 발로 직접 만져보며 탐색 놀이함
7. 낙엽	낙엽색을 탐색하고 낙엽을 활용한 다양한 놀이를 함
8. 종이 눈과 눈사람	눈을 보고 싶어 하는 마음을 달래며 종이로 눈과 눈사람을 만들어 놀이함
9. 모닥불	겨울에 바깥에서 직접 땔감을 모아 교실에서 놀이를 이어감

다른 어떤 놀이보다 봄 여름 가을 겨울, 계절이 오고 가는 것을 아이들과 함께 느끼고 경험했을 때 정서적으로 건강하고 마음이 따뜻한 아이로 성장하는 것을 보게 되었다. 봄이 되면 차디찬 겨울을 이겨낸 꽃망울들이 힘을 내어 터져 나오는 것을 직접 눈으로 보고 경험할 수 있다. 움트는 생명을 관찰하기 위해 아이들은 더 작은 것에 집중하며 관심을 가지고 소중함을 배워 나간다. 여름이 되면 나무가 만들어 내는 그늘이 참 시원하고 좋다는 것을 느끼게 된다. 물론 더 시원한 여름을 나기 위해 아이들과 물로 하는 다양한 놀이를 통해 더 즐거운 시간을 가지게 되는 것 같다. 가을이 되면 높은 하늘을 우러러 보기도 하고 알록달록 예쁘게 물든 낙엽을 보며 오색의 아름다움을 만들어낸 창조주를 회상하게 된다. 겨울이 되면 따뜻하게 보내려는 서로의 마음이 이어져 특별히 나눔이 많아지는 계절을 경험하게 된다. 훈훈하고 따뜻한 겨울을 보내고 나면 한 살 더 먹게 된다. 특별히 아이들은 한 살 더 먹는 것을 아주 멋진 것이라 여겨서 더 의젓한 모습을 보인다. 그렇게 사계절의 놀이를 함께 하며 정을 쌓아가게 된다.

1. 나비

나비 알 관찰하기

봄이 되어 아이들과 나비로 주제활동을 했다. 생물로 활동하면 더 많은 흥미와 관심을 가지고 생명을 소중히 여길거라 기대하면서 '나비 기르기 사육통'을 구입하게 되었다. 알을 보면서 "이게 뭐예요"라고 반응하던 아이들이 알에서 깨어난 조그마한 애벌레를 보면서 "진짜 알에서 태어났어요!"라는 감탄사로 변하기 시작했다.

알을 관찰하는데 너무 작아서 잘 보이지 않자 교사는 사진에 동그라미를 표시해서 알을 사진과 함께 관찰할 수 있도록 지원해 주었다.

나비 알을 관찰해요 - 돋보기로 직접 알을 찾아보세요.

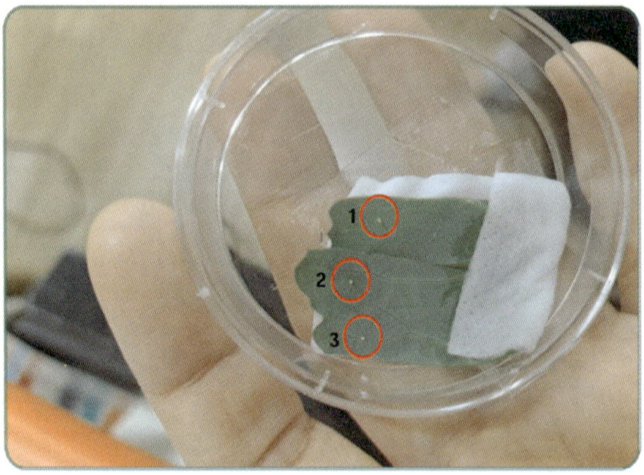

나비 애벌레를 관찰해요 - 돋보기로 직접 애벌레를 찾아보세요.

Tip 교사지원

▸ (자료의 변화: 교사가 계획한 자료 제공)
알이 너무 작아서 잘 보이지 않아서 사진을 찍은 후 동그라미를 표시해서 제시함

아이들은 잎에 구멍이 생긴 것을 보고 "애벌레가 구멍 만들었어요?"라고 물으며 애벌레가 나뭇잎을 먹고 똥을 싼다는 것에도 많은 관심을 보였다. 어느 날은 꼼짝 않고 사육통을 들여다보던 아이가 "똥 쌌어요"라고 말하며 교실이 떠나갈 정도로 함성을 지르기도 했다. 애벌레가 점점 커지고 움직임이 많아지면서부터는 아이들의 사랑은 더 깊어져 갔다. 등원하면 아침 인사가 "애벌레 잘 있어요? 애벌레 어디 있어요?"로 바뀔 정도였다.

나비를 위한 꽃밭

빨리 나비가 되었으면 좋겠다는 아이들의 마음을 담아 나비가 어떤 꽃을 좋아할지 함께 생각하면서 나비를 위한 꽃밭을 만들어 주었다. 아이들은 자신들의 얼굴이 들어간 '동물 꽃밭'을 만들어 주고 싶다고 했다. 아이들과 각자 좋아하는 동물의 이름을 말하며 동물 꽃밭을 만들었다.

아이들의 그림 속에는 애벌레도 등장하고 번데기도 등장한다. “선생님, 애벌레도 있어야겠어요.”, “선생님, 번데기도 그려주세요. 나는 색칠할게요.” 라고 말하는 아이가 있는 반면 자신이 직접 애벌레를 그리고 색칠하기도 했다. 직접 나비를 그릴 수 있다고 하는 친구들은 나비를 그리고 오려서 붙였다.

Tip 교사지원

- (자료의 변화: 유아가 결정한 자료 활용 방법지지)
  자신의 얼굴을 넣은 꽃을 만들고 싶다는 아이들의 제안에 얼굴을 넣은 꽃을 만들어 제공함

나비 색칠하기

아이들의 나비사랑은 여기서 끝나지 않았다. "나비 색칠하고 싶어요."라는 요청에 따라 나비 도안을 프린트해서 제공해 주었다. 한 번 색칠하고 끝나지 않고 아침에 한두 장 색칠하고 붙이고, 다음 날 또 "나비 뽑아주세요"라고 요청하고 또 색칠하다보니 교실 한쪽 벽면은 나비 천지가 되었다.

Tip 교사지원

▸ (자료의 변화: 유아가 결정한 자료 활용 방법지지)
나비를 색칠하고 싶어 하는 아이들의 제안에 따라 색칠할 수 있는 자료를 제공함

애벌레 관찰하기

작은 사육통의 애벌레를 여럿이서 보는 게 쉽지 않았다. 교사는 애벌레 사진을 찍어서 커다란 TV에 확대해서 보여주었다. TV 화면에 나온 애벌레를 돋보기를 가져가서 더 자세히 살펴보며 좋아했다.

Tip 교사지원

▸ (자료의 변화: 교사가 계획한 자료 제공)
애벌레를 더 자세히 볼 수 있도록 애벌레 사진을 찍어서 TV 화면에 띄워 보여줌

드디어 태어났어요

애벌레가 나뭇잎을 다 갉아 먹고 줄기만 앙상하게 남았다. "애벌레가 돼지가 될 건가 봐요"라며 애벌레의 먹성에 아이들은 놀라 했다. 주말을 지내고 원에 왔는데 그새 번데기가 되어 있었다. "빨리 나와라~~ 나비야" 매일 아이들의 소망을 듣고 자란 번데기 속에서 드디어 나비가 태어났다. 한 아이의 탄성이 온 교실에 울려 퍼졌다. "나비예요!! 나비가 나왔어요!!" 교실에 있던 모든 아이들이 일제히 몰려들었다. 서로 미는 통에 나비를 제대로 볼 수 없었다. 순차적으로 나비를 볼 수밖에 없었다. 아이들이 책상에 앉아 있으면 교사가 방금 태어난 나비를 들고 다니며 보여주었다. 나비 사랑에 푹 빠진 아이들에게 더 오랫동안 두고두고 보여주고 싶었지만 배고파 하는 나비를 방생할 수밖에 없었다.

Tip 교사지원

▸ (기타: 안전)
서로 나비를 보겠다고 미는 상황에서 함께 나비를 관찰하기 위해서 서로 돌아가며 볼 수 있도록 지원함

잘 가~ 나비야

배고파 하는 나비에게 인사를 나누고 날려 보내주었다. "잘 가~~", "꿀 많이 먹어" 인사를 나누고 교실로 들어왔는데 놀이하던 중 한 아이가 "나비는 괜찮을까요?"라고 묻는다. 조금 후에 다시 다른 친구가 "나비는 괜찮을까요?" 또 묻는다. 아이들은 아직 나비를 떠나보내지 못한 모양이었다. 방생한 다음 날 아침에도 한 아이는 "나비 어디 있어요?"라고 묻는다. 그래서 아이들과 나비의 안부를 물으러 다시 밖에 나갔다. 배추흰나비가 아닌 표범무늬 나비를 만났다. "뭘 먹어서 노랗게 변했지?"라고 말하는 아이들 뒤로 드디어!! 배추흰나비가 날아왔다. 우리가 방생한 그 나비인지는 모르겠지만 아이들은 너무 반가워했고 기뻐했고 한참을 배추흰나비와 잔디밭을 뛰어다녔다. 아이들이 제일 좋아하는 잔디밭에서 아이들이 사랑하는 나비가 마음껏 날아다니는 모습을 봤으니 이제 걱정하지 않을 것 같다.

Tip 교사지원

▸ (상호작용: 정서적 지원하기)
떠나보낸 나비를 걱정하는 아이들의 마음을 공감해 주며 나비의 안전에 대해 함께 이야기 나누었다.

▸ (자료의 변화: 교사가 계획한 자료 제공)
배추흰나비, 표범무늬나비 등 다양한 나비의 종류에 대해 이야기 나누었다.

2. 수박

수박수영장

'수박수영장'(안녕달, 창비) 동화책을 읽고 아이들은 이구동성으로 "나도 수박수영장에 가고 싶어요"라고 말한다. 아이들의 소망은 놀이지원의 대상이 된다. 그때부터 교사는 '수박수영장을 어떻게 만들지?' 고민에 빠지기 시작한다. 같은 고민에 빠진 다른 반 선생님은 전지에 그림을 그리고 아이들 사진을 붙여 수박수영장을 제시해 주었다. 그림을 보면서 아이들은 "수박수영장에 내가 들어가 있네"라고 말하며 그림을 보며 서로 이야기를 나눈다. 그리고 또 다른 반 선생님은 교실에 욕조를 가지고 와 습자지를 넣고 수박 비치볼과 부직포로 만든 모형수박을 넣어주었다. 아이들은 욕조에 들어가 수영장 놀이를 한다.

수박장수 전래동요

'수박장수' 전래동요 가사의 '주먹만 해졌소' '머리통만 해졌소' '달덩이만 해졌소'라는 표현을 재미있어 해서 커다란 수박 모형만이 아니라 작은 폼폼이도 같이 넣어주었다. 습자지 넝쿨 속에서 아이들은 주먹만 한 크기의 폼폼이를 찾으며 놀이하기 시작했다. 그러고는 종이컵을 가지고 와서 찾은 폼폼이를 하나씩 넣으며 "수박 알 찾았다"라고 말한다. 그렇게 폼폼이는 '수박 알'이라는 이름을 얻게 되었다. 재활용 바구니에 있던 계란판도 제공해 주었더니 수박 알을 하나씩 소중하게 담는다. 그리고 종이컵에 수박 알만 넣는 것이 아니라 넝쿨이라고 말하는 습자지도 같이 넣기 시작했다. 그러고는 이름하여 "수박만두예요"라고 한다.

수박 밭 만들기

'수박장수' 전래동요를 들으면서 "수박 밭에 가보고 싶어요."라고 말한다. 어떻게 놀이지원을 할지 고민하는 사이에 아이들은 "수박 밭을 갈아야 돼요"라고 말한다. 아이들 말에 '수박장수' 가사를 순서대로 해보면 좋겠다고 생각하게 되었다. '수박 밭은 뭐로 하면 좋을까?' 고민하다가 자료실에서 당장 구할 수 있는 대나무 발을 가지고 와서 제공해 주었다. 그렇게 수박 밭 꾸미기가 시작되었다. 아이들은 "수박 꽃이 필요해요"라고 적극적으로 필요한 것을 교사에게 요구한다. 교사는 수박 꽃을 프린트로 뽑아서 제공해 준다.

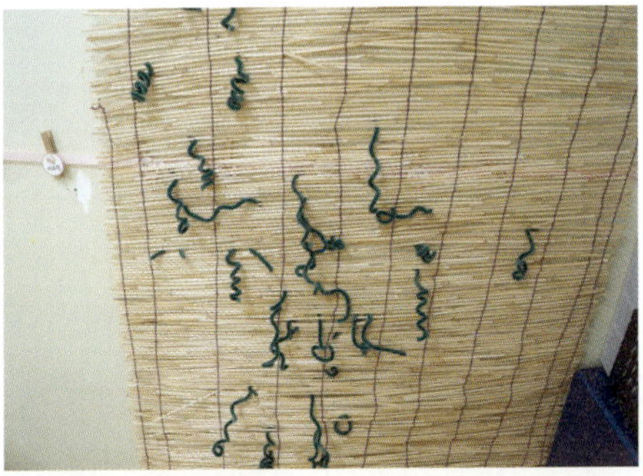

그전까지만 해도 수박 꽃이 어떻게 생겼는지 교사도 잘 알지 못했는데 가사의 순서를 따라 수박 밭을 꾸며 보다 보니 교사도 새로운 지식을 습득하게 되었다. 머리통만 한 수박을 표현할 때는 마침 기증 받은 동그란 부채가 있어서 그것을 활용하기로 했다. 아이들이 직접 수박 줄무늬를 그리고 색칠해서 머리통만 한 수박을 완성할 수 있었다.

Tip 교사지원

- 수박수영장을 만들기 위해 아기 욕조를 이용해서 수영장놀이를 할 수 있게 제공함
- '수박장수' 동요 가사에 맞추어 다양한 수박크기를 제공함
- 수박꽃 그림을 찾아 프린트해서 제공함

3. 매미

휴지심으로 매미 만들기

여름이 되면 잔디밭에서 쉽게 찾아볼 수 있는 매미 허물에 대한 아이들의 관심을 반영하여 매미에 대한 주제로 활동을 펼쳐보았다. 아이들과 함께 휴지심으로 매미 만들기 활동을 하면서 날개를 붙이고 또 어떻게 꾸며주면 좋을지 아이들과 생각을 나눴다. 아이들은 나무에 매미를 붙이고 싶다고 했다. 그래서 부직포로 나무를 만들어 벽면에 붙여주었다. 그리고 휴지심으로 만든 매미를 붙여주었다. 조금 허전해서 나무에 무엇을 더 붙여주면 좋을지 생각을 나누면서 '매미 밥을 붙여주자'는 의견이 나왔다.

매미는 어떤 밥을 먹는지 몰라서 매미 책을 찾아서 함께 살펴보았다. 매미는 빨대 모양 입을 나무에 꽂아서 나무의 진액을 먹고 산다고 나와 있었다. 아이들에게 설명해 주자 아이들은 휴지심으로 만든 매미에게 빨대 모양 입을 만들어 주자고 했다. 그래서 매미에게 입이 생겼다. 그리고 아이들은 장식용으로 만든 매미를 떼었다 붙였다 하며 가지고 놀고 싶어 했다. 그래서 휴지심 뒤쪽에 찍찍이를 붙여서 떼어서 가지고 놀이할 수 있도록 했다. 아이들은 자신이 만든 매미로 극놀이를 펼치며 놀이했다. 그러던 중 "선생님 매미는 왜 없어요?"라는 아이들의 질문에 선생님 매미도 만들어 보기로 했다. 키친타월 심으로 커다란 매미를 만들었더니 아이들이 '대왕매미'라 이름 붙여주고 선생님 역할놀이를 했다.

Tip 교사지원

- 매미를 붙일 수 있는 나무를 제공하고 떼었다 붙일 수 있도록 찍찍이를 붙여줌
- 매미 입을 만들기 위해 빨대를 제공함
- 선생님 매미를 만들어 함께 놀이할 수 있도록 함

매미 허물 찾기 놀이

매미 울음소리를 들으며 매미가 벗어놓고 간 허물이 보물찾기의 주인공이 되어 아이들의 관심을 한 몸에 받게 되었다. 징그러워서 만지지 못하던 아이들도 가까이서 탐색하며 "나무에 있었는데 왜 흙이 이렇게 많이 묻어 있어요?"라고 묻는다. 아이들의 질문은 학습에 좋은 소스가 되어 자연스럽게 매미의 한살이에 대한 이야기로 이어지게 됐다. 그리고 매미가 나왔던 구멍을 바닥 여기저기에서 찾아보며 매미의 흔적 찾기가 시작되었다. 그렇게 나무놀이터는 아이들이 스스로 배울 수 있는 학습터가 된다.

Tip 교사지원

▸ (일과의 변화: 놀이를 지원하기 위한 활동)
나무에 매달려 있는 매미 허물에 흙이 묻어 있는 것을 신기하게 생각한 아이들과 '매미의 한살이'에 대해 이야기 나눔

4. 아쿠아리움

교실을 아쿠아리움으로

여름 하면 바다, 바다 하면 물고기, 물고기 하면 아쿠아리움. 아이들과 여름에 대한 생각을 나누고 교실을 아쿠아리움으로 변신시켜 보기로 했다. 파란색 비닐을 이용해서 한쪽 벽면에 바다 느낌이 날 수 있도록 붙여주었다. 아이들은 바다 속 생물을 직접 그리고 오려서 붙였다. 그림 그리는 것을 어려워하는 친구들을 위해서 그림 도안을 제공해 주어 그림을 보고 그릴 수 있도록 했다.

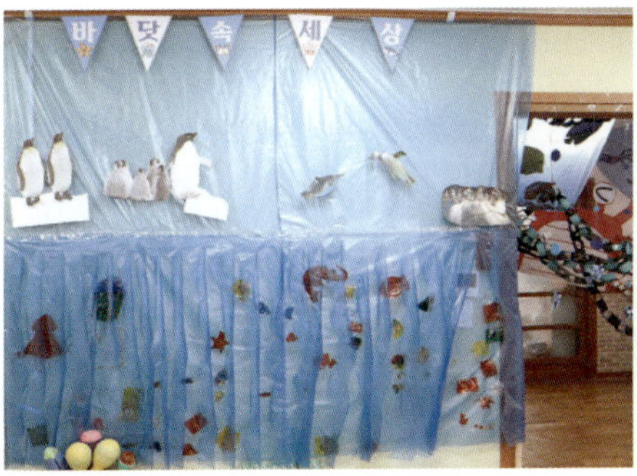

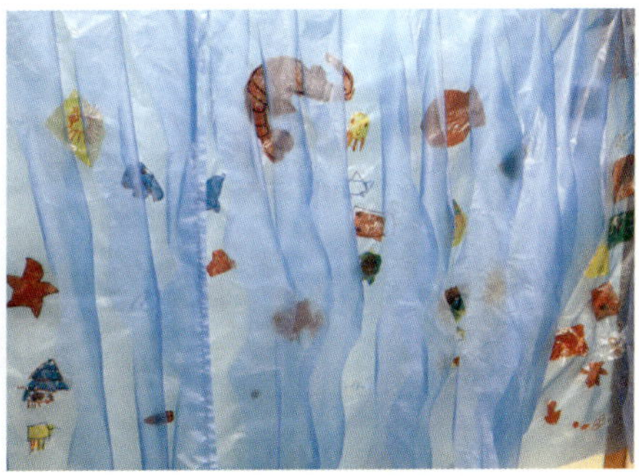

바다낚시

바다에 물고기를 많이 붙이자 아이들은 "낚시놀이하고 싶어요."라고 말한다. 그래서 교실 한쪽 바닥에 파란색 비닐을 이용해서 바다를 만들어 주자 아이들은 직접 그리고 오린 물고기를 던져 넣는다. 그리고 낚싯대로 물고기를 하나씩 잡아 올린다.

복도에도 아쿠아리움

아쿠아리움을 꾸미기 위해 아이들과 장소를 물색했다. 복도는 다른 연령과 함께 쓰는 공간이기에 복도에 무언가 꾸밀 생각은 이전에는 해보지 않았다. 개정 누리과정으로 바뀌면서 공간에 대한 생각이 바뀌게 되었고 그래서 이번에는 아이들과 복도에 아쿠아리움을 만들어 보자고 제안했다. 아이들도 교사와 같이 고정관념이 있었던 모양이다. “복도에 해도 돼요?”라는 대답이 제일 먼저 나왔다. 물을 표현하기 위한 재료로는 파란색 비닐이 제격인 것 같다. 파란색 비닐을 복도 천장에 고정하고 머리 위쪽으로 물고기들이 지나다니는 것을 표현해 보기로 했다. 아쿠아리움에 대한 경험이 있는 아이들이 상어, 가오리, 큰물고기 등의 이름을 말하면 그것을 프린트해 주었다. 프린트한 그림을 가위로 오려서 비닐 위에 올려주었다. 그리고 같은 연령의 한 반은 대왕 꽃게, 또 다른 반은 대왕오징어를 만들어 교실 입구에 붙여주었다. 아이들은 종이를 말아서 기다란 다리를 만들어 주었다. 이렇게 아쿠아리움이 완성되자 아이들은 복도를 지나다닐 때마다 바다생물의 이름을 말하며 천장을 올려다보았다. 같은 복도를 사용하는 동생이 지나갈 때마다 바다생물을 설명해 주었고 자신이 만들었다는 것을 자랑하였다.

Tip 교사지원

- 바다생물 그리기를 어려워하는 아이들을 위해 그림도안을 제공함
- 낚시놀이하고 싶다는 아이들의 제안에 따라 낚시터를 만들어 제공함
- 아쿠아리움에서 보았던 바다생물을 프린트해서 제공함

5. 냉장고

가득 냉장고

여름을 시원하게 보내는 방법에 대해 이야기를 나누면서 아이들은 “냉장고에서 아이스크림 꺼내 먹으면 돼요”라고 말한다. 한 명의 아이가 먹는 것에 대해 이야기하자 다른 친구들도 “우리 집에는 수박 있어요” “우리집에는 포도 있어요” 등 각자 집에 있는 음식을 하나씩 말하기 시작했다. 그렇게 아이들과 냉장고 속 음식에 대한 이야기를 하다가 “어린이집에도 냉장고 있으면 거기서 시원한 거 꺼내 먹으면 돼요”라고 말한다. 교실에 진짜 냉장고를 가져다 놓을 수는 없지만 아이들과 냉장고를 한 번 만들어 보자고 제안했다. 처음에는 A4 종이로 작은 냉장고를 만들며 놀이했다. 그런데 냉장고에 넣을 음식을 그리다 보니 잘 못 그리는 친구들이 있어서 그림을 프린트해서 제공해 주었다. 작은 냉장고에 들어갈 작은 그림을 제공해주니 가위로 오리는 것이 힘들었다. 아이들에게 큰 냉장고를 만들어서 다 같이 쓰자고 제안했다. 그래서 교실 한쪽 벽면에 종이로 큰 냉장고를 만들었다. 그리고 냉장고에 들어갈 그림도 크게 프린트해서 제공해 주었다. 그러자 많은 아이들이 가위놀이에 푹 빠져서 냉장고를 가득 채웠다. 냉장고 이름도 ‘가득 냉장고’가 되었다. 벽면에 있는 냉장고는 열고 닫을 수 있도록 만들었다. 아이들은 놀이하다가 시원한 것이 생각나면 냉장고 문을 열어서 아이스크림을 꺼내 먹는 흉내를 내었다.

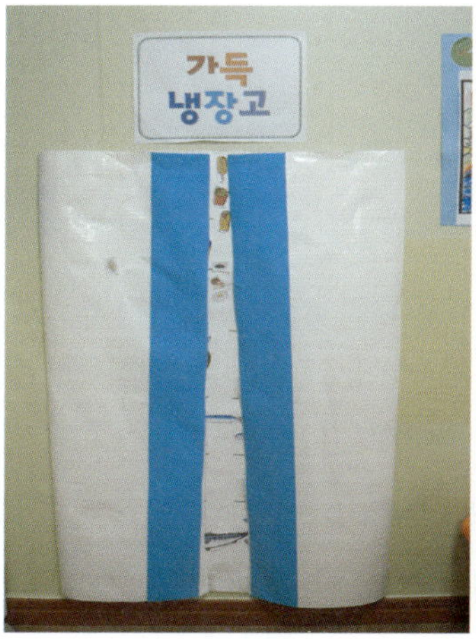

Tip 교사지원

- 냉장고 속 음식에 대한 이야기를 나누다가 냉장고를 만들 수 있도록 제공함
- 냉장고 속에 들어갈 음식 그림을 프린트해서 제공함
- 나만의 작은 냉장고에서 함께 사용하는 커다란 냉장고를 만들어 제공함

6. 얼음

얼음 징검다리

차가운 얼음에 대한 아이들의 반응은 얼굴에서부터 나타난다. 얼음 징검다리 놀이는 아이들의 오감을 자극하는 놀이로 무더운 여름의 열기를 식혀주는 재미있는 놀이다. 먼저 수건으로 징검다리 길을 만든 다음 2, 3개의 세숫대야에 각얼음을 넣고 수건 위에 놓는다. 아이들은 얼음이 담긴 대야에 발을 담그는 동시에 웃음이 섞인 소리를 지른다. 차갑다, 발이 얼어 버릴 것 같다, 시원하다, 따갑다 등 아이들의 다양한 반응이 나온다. 얼음 징검다리 놀이한 후에도 얼음은 다 녹지 않고 남아 있다. 아이들은 얼음을 가지고 놀이하고 싶어 한다. 교실이 물바다가 될 것이 염려가 되었지만 아이들과 약속을 나눈 후 얼음으로 놀이할 수 있도록 허용해주었다. 대야 앞에 앉아서 수건 하나씩을 무릎에 올리고 손이 빨개지고 얼음이 다 녹을 때까지 얼음을 탐색하며 놀이했다.

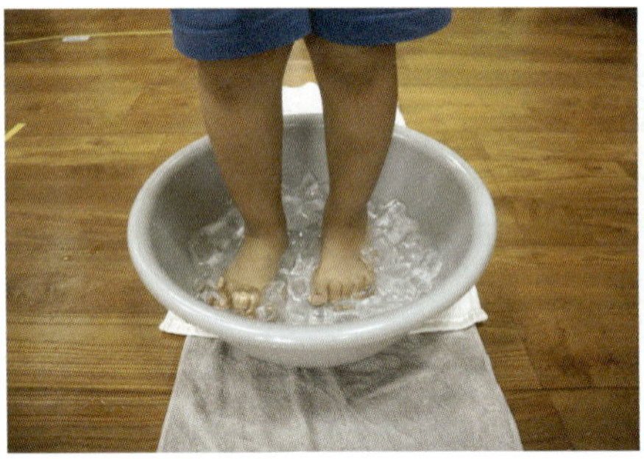

Tip 교사지원

- 얼음 징검다리 활동이 다 끝난 후에 바로 얼음을 정리하지 않고 아이들의 요구에 따라 얼음으로 놀이할 수 있도록 제공하고 아이들의 옷이 젖지 않도록 무릎에 수건을 하나씩 깔아줌

7. 낙엽

낙엽 길 만들기

가을이 되면 낙엽이 아이들의 놀잇감이 된다. "낙엽으로 뭘 하면 좋을까?"라는 질문에 아이들은 "낙엽으로 길 만들어요. TV에서 본 적 있어요."라고 말한다. 아이들과 낙엽 길을 만들어 걷다가 낙엽 길은 기차놀이로 이어져 가을 나들이 이야기로 넘어간다. 낙엽 하나로 아이들의 추억담이 꼬리에 꼬리를 문다.

Tip 교사지원

▸ (상호작용: 정서적 지원)
낙엽 길을 통해, 기차놀이, 가을 나들이 등 아이들이 경험을 이야기할 때 공감해 주며 함께 이야기 나눔

낙엽 그 색의 변화

낙엽으로 하트를 만들어 마음을 표현하기도 한다. 초록색이던 나뭇잎이 빨갛게 노랗게 갈색으로 물든 모습을 보며 '아름답다', '예쁘다'라는 단어를 직접 느끼며 감동을 배운다. 나뭇잎의 색이 얼마나 다양하게 변했는지 색상환을 표시해서 아이들과 색을 모아보았다. 한 개의 나뭇잎에 노란색과 빨간

색이 섞여 있는 경우 아이들이 더 신기해하며 나뭇잎이 점점 색이 변해간다는 것을 직접 눈으로 관찰할 수 있었다.

Tip 교사지원

▸ (일과의 변화: 놀이를 지원하기 위한 활동)
나뭇잎의 색이 얼마나 다양하게 변했는지 색상환을 따라 나뭇잎을 모아봄

교실에서도 낙엽 길 만들기

낙엽놀이는 교실에서도 이어졌다. 낙엽을 잔뜩 주워서 투명 시트지에 붙였다. 낙엽을 붙인 시트지를 길게 연결해서 낙엽 길을 완성했다. 아이들은 좁은 낙엽 길에 발을 앞뒤로 모아 걸어본다. 이렇게 교실에서도 가을을 느끼고 싶은 아이들의 바람은 낙엽 길을 걸으며 신체조절능력까지 기를 수 있는 일석이조의 놀이가 되었다.

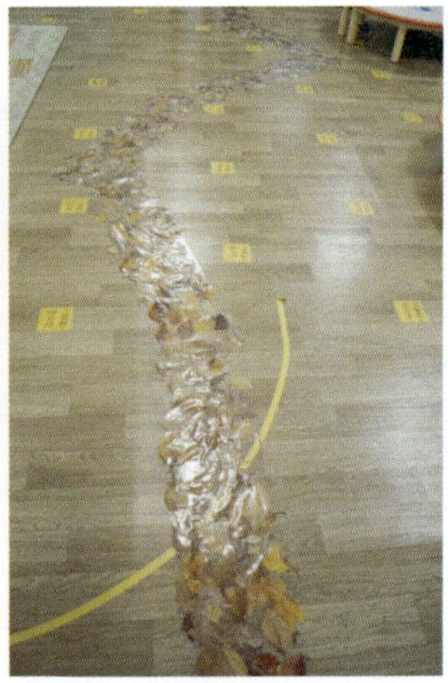

Tip 교사지원

▸ (일과의 변화: 놀이를 지원하기 위한 활동)
밖에서 낙엽으로 한참 놀이하던 아이들이 교실에서도 놀이하고 싶어해서 교실에서도 낙엽 길을 만들어 걸어봄

낙엽 이름표

"이거 가지고 가도 돼요?" "엄마한테 보여주고 싶어요."라고 말하며 나만의 낙엽을 갖고 싶은 아이들에게 낙엽 이름표 만들기를 제안했다. 아이들은 낙엽에 이름을 적고 그림을 그리고 낙엽으로 이름표를 만들어 가슴에 명찰처럼 달고 다녔다. 그리고 책상 자리에도 낙엽으로 이름표를 만들어 붙여주었다. 세상에 단 하나뿐인 나만의 낙엽 이름표가 되었다.

Tip 교사지원

▸ (일과의 변화: 놀이를 지원하기 위한 활동)
낙엽을 집에, 교실에 가져가고 싶은 아이들의 마음을 나만의 이름표 만들기 활동으로 연계함

8. 종이 눈과 눈사람

종이로 만든 눈과 눈사람

"우리 동네에도 눈이 왔으면 좋겠어요! 우리 동네에는 왜 눈이 안 와요?" 겨울이 되면 아이들의 로망이 '펄펄 눈이 옵니다'인데 눈이 거의 내리지 않자 아이들이 눈이 너무 보고 싶다고 했다. 진짜 눈을 만날 수는 없지만 교실을 하얗게 만들어 주면 좋을 것 같아서 아이들과 함께 종이로 눈을 만들어 보자고 제안했다. 교사가 종이에 가위집을 내어주면 아이들은 하나씩 말아서 테이프로 붙인다. 앞으로 한 번 뒤로 한 번 붙이는 거라 어려울 법도 한데 힘든 기색 없이 눈 결정체를 뚝딱 만들어 낸다. 눈 결정체를 만든 후에는 종이로 부채접기를 해서 눈사람도 만들어 보았다. 비록 종이로 만든 눈과 눈사람이었지만 겨울을 느낄 수 있어서 아이들이 무척 좋아했다.

Tip 교사지원

▸ (상호작용: 함께 놀이하며 제안하기)
눈이 보고 싶다고 하는 아이들과 함께 종이로 눈 결정체와 눈사람을 만들어 봄

9. 모닥불

모닥불

교실에서 음식 만들기 놀이를 하면서 아이들은 "진짜 나뭇가지로 가짜 불 피우고 싶어요."라고 말했다. 캠핑장에서 나뭇가지로 불 피워 고기를 구워 먹었던 경험을 이야기하면서 아이들은 나뭇가지를 교실에 가지고 와서 놀이하고 싶어 했다. 아이들의 의견을 반영해서 나뭇가지를 주우러 나갔다. 나뭇가지를 가지고 와서 불 그림 위에 나뭇가지를 올려놓고 그 위에 클레이로 만든 음식을 구우며 요리하는 흉내를 내었다.

Tip 교사지원

▸ (자료의 변화: 유아가 발견한 자료 지원)
진짜 나뭇가지로 가짜 불을 피우고 싶다는 아이들의 의견을 반영해서 나뭇가지를 교실에 가져와서 놀이할 수 있도록 지원함

MEMO

CHAPTER

11 흥미놀이

창의적인 아이로 성장하는 비결!

흥미놀이에 푹 빠진 아이들의 놀이 속에 답이 있다.

매일 같은 놀이를 하는 것 같지만 매일 새로운 놀이!

그 속에 문제해결력, 협동심, 창의력뿐 아니라 자존감까지 높아지는 비결이 다 있다.

1. 변신 상자	새로운 의미를 계속 부여하면서 바나나 상자 하나로 다양한 놀이를 펼쳐냄
2. 자동차 길	계속되는 놀이를 통해 자동차 경사면이 다양해짐
3. 재활용품 만들기	상자를 이용한 인형집 만들기에서 직접 들어가서 놀이하는 공간까지 만들어 냄
4. 종이접기	종이접기로 놀잇감을 만들어 설정한 목표를 이루고 성취감을 맛보는 놀이를 함

놀이 속 아이들의 흥미를 반영하여 놀이를 지원했더니 더 풍성한 놀이가 펼쳐졌다. 흥미놀이는 그 어느 놀이보다도 놀이의 지속력이 길다. 1년 내내 한 가지 놀이를 하기도 한다. 한 가지 놀이인 것처럼 보이지만 자세히 살펴보면 놀이가 확장의 확장을 거듭하면서 창의적인 놀이로 이어지고 있다. 흥미놀이 속에는 아이들의 창의성을 더 많이 엿볼 수 있게 된다. '어떻게 이런

생각을 할 수 있었을까?' 할 정도로 놀이 속 아이들은 창의적인 세상에 푹 빠져 있다. 그래서 교육과정에서 놀이 중심이 더 강조되었다는 것을 느끼게 되는 순간이기도 하다. 아이들의 상상력은 틀에 박혀있지 않다. 무궁무진한 상상의 세계를 펼쳐낼 때 그래서 교사의 놀이지원이 더 필요하다.

1. 변신 상자

재활용품 상자를 활용하면서 아이들은 자신만의 놀이를 만들어 내었고 '나만의 놀이'는 친구에게 같이 놀자고 제안하거나 친구로부터 제안 받아 '우리들의 놀이'가 되었다. 재활용품 상자는 새로운 의미를 계속해서 창출하는 변신하는 놀잇감이 되었고 다양한 놀이로 표현되었다. 이것은 박종미(2021)의 '생활용품을 활용한 놀이에 참여한 유아의 경험과 그 의미'의 연구에서도 잘 나타나고 있다. 바나나 상자 하나로 아이들은 다양한 놀이를 지속하였고 놀이에 몰입하는 모습을 볼 수 있었다.

궁금이 상자의 변신

박스 중에 1등급은 바나나 상자일 것이다. 바나나 상자는 여느 상자보다도 군더더기가 없고 튼튼하다. 궁금이 상자를 만들기 위해서 바나나 상자를 교실로 가져왔다. "이거 뭐예요?", "이걸로 뭐 할 거예요?" 교실에 새롭게 등장한 바나나 상자에 아이들의 관심이 쏟아졌다. 궁금이 상자로 시작된 상자는 아이들의 새로운 놀잇감으로 변신하고 있었다.

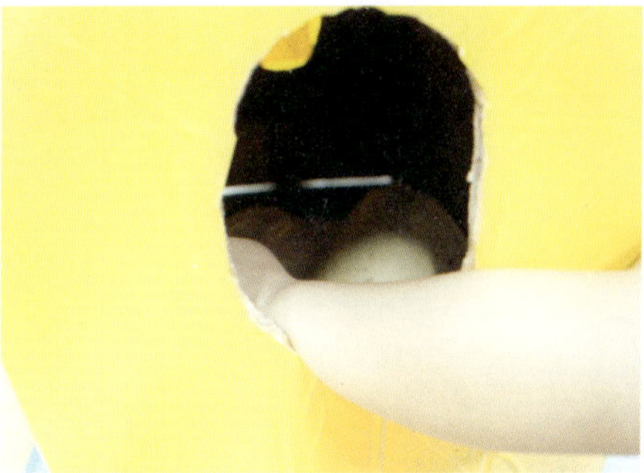

내가 궁금이

바나나 상자에는 어느새 아이들이 '궁금이'가 되어 들어가 있었다. 좁은 공간에 꼭꼭 숨는 것이 답답할 법도 한데 그 속에서 아이들의 키득거리는 소리가 절로 난다. 처음에는 상자에 시트지를 붙여서 제공했는데 구멍이 있는 바나나 상자를 그대로 제공해 주면 좀 덜 답답할 것 같아서 바나나 상자를 그대로 제공해 주었다. 그러자 바나나 상자 여기저기에 나 있는 구멍들로 더 재미있는 호기심 세상들이 펼쳐졌다.

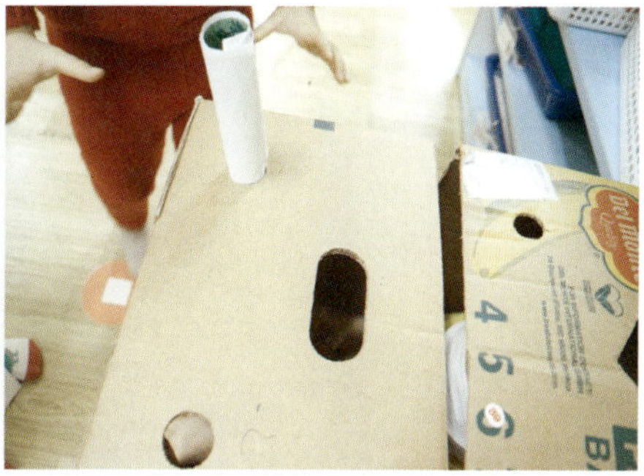

어느 날 바나나 상자 속에 궁금이가 된 친구가 아무런 움직임도 아무런 대답도 없자 아이들은 상자를 흔들며 친구의 안부를 살폈다. "여기 누구 있어요?"라고 선생님께 묻기도 하고 "똑똑, 누구십니까?" 노래를 부르며 친구의 대답을 유도하기도 했다. 그리고 열심히 그림편지를 써서 구멍 속에 쏙~ 넣어서 소식을 전하기도 했다. 친구가 편지를 받고 앞으로 다시 내보내자 아이들은 박장대소를 하며 즐거워했다.

Tip 교사지원

- (자료의 변화: 유아가 발견한 자료 지원)
  바나나 상자의 구멍을 활용하는 아이들을 위해 상자에 시트지를 붙이지 않고 구멍이 있는 그대로 제공함

상자에서 책 보기

바나나 상자는 또한 아이들의 독서공간이 되기도 했다. 상자에 지붕을 만들어 "여기는 유모차예요"라고 말하며 함께 책을 읽기도 했다. 물론 글쓰기 공간으로 변신하기도 했다. 책상이 있는데도 아이들은 굳이 그 좁은 곳에서 글쓰기를 하는 아이들의 마음이 궁금해졌다. "여기가 좋아요." "여기가 재밌어요."라고 말하는 아이들의 대답은 단순했다.

Tip 교사지원

▸ (상호작용: 함께 놀이하며 질문하기)
좁은 바나나 상자 속에서 글쓰기를 하는 아이들의 마음을 읽어줌

또르르 게임장

바나나 상자는 게임장으로 변신하기도 했다. “쓰리 투 원” 외침과 동시에 공을 넣는다. 그러면 누구의 공이 먼저 아래로 내려가는지 시합을 한다. 서서 시작했던 놀이는 공을 따라 아이들의 몸도 점점 내려갔다. 상자 구멍을 통해 데굴데굴 굴러오는 공을 보기 위해서 아이들의 눈은 아래에서 상자를 올려다보고 있었다. 공이 아래통까지 내려오면 대한독립 만세를 외치듯 환호하며 발바닥이 천장까지 닿을 듯 뛰며 즐거워한다.

역할놀이 상자

바나나 상자는 화장대로 변신하기도 하고 인형을 전시해서 인형가게 놀이를 하기도 한다. 인형가게 놀이를 하는데 인형이 몇 개 없어서 교재실에 있는 봉재 인형을 좀 더 가져와서 아이들에게 제공해 주었다.

Tip 교사지원

▸ (자료의 변화: 유아가 발견한 자료 지원)
바나나 상자를 세워 인형을 전시하고 가게 놀이를 하는데 인형이 많이 없어서 봉제인형을 좀 더 가져다가 제공함

기차로 변신한 상자

바나나 상자는 또 기차로 변신하기도 하고 걷기를 위한 보조 수단으로 변신하기도 한다. 상자를 길게 줄 세우곤 그 속에 들어가서 한 명이 "출발!" 외친다. 그러면 아이들은 가만히 앉아 있다가 "도착했습니다."라는 소리에 일제히 "기사 선생님 감사합니다."라고 외친다. 아침마다 통학버스를 타고 오는 아이들의 일상이 묻어난 놀이였다.

Tip 교사지원

▸ (상호작용: 관찰하기)
등원차량에서의 일상이 놀이로 나타나는 장면을 관찰하며 아이들이 어떻게 놀이하는지 관찰함

상자로 걷기

"선생님, 나 다리가 아파서 이렇게 걸어야 해요"라고 말하며 바나나 상자를 양손으로 세워 잡고 그 속에 발을 넣고 걷는다. 그렇게 교실을 두 바퀴 돌고 "선생님, 나 땀나요"라고 말한다. 운동 효과가 엄청 났던 모양이다. 혼

자놀이하다가 친구와 함께 바나나 상자 걷기를 한다. 그렇게 바나나 상자는 수명을 다했다. 이제 교사가 해야 할 일은 간식으로 바나나가 나오는 날이면 조리실로 달려가서 "냠냠 선생님, 바나나 상자 버리지 마시고 저희 반 주세요."라고 말하며 새로운 바나나 상자를 모아오는 일이다. 상자가 변신할 때마다 그 모습을 지켜보고 함께 웃어주고 상자의 수명이 다할 때 새로운 상자로 바꿔 주는 것이 교사의 놀이지원이다.

Tip 교사지원

- (일과의 변화: 놀이를 지원하기 위한 활동)
  바나나 상자 걷기 시합을 제안하고 친구들과 함께 빨기 걸어서 반환점 돌아오기 시합을 함
- (자료의 변화: 교사가 계획한 자료 지원)
  바나나 상자를 계속 가지고 놀이하다 보니 찢어져서 버리고 새로운 상자로 교체하여 줌

2. 자동차 길

경사면을 어떻게 하면 자동차가 더 빨리 달리는지, 어떻게 하면 무너지지 않게 자동차 길을 만들 수 있는지 서로 협력하며 심혈을 기울여 길을 만든다. 실패를 거듭하고 다시 만들기를 반복하며 문제를 해결해 나간다. 이렇게 놀이를 통해 문제해결력, 협동심을 기르게 된다.

자동차 경사면 놀이 발현

바닥에서 자동차를 가지고 놀이하던 아이들이 화이트보드 판으로 자동차 경사 길을 만들어 놀이하였다. 보드 판이 짧아서 자동차는 쌩~ 가다가 금세 떨어지고 만다. 그래도 아이들은 자동차가 순간 쌩~ 달리는 것에 흥미를 느끼며 놀이를 즐긴다. 종이블록으로 지지대를 만들어 놀이하다 보니 지지대가 자주 무너졌다. 아이들의 놀이를 보면서 교사는 '아이들에게 자동차 길을 제공해 주어야겠다'라고 생각했다. 교실을 둘러보니 우드락 판이 있었다. 우드락 판을 아이들에게 제공해 주자 아이들은 우드락 판을 기울여 자동차를 굴리기 시작했다. 그 놀이를 보고 다른 놀이를 하던 친구들도 몰려들어 함께 놀이하길 원했다.

우드락 판 경사면

많은 아이들이 놀이하기에는 우드락 판이 모자랐다. 그래서 교사는 우드락 판을 더 많이 제공해 주었다. 아이들은 많아진 우드락 판으로 서로 다양한 모양의 자동차 길을 만들기 시작했다. 자동차 길은 책상을 비롯해 교구장에 연결해서 만들어졌다. 자동차가 내려가면서 떨어질 때를 대비해서 막음 장치까지 해두었다. 종이블록을 이용하기도 하고 바구니를 이용하기도 했다. 자동차 길이 무너지지 않도록 길을 지지하기 위한 지지대도 설치되었다. 그렇게 자동차 놀이가 한참 진행되었는데 우드락으로 만든 자동차 길의 수명이 그리 길지 않았다. 놀이하다 보니 우드락이 금세 부서지고 마모되었다.

Tip 교사지원

▸ (자료의 변화: 교사가 계획한 자료 제공)
자동차 경사면을 만들어 놀이하던 아이들에게 더 많은 경사면을 제공해 주었음

좀 더 견고한 검은색 자동차 길

그래서 좀 더 업그레이드 된 자동차 길을 제공해 주었다. 검은색 우드락에 노란색 전기테이프를 중앙에 붙이고 그 위에 다시 시트지를 덧붙였다. 우드락을 쭉 연결해서 붙이지 않고 두 개씩 연결하고 보관할 때는 반으로 접어서 보관할 수 있도록 했다. 새로운 자동차 길을 아이들은 무척 환영했다. 처음보다 더 많아진 자동차 길을 제공하자 놀이도 좀 더 업그레이드 되는 것 같았다. 최장 자동차 길을 만들어 놀이하기도 하고 자동차 길에 터널을 만들어 놀이하기도 했다. 최장 자동차 길을 만들 때는 교구장, 책상, 종이블록을 총동원해서 길을 만들기도 하고 교구장과 의자, 박스를 이용해서 자동차 길을 연결하기도 했다.

Tip 교사지원

▸ (자료의 변화: 교사가 계획한 자료 제공)
우드락이 잘 부러지고 파이는 단점을 보완해서 우드락에 시트지를 붙였고 이번에는 자동차 도로와 같은 검은색을 선택해서 자동차 길을 다시 만들어 제공함

책상과 책상을 연결하는 다리

자동차 길은 점점 진화하여 책상과 책상 사이를 지나는 길도 만들게 되었다. 책상 사이에 블록이 공중부양하고 있는 모습을 보고 너무 놀랐다. "하늘을 나는 종이블록 같아! 어떻게 이렇게 만들었어?"라는 호기심 어린 선생님의 질문에 아이들은 환호하면서 그 비밀을 알려주었다. 기다란 시트지를 책상 사이에 먼저 붙이고 그 위에 종이블록을 조심스럽게 올려놓은 것이다. 그 기발함에 깜짝 놀라지 않을 수 없었다.

Tip 교사지원

▸ (상호작용: 정서적 지원하기)
기발한 아이디어로 자동차 길을 만든 유아를 칭찬함

다양한 소품으로 다리 만들기

책상과 책상 사이 길은 점점 더 다양해졌다. 이번에는 바구니가 등장했다. 우드락 판 길 위에 바구니를 뒤집어 놓고 그 위에 다시 종이블록을 올려놓고 자동차 길을 만들었다. 경사면처럼 손에서 놓으면 자동차가 저절로 굴러가지는 않지만 긴 길을 만들어 자동차를 움직이면서 놀이하였다.

Tip 교사지원

▸ (자료의 변화: 유아가 결정한 자료 활용 방법지지)
교구 바구니를 활용하여 자동차 길을 만들 때 이를 허용하며 교구를 정리하는 바구니 외에 다른 바구니를 제공함

그리고 재활용품으로 만든 다양한 자동차도 등장하게 되었다.

자동차 경주

자동차 길은 시합의 장이 되기도 한다. 누가 더 멀리 가는 길을 만드는지 내기를 하고 길을 만들기 시작한다. “좀 더 높은 길이 더 멀리 갈까?” “낮지만 길쭉하게 만든 길이 더 멀리 갈까?” 교사의 질문에 아이들은 각자의 생각을 실제 구조물로 펼쳐내며 그 답을 얻어갔다. 그 결과 아이들은 더 높은 길을 만들기 위해서 교실에 있는 물건을 총동원했다. 어떤 친구들은 와플블록으로 탑을 쌓아 점프스키 다이빙대와 비슷한 자동차 길을 선보이며 시합에 임했다. 시합을 하면서 아이들을 실망하게 만드는 것은 추락이었다. 자동차는 잘 가다가 곧게 뻗어 가지 않고 볼링공이 고랑으로 빠지듯이 자동차 길 옆으로 떨어졌다. 아이들의 시합은 그렇게 중도 탈락되는 자동차가 많아지는 시합이 되기도 했다. 그래도 아이들은 친구들과 힘을 모아 만든 자동차 길을 보며 만족해한다. 추락하지 않는 자동차 길을 만들기 위해서 아이들과 생각을 나누었다. 아이들은 “옆을 막아야 돼요”라고 말했다. 그래서 아이들과 종이를 붙여서 가드를 만들었다. 놀이를 하다 보면 실패를 경험하게 되고 왜 실패했는지 원인을 찾아서 해결해 봄으로써 문제해결력을 기를 수 있으며 성취감을 맛볼 수 있다.

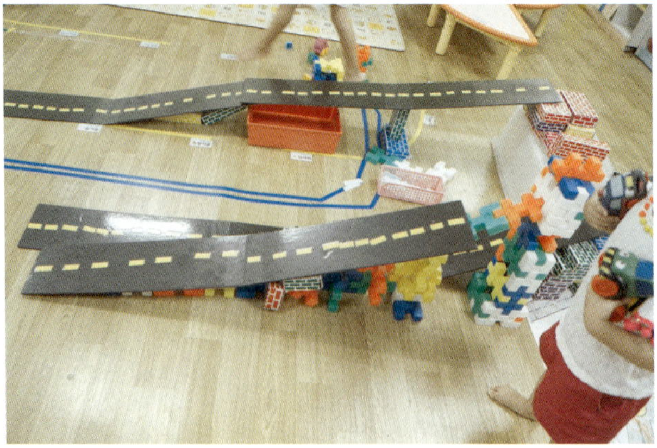

Tip 교사지원

▸ (상호작용: 함께 놀이하며 질문하기)

시합하기에 앞서 어떻게 하면 자동차가 더 멀리 갈 수 있는지 질문을 생각해 보는 시간을 가짐

▸ (자료의 변화: 유아가 발견한 자료 지원)

경사도를 높이자 자동차가 옆으로 떨어지는 경우가 많아서 아이들과 생각을 나누고 종이로 자동차 길에 가드를 만듦

3. 재활용품 만들기

종이에 사람을 그려 색칠하고 오려서 그것으로 인형놀이를 시작하는 아이들이 있다. 자신이 그린 그림이 살아 움직이는 것처럼 재밌게 놀이한다. 자신의 경험을 바탕으로 즐거웠던 경험, 힘들었던 경험, 슬펐던 경험들이 인형을 통해 펼쳐진다. 이렇게 시작된 극놀이로 아이들의 마음은 위로를 받고 공감을 받으며 마음이 성장하게 된다. 이 아이들에게 어떤 놀이지원을 해주면 친구들과 더 많은 상호작용이 이루어지고 정서발달이 이루어질 수 있을까 고민하게 되었다. 더 재밌는 인형놀이를 위해서 재활용품으로 집을 만들어 보자고 제안하였고 아이들은 자신만의 인형 집을 만들기 시작했다. 그렇게 시작된 집 만들기는 다른 친구들에게도 호기심 어린 놀이가 되었고 남녀를 가리지 않고 집 만들기 열풍을 일으켰다. 만들기를 통해서 아이들은 건축가가 되기도 하고 인테리어 디자이너가 되기도 했다.

인형집 만들기

아이들의 인형집은 처음에는 아주 단순했다. 작은 상자에 종이로 지붕을 덮어서 만드는 정도였다. 시간이 지날수록 아이들의 생각과 힘이 모아지자 점점 아기자기한 소품들이 있는 집이 만들어지기 시작했다. 종이를 접어서 침대도 만들고, 목욕탕, 목욕탕으로 가는 계단, 식판에 맛있는 음식, 가지런히 벗어놓은 신발까지 경험에서 비롯된 구성물들로 인형집이 완성되었다.

Tip 교사지원

▸ (자료의 변화: 유아가 결정한 자료 활용 방법지지)
상자를 잘라서 열린 입구를 만들고 종이를 접어서 계단을 만드는 등 인형집을 만들 때 필요한 다양한 재료를 제공해 주고 활용하는 것을 격려함

마트와 놀이터 만들기

인형이 사는 집이 있으면 생활공간도 필요하다며 "선생님, 나는 주말에 엄마랑 같이 마트에 갔다 왔어요"라고 말하며 종이상자로 마트를 만든다. 그리고 주말에 놀이터에서 놀았다며 우드락과 목공용 본드를 이용해서 철봉과 미끄럼틀이 있는 놀이터도 만들었다. 아이들의 주말에 지낸 이야기가 만들기로 이어졌다. 우드락을 붙일 때 처음에는 테이프로 붙였는데 고정하는 부분에 어려움이 있었다. 그래서 목공용 본드를 제공해 주었더니 좀 더 견고하게 놀이터를 만들 수 있었다.

Tip 교사지원

▸ (자료의 변화: 유아가 발견한 자료 지원)
우드락을 좀 더 단단하게 고정하고 싶다는 유아의 제안으로 목공용 본드를 제공해 주었음

초등학교 만들기

초등학교 입학을 앞둔 만 5세 반 아이들은 재활용품을 활용해서 초등학교 만들기를 했다. 남자아이는 "나는 초등학교 선생님이 남자였으면 좋겠어요." "나는 내가 여자라서 선생님도 여자였으면 좋겠어요."라고 말하며 아이들이 곧 가게 될 학교의 교실과 운동장도 만들어 인형놀이를 한다. 넓은 운동장에서 축구를 하고 싶다고 하는 아이들은 종이 인형을 만들어 이미 운동장에서 뛰어 놀고 있다. 초등학교 만들기를 통해 아이들은 초등학교에 대한 두려움보다는 설렘이 가득한 모습을 엿볼 수 있었다.

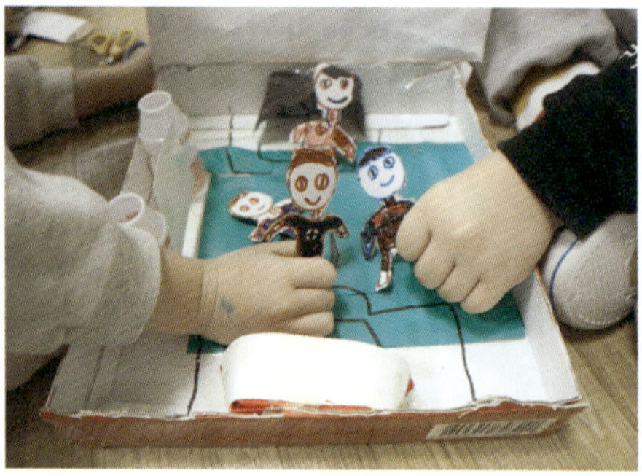

Tip 교사지원

▸ (자료의 변화: 유아가 발견한 자료 지원)
초등학교에 관심을 보이는 아이들에게 초등학교 교실, 운동장의 모습이 담긴 사진을 제공함

사슴벌레 놀이터 만들기

곤충 애호가 친구가 어느 날 사슴벌레를 가지고 왔다. 몇 날 며칠을 사슴벌레와 함께 등원하면서 아이들은 사슴벌레 '넓적이'의 놀이터를 만들어 주자고 했다. 아이들은 힘을 모아 재활용품으로 넓적이의 전용 놀이터를 만들었고 넓적이가 놀이터에서 놀이하는 모습을 관찰하면서 뿌듯해했다.

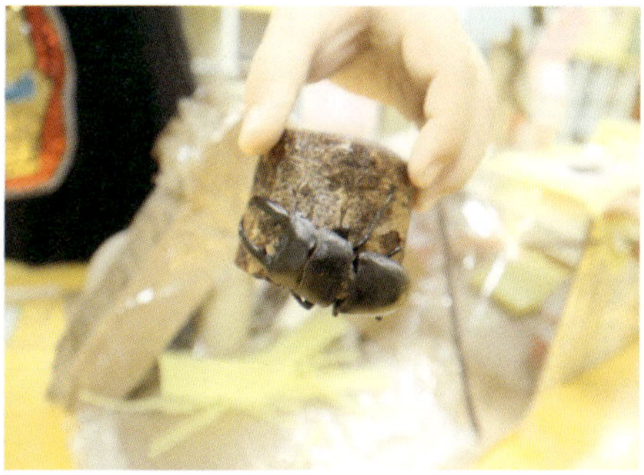

Tip 교사지원

▸ (자료의 변화: 유아가 결정한 자료 활용 방법지지)
사슴벌레를 사육통에서 꺼내서 가지고 놀이할 수 있도록 허용함

예수님이 태어나신 구유 만들기

고난주간에는 십자가에 못 박히신 예수님의 형상을 만들고 크리스마스가 되어서는 예수님이 태어나신 마구간을 만들어 기념하기도 했다.

그리고 우드블록으로 커다란 마구간과 구유를 만들고 종이블록으로 동방박사가 타고 온 낙타를 만들어 아기 예수님의 탄생을 축하하며 아이들도 들어갈 수 있는 커다란 마굿간을 만들어 경배하는 놀이로 이어졌다.

Tip 교사지원

▶ (상호작용: 놀이 참여하기)
아이들이 만든 마구간에 들어가서 예수님의 탄생을 축하하는 노래를 함께 부름

인형집은 교구를 활용해 만들기도 하고 우유 뚜껑이 인형으로 변신하기도 했다. 아이들의 흥미놀이가 계속 이어지면서 다양한 모습으로 확장되는 모습을 볼 수 있었다.

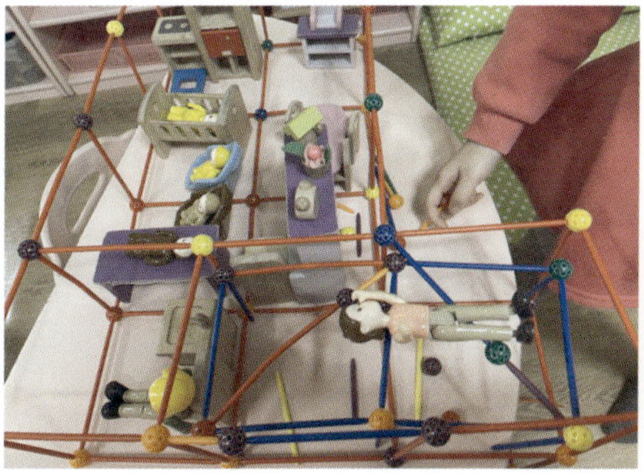

텐트 만들기

아이들의 만들기는 인형집을 넘어서 자신들이 머무르는 공간을 만들기 시작했다. 인형이 들어가는 공간에 비하면 대형 공사였다. 친구들끼리 힘을 합치지 않으면 줄을 잡아주고 천으로 지붕을 올릴 수 없었다. 아이들은 서로 더 좋은 생각을 나누며 교실 여기저기에 줄을 치고 그 위에 천을 덮어 텐트를 만들어 그곳에서 놀이를 했다. "선생님, 천이 모자라요. 여기에 구멍이 생겼어요." 아이들의 텐트를 위해서 교사는 원에 있는 천이라는 천은 모두 구해 와서 아이들에게 제공해 주었다. 대형공사를 마친 아이들은 직접 만든 텐트를 보며 뿌듯해했고 텐트는 아이들의 아지트가 되어 아늑한 공간에서의 소꿉놀이가 시작되었다. 아이들은 텐트 만들기를 통해 협동심을 기를 수 있게 되었고 다른 친구의 생각을 존중하는 것을 배워나갔다.

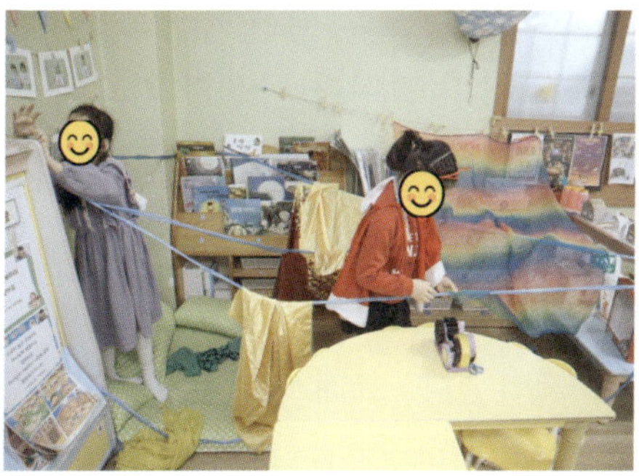

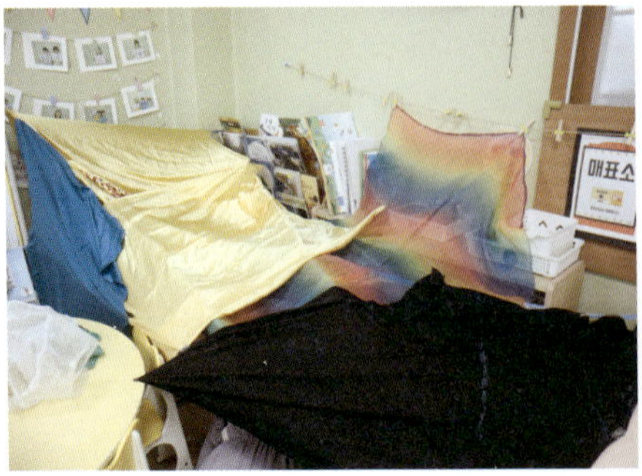

Tip 교사지원

- (자료의 변화: 유아가 발견한 자료 지원)
  텐트를 만들기 위해 필요한 끈과 천을 제공함
- (상호작용: 함께 놀이하며 제안하기)
  줄을 연결할 위치를 찾을 때 적당한 위치를 제안함

미끄럼틀 만들기

텐트를 만들고 놀던 아이들은 이번에 "선생님, 교실에서도 미끄럼 타고 싶어요"라고 말한다. "교실에서 어떻게 미끄럼을 타지?"라는 물음을 던지자 아이들은 "우리가 만들면 되죠!"라고 말한다. 인형집을 만들었던 경험과 대형 텐트를 만들었던 노하우를 바탕으로 아이들은 또 한 번의 커다란 프로젝트를 시작했다. 높은 책상과 피아노 의자, 그리고 낮은 책상, 쿠션 등을 이용해서 높낮이를 조절하고 그 위에 커다란 종이상자를 펼쳐서 올려놓았다. 제일 아랫부분에는 미끄럼을 타고 내려왔을 때 엉덩이가 아프지 않도록 스티로폼 박스를 놓았다. 아이들의 아이디어를 모아 드디어 미끄럼틀을 완성했다. 첫 번째 친구가 출발한다. 그런데 "그냥 타니까 미끄럼이 잘 안 내려가요! 미끄러운 게 있어야겠어요."라고 말한다. 미끄러운 게 뭐가 있을까 고민한 끝에 아이들에게 천을 깔아 보자고 제안했다. 그래서 텐트를 만들 때 사용했던 천을 박스 위에 깔아주었다. 다시 출발!! 생각보다 잘 미끄러져 내려간다. 이렇게 놀이를 통해 문제를 해결할 수 있는 능력을 기르게 되었고 직접 만든 미끄럼틀이라 더 재밌게 놀이할 수 있었다. 아이들의 생각과 힘을 모으면 교실에서 못하는 놀이가 없다는 것을 증명하는 시간이 되었던 것 같다.

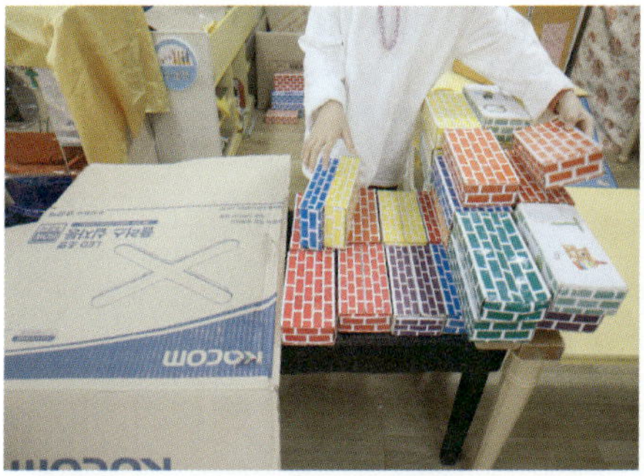

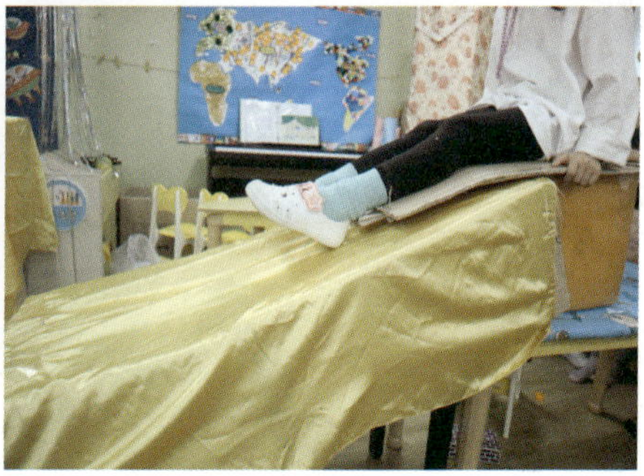

Tip 교사지원

- ▶ (자료의 변화: 유아가 결정한 자료 활용 방법지지)
  미끄럼틀의 높이를 조절하기 위해 다양한 구성물을 사용할 때 허용하며 지지함
- ▶ (상호작용: 함께 놀이하며 제안하기)
  박스만 깔아둘 때 잘 미끄러지지 않자 천을 깔아서 미끄럼을 탈 수 있도록 천을 제공함

자동차 만들기

박스를 이용해서 자동차 만들기도 했다. 직접 들어가 탈 수 있는 자동차를 만들었다. 아이들은 자동차 바퀴를 만들면서 교실에 있는 교구를 활용해서 붙여도 되냐고 물었다. 아이들의 제안에 박스에 바퀴를 달아보자고 했더니 박스에 구멍을 내고 바퀴를 연결했다. 바퀴가 움직이자 아이들이 더 좋아했다. 역시나 고정된 바퀴보다는 움직이는 바퀴에 큰 관심을 보였고 더 재밌어 하는 모습이 보였다. 자동차에 있는 라이트는 재활용품을 이용해서 만들었고 라이트의 불빛이 노란색이라며 매직으로 색칠까지 했다. 친구의 자동차를 보고 각자 1인용 자동차를 만들기 시작했다. 점점 더 섬세하게 만들어졌고 수레까지 달리게 되었다.

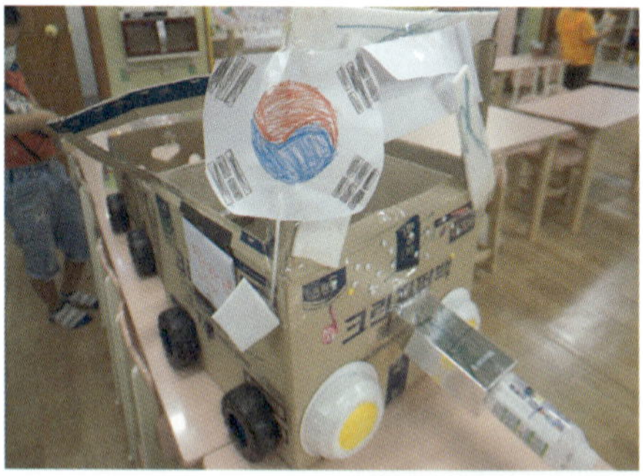

Tip 교사지원

▸ (자료의 변화: 유아가 결정한 자료 활용 방법지지)
블록을 만들기에 활용하고 싶다는 유아의 제안을 수용하고 허용해 주었음

4. 종이접기

아이들은 놀이 속에 목표를 정하고 그것을 이루기 위해서 탐구하고 신체를 조절하며 실패와 성공의 경험을 반복하면서 목표를 이룬다. 설정한 목표를 이룰 때 아이들은 환호하며 성취감을 맛보게 된다. 놀이 속에서 스스로 할 수 있는 일이 무엇이며 스스로 정한 목표를 이루기 위해 어떤 노력을 해야 하는지 생각하게 된다. 이러한 과정을 통해 아이들은 성취감을 맛보게 되고 성취감을 맛본 아이들은 새로운 도전을 할 수 있는 도전의식과 용기를 얻게 되며 자존감까지 높아지게 된다. 종이비행기와 종이개구리를 접어서 놀이하면서 아이들은 목표를 정하고 목표를 달성하며 성취감을 맛보고 다시 도전하는 것을 볼 수 있었다.

물론 아이들은 놀이 속에서 이러한 과정들을 생각하며 놀이하는 것은 아니다. 하지만 놀이를 하는 아이들을 깊이 있게 관찰하고 성장하는 과정을 지켜보는 교사는 놀이가 아이들의 성장과정에 얼마나 많은 영향을 끼친다는 것을 안다. 그래서 교사의 역할이 중요하다. 놀이 속에서 성취감을 맛보게 하기 위해 교사는 무엇을 관찰하며 어떻게 지원했는지 살펴볼 수 있다.

1) 종이비행기

잘 나는 비행기

"형아가 비행기 접는 거 가르쳐줬어요."라고 말하며 종이비행기 접기가 시작되었다. 잡지로 가득 채워져 있던 바구니는 어느새 텅텅 비게 되었다. 이전 같으면 "하나만 접어서 날리자", "이렇게 많이 접어서 버리면 아깝잖아", "선생님이 잘 날 수 있게 다시 접어줄게"라고 말했을 것이다. 하지만 교사가 텅 비어 가는 바구니를 계속 채우며 계속 접을 수 있도록 허용해 주었을 때 아이들은 접고 또 접으며 '잘 나는 비행기'를 만들기 위한 아이들의 장인 정신을 보여 주었다. 앞부분을 뾰족하게 접으면 잘 날까? 날개를 길게 하면 잘 날까? 크게 만들면 잘 날까? 텅 비어가는 바구니는 아이들의 고민의 결과이기도 했다. 큰 비행기를 만들기 위해서 자료실에 있는 벽지를 제공해서 함께 만들어 보기도 했다. 결과는 실패! 너무 무거워서 잘 날지 못했고 그래서 커다란 비행기는 비행장을 알리는 장식품이 되었다. 여러 번의 실패를 반복하며 드디어 잘 나는 비행기를 만들게 되었고 아이들의 비행기는 교실 여기저기를 날아다니기 시작했다.

Tip 교사지원

- (자료의 변화: 유아가 결정한 자료 활용 방법지지)
  잘 나는 종이비행기를 만들기 위해 여러 개의 종이비행기를 접을 때 허용하며 더 많은 종이를 제공함

종이비행기 비행장

하지만 다른 놀이를 하는 친구들에게는 맞아서 아픈 비행기가 되었다. 이것 또한 이전 같으면 "친구들한테 방해가 되니깐 이제 비행기는 밖에 나가서 날리는 걸로 하자"라고 말하고 교실에서는 비행기를 날리지 않았을 것이다. 하지만 아이들의 놀이를 지속하기 위해 어떻게 하면 친구들에게 방해가 되지 않고 비행기를 날릴 수 있을지 고민하게 되었고 아이들과 함께 어떻게 하면 좋을지 생각을 나누었다. 친구들이 없는 쪽으로 날리기, 살살 날리기, 복도에서 날리기 등 다양한 의견이 나왔다. 그래서 교실 한쪽에 종이비행기를 날릴 수 있는 비행장을 만들어 주었다.

Tip 교사지원

▸ (공간의 변화: 교실 내 공간 재구성)
다른 놀이를 하는 친구들에게 방해가 되지 않고 종이비행기 놀이를 지속할 수 있도록 공간을 재구성함

조준 발사

한참을 놀이하던 아이들은 화장실 문을 열고 화장실 문 위로 비행기를 날리며 "성공"을 외쳤다. '화장실 문'이라는 목표물이 생긴 것이다. 아이들의 놀이를 관찰하다 '아이들에게 목표물을 주면 좋겠다.'라고 생각하고 교사는 훌라후프로 비행기 골대를 만들어 비행기를 날려 넣어볼 수 있도록 했다. 처음에는 골대 아래에서 날려 넣다가 잘 들어가자 아이들은 난이도를 높여 점점 뒤로 물러나 날리기를 시도했다. 목표물이 있을 때 놀이에 더 집중하고 그 목표를 성취하기 위해 한참동안 같은 놀이를 반복하는 모습을 보였다.

Tip 교사지원

▸ (자료의 변화: 교사가 계획한 자료 제공)
훌라후프로 비행기 골대를 만들어 제공함

목표물 변경

아이들의 목표물이 바뀌었다. 교실 환경 구성으로 해 놓은 '비 내리는 비닐' 위에 '누가 더 많이 올리나' 시합이 시작됐다. 비닐 위에 올라가면 아이들은 환호하였고 올라간 비행기의 수를 세어보았다. 누워서 비 내리는 느낌을 감상하기 위한 용도로 만들어진 환경구성이었지만 교사가 허용해 주었을 때 아이들의 놀이가 확장되는 모습을 볼 수 있었다.

Tip 교사지원

▸ (상호작용: 관찰하기)
환경구성으로 제시한 비닐 위에 비행기 날려 넣기를 할 때 그것을 허용하며 아이들의 놀이를 관찰함

복도에서 네트 넘기기

많은 놀이 공간 중에서도 아이들이 가장 선호하는 것은 '복도에서 날리기'였다. 복도에서 날리게 되면 많은 아이들이 복도에 나가게 되고 놀이하다 보면 뛰어다니게 될 것이고 교사는 한 명인데 복도와 교실을 함께 관찰해야 하는 상황 속에서 교사의 내적갈등이 시작되는 시점이었다. 하지만 아이들과 약속을 정하고 '복도에서 날리기'를 허용했을 때 아이들의 만족도는 극에 달했다. 하지만 기쁨도 잠시 긴 복도에서 비행기를 날리면 정말 잘 날 것 같았는데 막상 복도에 나가니 벽에 부딪혀 금세 떨어지는 비행기로 인해 쉽게 흥미를 잃었다. 아이들이 흥미를 지속하며 비행기를 날릴 수 있도록 교사는 복도에도 '목표물'이 있으면 좋겠다고 생각하고 '비행기 네트'를 제안했다. 아이들과 함께 '비행기 넘기기 네트'를 만들었고 네트를 넘기 위해 점프하며 날리기, 네트 아래에서 위로 던져 넣기 등 다양한 방법이 시도되었다. 그러다가 자신이 그린 그림을 맞히는 놀이로 이어졌다.

Tip 교사지원

- 공간의 변화 (교실 밖으로 확장)
  복도에서 비행기를 날릴 수 있도록 허용함
- (상호작용: 함께 놀이하며 제안하기)
  복도에도 목표물이 있으면 좋을 것 같아서 네트를 제안하고 아이들과 함께 네트를 만들어 설치함

계절에 따라 다른 목표물

종이비행기 날리기는 아이들의 최애템 놀이가 되었고 놀이는 1년 내내 지속되었다. 물론 계절에 따라 목표물도 다양해졌다. 여름에는 튜브 구멍에 날려 넣기, 가을에는 잔디밭에 나가 구름까지 날려보기, 환경과 생활 주제에서는 종이재활용 바구니에 날려 넣기, 겨울에는 성탄 가랜드 넘기기, 성탄별 맞히기 등 교실에 있는 모든 것이 아이들의 목표물이 되었다.

Tip 교사지원

▸ (상호작용: 정서적 지원하기)
아이들이 설정한 목표를 달성했을 때 격려하며 함께 환호해줌

다양한 비행기의 종류

아이들의 비행기 사랑은 다양한 비행기를 만들어 내기도 했다. 빨대 비행기, 비닐꼬리 비행기, 고래 비행기, 호일 비행기, 매미날개 비행기 등 다양한 재료를 활용하여 비행기를 만들었다.

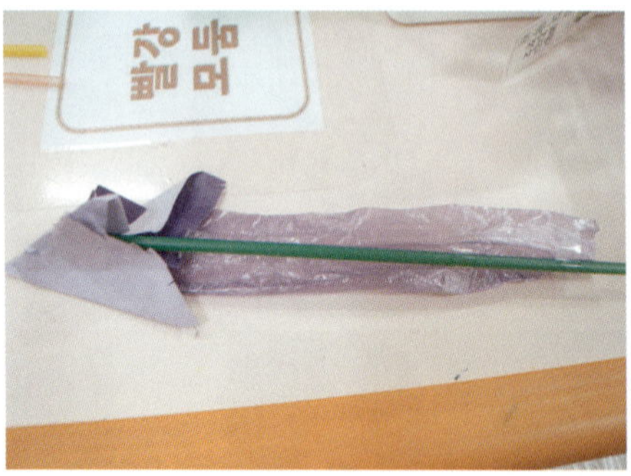

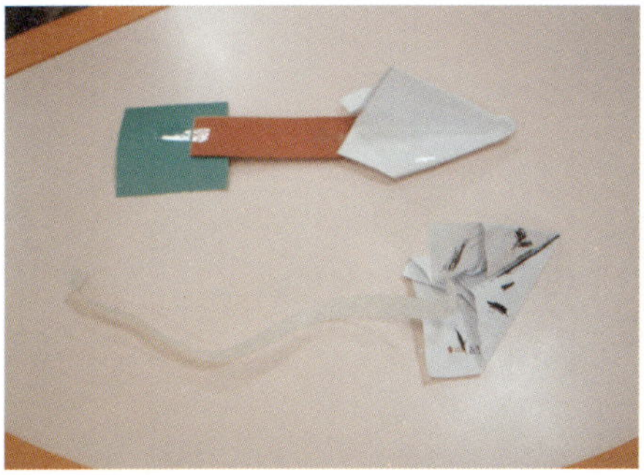

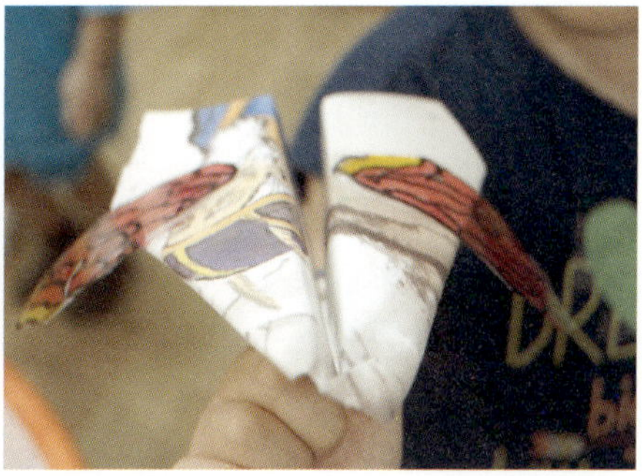

Tip 교사지원

▸ (자료의 변환: 유아가 발견한 자료 지원)
다양한 재료로 비행기를 만들 수 있도록 다양한 재료를 지원함

다른 반에서도 유행

다른 반에서도 종이비행기 놀이가 한창이다. 커다란 부직포에 다양한 크기의 동그라미로 구멍을 내었다. 아이들은 큰 구멍, 작은 구멍 할 것 없이 비행기를 던져 넣기 시작했다. 동그라미, 세모, 네모 모양의 골대를 만들어 주고 교구장을 교실 가운데로 밀어서 종이비행기를 날릴 수 있는 별도의 공간을 마련해 주었다. 연령에 따라 난이도를 조절할 때 아이들의 성취감이 달라지는 것을 알 수 있었다.

Tip 교사지원

- (공간의 변화: 교실 내 공간 재구성)
  종이비행기를 날릴 수 있도록 교구장을 밀어서 공간을 재구성하여 놀이공간을 만들어 줌
- (자료의 변화: 교사가 계획한 자료 제공)
  다양한 크기의 골대를 만들어 제공함

자유롭게 하늘을 나는 비행기

뭐니 뭐니 해도 종이비행기는 밖에서 날려야 제맛이다. 교실에서는 목표물을 설정해 놓고 날렸다면 밖에서는 벽에 부딪힐 염려 없이 바람과 함께 자유롭게 날릴 수 있었다. 아이들도 종이비행기를 쫓아 자유롭게 뛰어다닐 수 있어서 신이 났다.

2) 종이개구리

아이들의 종이접기 놀이는 여기서 그치지 않았다. 이번에는 개구리 접기에 도전한 아이들! 개구리를 접어서 누가 높이 튀어 오르는지 시합을 한다. 다양한 지형지물이 높이뛰기에 활용되었다.

종이개구리를 튕겨서 상자 안에 들어가면 성공! 성공한 종이개구리는 잘 뛰는 개구리로 하루 종일 가지고 노는 놀잇감이 되었다. “내꺼로 한 번 해볼래?” 잘 튀어 오르지 않는 친구의 속상한 마음을 달래주며 자신의 것을 빌려준다. 아이들의 놀잇감은 그렇게 배려의 도구가 되기도 했다. 상자 안에 넣기 시합, 종이블록 뛰어넘기 시합, 더 높은 나뭇잎에 올려놓기 시합 등 개구리는 열심히 뜀뛰기를 했다.

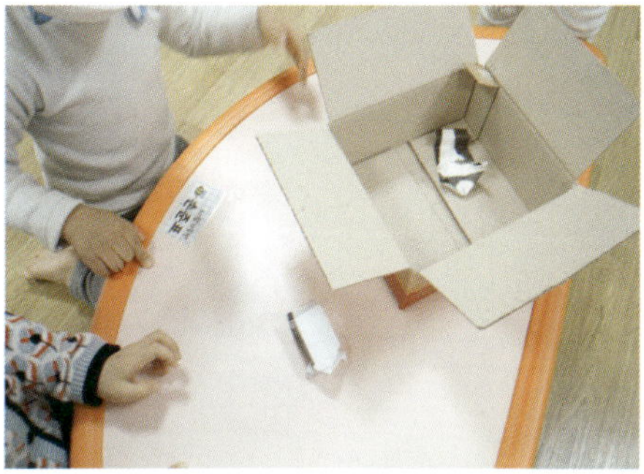

Tip 교사지원

- (자료의 변화: 유아가 발견한 자료 지원)
  종이개구리 접기 방법을 모르는 유아에게 개구리 접기 방법을 제공해 줌
- (상호작용: 놀이 참여하기)
  함께 종이개구리를 튕겨서 놀이하며 목표를 달성할 수 있도록 격려함

MEMO

CHAPTER

12 전통놀이

전통놀이는 세대를 이어주는 소통놀이!
전통놀이를 통해 추억을 함께 공유할 수 있다.

1. 고무줄놀이	두 발 모아 뛰기에서 케이블카 놀이까지 확장놀이로 이어짐
2. 비석치기	다양한 신체부위를 활용한 놀이
3. 구슬치기	다양한 종류의 구슬로 다양한 방법으로 놀이하며 구슬 경기장 만들기로 이어짐
4. 팽이놀이	다양한 팽이와 팽이 판에서의 놀이가 팽이시합으로 이어짐
5. 딱지치기	단단한 딱지 만들기에서 딱지왕 대회까지 이어짐
6. 윷놀이	개인전과 반별대항전
7. 부채춤과 탈춤	한복 입고 부채춤 추고 탈 쓰고 퓨전 탈춤추기
8. 실뜨기	실 하나로 친구와 사이좋게 놀이
9. 투호놀이	가까이서 멀리서 도전하는 놀이
10. 고무신 던지기	개별 놀이에서 모둠별 대항전
11. 공기놀이	난이도 있는 놀이지만 놀이방법 쉽게 변형해서 놀기
12. 제기차기	줄제기로 놀이
13. 사방치기	우리나라 사방치기에서 세계 여러 나라 사방치기까지 섭렵
14. 활쏘기	개인전과 단체전

전통놀이는 세대를 이어주는 소통놀이다. 할머니 할아버지가 엄마 아빠에게, 엄마 아빠가 아들딸에게 알려주며 함께 어울려 놀이할 수 있는 소통의 장이 된다. 교사와도 마찬가지이다. 다른 어떤 놀이보다도 전통놀이는 아이들과 쉽게 교감할 수 있는 놀이로 선생님도 한 명의 아이가 되어 놀이에 빠져들게 된다. 전통놀이에서 보통은 남녀가 나뉘어 다른 놀잇감을 가지고 놀이 하지만 아이들의 놀이에서는 놀이에 따라 남녀가 나뉘지 않는다. 남자친구들이 고무줄놀이를 하고 여자 친구들이 제기차기를 즐긴다. 전통놀이를 통해 아이들의 신체 움직임이 섬세해지고 신중해지는 것을 보게 된다. 전통놀이는 교실에서 이루어지는 자유놀이와 전통놀이 한마당의 날을 정해서 전통놀이 부스를 돌며 놀이를 즐기기도 한다.

1. 고무줄놀이

두 줄 고무줄뛰기

"양말 벗자" 아이들이 양말을 벗고 고무줄뛰기를 시작한다. 처음에는 고무줄을 양쪽에서 친구들이 잡고 놀이를 시작했는데 계속 잡고 있는 게 힘들어서 점점 고무줄의 높이가 올라갔다 내려갔다를 반복했다. 그래서 고무줄을 책상다리에 묶어주었다. 처음에는 한 줄로 길게 묶어주니 아이들이 한쪽에서 반대쪽으로 뛰어넘기만 했다. 어떻게 하면 아이들이 고무줄로 다양한 놀이를 할 수 있을까 고민한 끝에 고무줄을 두 줄로 묶어주었다. 그랬더니 더 재밌는 놀이가 진행되었다. 진짜 고무줄놀이가 시작되었다. 뛰다가 숨이 차서 그만둘 법도 한데 이번에는 책상에 손을 짚어서 다리만 들어갔다 나왔다를 반복한다. 숨이 차도 교실에서 폴짝폴짝 뛸 수 있다는 것이 아이들의 마음을 사로잡은 듯했다. 점점 속도도 빨라지고 능숙해진다.

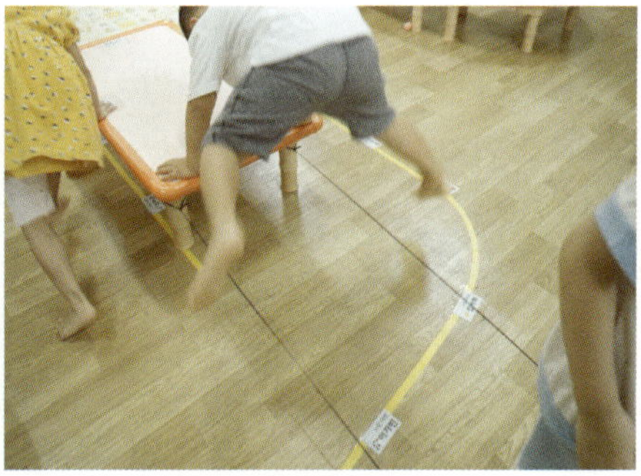

Tip 교사지원

- (자료의 변화: 교사가 계획한 자료 제공)
  고무줄을 손으로 잡으며 놀이하다가 고무줄을 책상다리에 묶어줌. 한 줄로 묶었던 고무줄을 두 줄로 묶어서 놀이할 수 있도록 지원함

고무줄 케이블카

고무줄은 뛰뛰기뿐 아니라 케이블카로 변신했다. 종이블록을 가운데 세워서 고무줄을 높이 올렸다. 그러고는 끼우기 블록을 이용해서 다양한 모양을 만들어 고무줄을 타고 내려올 수 있게 만들었다. 고무줄의 탄성을 이용한 창의적 놀이를 보며 감탄하지 않을 수 없었다.

공룡 케이블카

케이블카 놀이는 여기서 그치지 않고 확장 놀이로 이어졌다. 교실 한쪽에서 시작된 케이블카 놀이는 교실 이쪽 끝에서 저쪽 끝까지 이어졌다. 종이블록에 모루를 붙여서 잘 미끄러지게 만들었다. 종이블록을 줄에 매달고 종이블록 위에 동물을 손으로 잡고 줄을 따라 걸으면서 놀이했다.

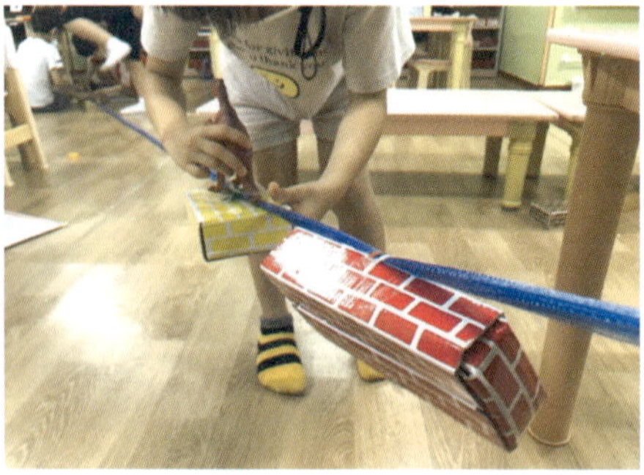

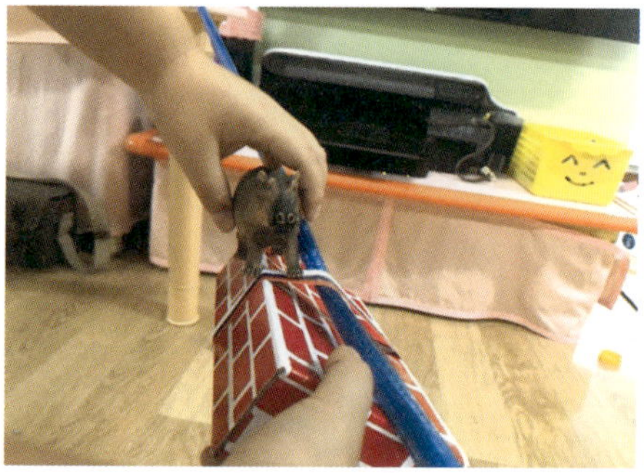

그런데 테이프로 고정한 케이블카 끈이 무게를 견디지 못하고 계속 떨어졌다. 어떻게 하면 떨어지지 않는 케이블카 줄을 만들 수 있을지 아이들과 생각을 나누었다. "창문에 붙이면 어때요?" "창문 닫는 고리에 묶는 것은 어때요?" 테이프가 계속 떨어진다는 것을 경험한 아이들은 창문 고리에 묶기로 결정했다. 노끈을 창문 고리에 걸고 다른 한쪽은 낮은 책상다리에 묶었다.

그렇게 완성된 경사진 케이블카 끈에 종이블록을 내리며 놀이하다가 아이들은 종이블록만 타고 가는 케이블카가 아닌 '진짜' 뭔가를 태우고 싶어 했다. 그래서 다시 고민이 시작되었다. 무엇을 태우고 싶은지 이야기 나눈 끝에 아이들은 '공룡'을 태우자고 했다. 공룡을 태우려면 공룡이 안전하게 탈 수 있는 게 필요했다. 바구니를 제공해 주고 다음에는 S자 고리를 제공해 주었다. 그러자 냄비도 케이블카로 변신해서 공룡을 태웠다. 아이들은 키보드 판을 가져와서 케이블카를 조정하는 공간도 마련하고 파란색 종이블록을 바닥에 깔고는 "여기는 바다예요"라고 말했다. 키보드를 가지고 운전하는 친구가 "출발합니다."라고 신호를 주면 창가 쪽에 서 있는 친구가 바구니에 공룡을 태워서 내려보낸다. 그렇게 공룡이 바구니에 실려 내려오면 종이블록 바다를 건너 아래까지 도착한다. 고무줄놀이에서 비롯된 케이블카 놀이는 아이들의 문제해결력을 엿볼 수 있었고 창의성이 돋보이는 놀이였다.

Tip 교사지원

- (상호작용: 정서적 지원)
  아이들과 케이블카가 잘 이동할 수 있도록 의견을 나누고 노끈의 위치를 정함.
- (공간의 변화: 교실 내 공간 재구성)
  다른 친구들에게 방해가 되지 않도록 케이블카에 사용되는 노끈을 연결하기 위해서 교실 내 교구장의 위치를 바꿈.
- (자료의 변화: 유아가 발견한 자료)
  S고리, 바구니 등을 사용할 수 있도록 허용함.

2. 비석치기

비석치기는 연령별로 난이도와 도구가 달라진다. 만 5세 반에서는 나무블록을 이용해서 발등에 올려서 세워진 비석을 넘어뜨리는 놀이로 진행되었고 만 3세 반에서는 종이블록을 이용해서 겨드랑이, 무릎 사이에 끼워서 세워진 비석을 넘어뜨리는 놀이가 진행되었다. 비석치기는 아이들의 요청으로 턱에 비석을 끼워서 하기도 하고 등에 비석을 올려놓고 걸어보기도 하는 등 다양한 신체 부위를 선택해서 놀이했다. 평소에 몸의 움직임이 많은 아이도 비석치기 할 때 만큼은 비석이 몸에서 떨어지지 않도록 온 신경을 곤두세워서 조심스럽게 비석을 가지고 움직였다. 정조준하고 비석을 날릴 때 아이들의 순간 표정은 정말 다양하다. 아이들의 표정만 봐도 성공했는지 실패했는지 금세 알 수 있었다.

Tip 교사지원

▸ (상호작용: 함께 놀이하며 제안하기)
비석의 위치를 어디에 놓으면 좋을지 아이들과 생각을 나누고 신체의 다양한 부위를 활용해 비석치기를 함

3. 구슬치기

폼폼이 구슬치기

교실에서는 유리구슬 대신에 다양한 놀잇감으로 구슬치기가 이루어진다. 전기테이프로 바닥에 구슬이 들어갈 공간을 표시해 두고 폼폼이를 넣은 다음 자신의 놀이이름표를 손가락으로 튕겨서 세모 안에 있는 폼폼이를 밀어내어 따먹는 방식이다. 그리고 세모가 그려진 종이를 코팅해서 구슬치기 판을 제공하고 그 위에 플라스틱 우유 뚜껑을 올려놓고 같은 방법으로 따먹는 방식도 있다. 아이들은 구슬치기의 여러 가지 변형된 형태의 놀이를 한다. 두 개 책상의 사이를 벌린 후 각각 다른 색의 폼폼이를 가지고 손가락으로 튕겨서 상대팀 책상 위에 올리면 점수를 얻는 놀이방식이다.

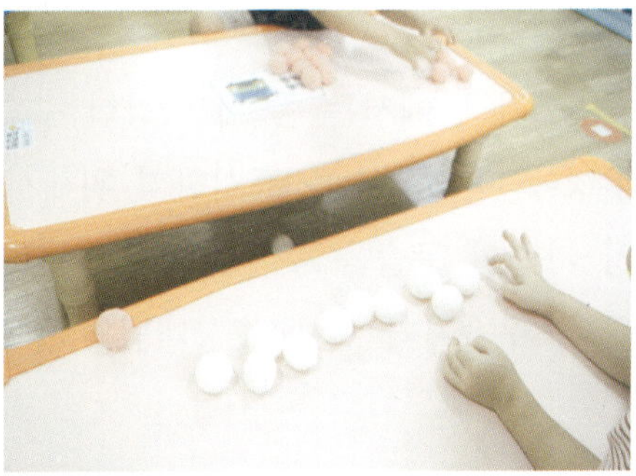

마이크 뚜껑 알까기

그리고 구슬의 종류가 바뀌기도 한다. 어느 것이건 튕길 수 있는 것이면 구슬치기의 도구가 된다. 마이크 뚜껑을 분리해서 구슬치기를 하는데 교사는 이를 허용해 준다. 폼폼이보다 무게감이 있어서 더 재밌다고 한다. 교사도 함께 손가락으로 튕겨보았는데 손가락이 살짝 아프긴 했다.

Tip 교사지원

- (자료의 변화: 유아가 발견한 자료)
  마이크 뚜껑을 분리해서 구슬치기를 할 때 이를 허용함.

나만의 구슬 만들어 알까기

만 5세 반에서는 좀 더 다양한 구슬치기가 이루어졌다. 똑같이 생긴 우유 뚜껑에 자신의 것을 표시하기 위해서 매직으로 각자 좋아하는 색으로 칠해서 자신의 구슬을 구분한다. 그리고 플라스틱 상자 뚜껑이 구슬치기 판이 된다. 구슬치기 판에서 상대팀의 구슬을 떨어뜨리면 따먹는 방법이다.

장애물 구슬치기

그리고 좀 더 고난이도의 구슬치기가 진행된다. 장애물 구슬치기이다. 책상 위에 우드블록으로 여러 가지 장애물을 만들어 놓고 그 장애물을 피해서 상대방 구슬을 찾아 책상 아래로 튕겨 내면 성공하는 방식의 놀이이다. 새로운 놀이를 만들고 규칙을 정하고 놀이하는 아이들을 칭찬해 주었다.

Tip 교사지원

- (상호작용: 정서적 지원하기)
  장애물을 만들어 구슬치기하는 방법을 생각해낸 아이들의 창의적인 생각을 칭찬하며 격려함.

구슬경기장

구슬치기는 구슬경기장 놀이로 확장되었다. 책상 위에 구슬이 굴러갈 수 있는 길을 만들어서 굴리다가 나중에는 구슬이 바닥까지 내려와서 굴러갈 수 있도록 했다. 책상에서 바닥까지 구슬이 떨어질 때 떨어지는 지점이 맞지 않아서 구슬이 계속 튕겼다. 아이들은 포기하지 않고 경사면을 앞으로 당기기도 하고 뒤로 밀기도 하면서 떨어졌을 때 잘 굴러가는 지점을 찾아냈다. 그렇게 구슬경기장이 만들어졌다.

구슬경기장 놀이는 점점 더 다양해졌다. 구슬이 굴러가서 요구르트 병을 넘어뜨려야 성공한다는 규칙도 정하고 책을 세워서 터널을 통과하게 만들었다. 구슬경기장의 열기가 뜨거워지는 만큼 경기장의 시설도 독특해졌다. 책상은 터널로 변신해서 책상 밑으로 구슬이 굴러가고 우드블록으로 조형물을 세워서 구슬경기장을 꾸며주기도 했다. 교사는 아이들이 길쭉한 경기장을 만들 수 있도록 교실의 교구장과 책상 배치를 달리하고 공간을 마련해 주었다. 정리시간이 되면 아이들은 "이거 내일도 가지고 놀고 싶어요."라고 말한다. 그렇게 구슬경기장은 날마다 조금씩 업그레이드되어 만들어졌다.

Tip 교사지원

- (공간의 변화: 교실 내 공간 재구성)
  구슬경기장이 점점 커지면서 교구장의 위치를 바꿔서 경기장을 길게 만들 수 있도록 함.
- (자료의 변화: 유아가 결정한 자료 활용 방법지지)
  애써 만든 구슬경기장을 정리하는 것을 아쉬워하며 내일도 계속 놀고 싶다는 아이들의 의견을 수용하여 정리하지 않고 다음 날에도 계속 놀이할 수 있도록 허용함.

4. 팽이놀이

다양한 팽이 판과 팽이

팽이놀이는 1년 내내 아이들의 흥미를 끄는 놀이이다. 전통적인 방식의 팽이놀이는 아니지만 돌리고 싶은 것이 있으면 무엇이든 팽이로 변신할 수 있다. 주로 아이링고로 팽이를 만들어 시합을 하지만 소꿉놀이 중 잘 돌아가는 과일 모형이 있으면 그것도 팽이가 되기도 하고 색종이로 팽이를 접어서 시합을 하기도 한다. 팽이 시합을 위해서는 무엇보다도 팽이 경기장이 중요하다. 만 5세 반에서는 우드블록으로 또 상자를 이용해서 그리고 우드락으로 팽이 경기장을 직접 만들어 사용하기도 하고 시판 중인 팽이 경기장을 이용하기도 한다.

팽이 시합

팽이 시합은 대진표를 이용해서 최종 우승자를 가려내는 대회로 이어지기도 했다. 아이들의 대진표를 보면서 "'강 오 박 이' 이거 뭐야?"라고 물었더니 아이들의 성씨를 적어 놓은 거라고 말한다. '강씨, 오씨, 박씨, 이씨'를 적어 놓은 아이들의 대진표를 보며 박장대소했다. 대회를 통해 최종 우승한 친구들에게 아이들은 색종이 접기를 해서 스스로에게 우승 메달을 만들어 주기도 했다.

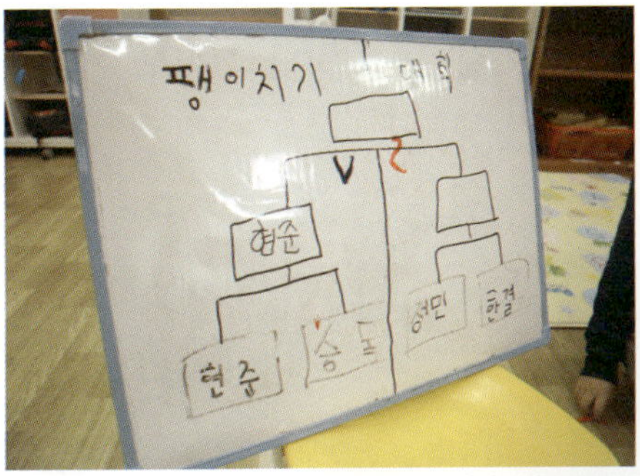

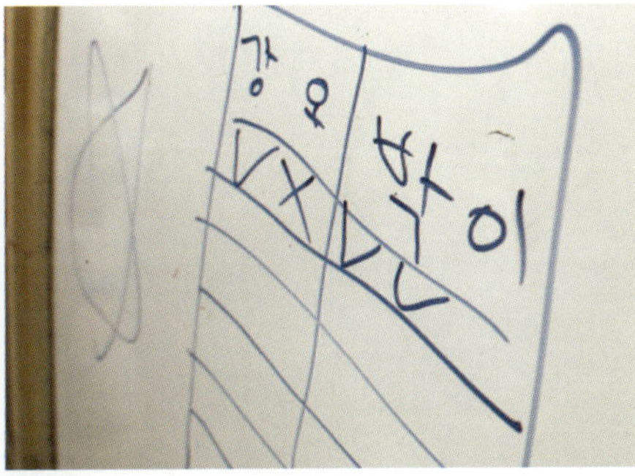

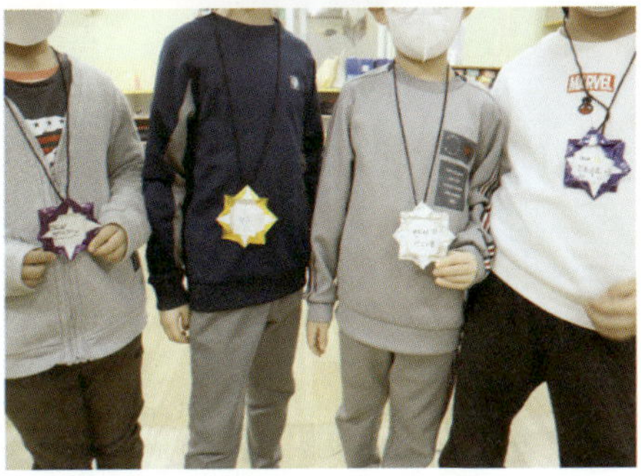

Tip 교사지원

▸ (상호작용: 함께 놀이하며 제안하기)
팽이 대회 때 사용할 우승 메달을 어떻게 만들지 고민하는 아이들에게 색종이로 메달 접기를 해보자고 제안함

5. 딱지치기

단단한 딱지 만들기

딱지치기는 주로 남자 친구들이 즐겨하는 전통놀이이다. 주로 잡지, A4용지, 스케치북을 이용해서 딱지를 접는데 어느 날 집에서 두꺼운 상자를 이용해서 딱지를 접어 온 친구가 있었다. 대왕 딱지를 보며 아이들의 부러움을 한 몸에 받은 아이는 하루 종일 자존감이 높아져 있었다. 아이들은 단단한 딱지를 만들기 위해서 종이테이프로 딱지를 꽁꽁 싸매어 단단하게 만들기도 했다. 그렇게 만든 딱지를 책상 위에 전시해 놓고 하나씩 쳐보며 테스트를 한다.

딱지 보관함

단단한 딱지를 만들기 위한 아이들의 사투가 시작되면서부터 딱지가 교실에 넘쳐 나기 시작했다. 그러자 아이들은 스스로 재활용품을 활용해서 자기들만의 딱지 보관함을 만들었다. 그런데도 딱지가 점점 많아지자 재활용품으로 만들었던 딱지 보관함도 넘쳐 났다. 아이들은 기존에 만들었던 통을 두 개 합쳐서 보관함의 공간을 늘렸다. 넘쳐 나는 딱지를 보며 교사는 딱지를 담아서 보관할 수 있는 통을 마련해주었고, 아이들은 딱지 통에 자기들만의 이름을 지어 붙여주었고 자신의 이름도 써서 붙였다.

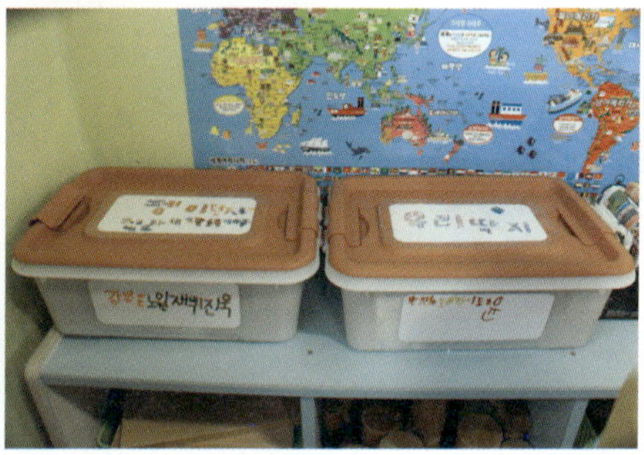

Tip 교사지원

▸ (자료의 변화: 교사가 계획한 자료 제공)
딱지가 점점 많아지면서 딱지를 보관할 수 있는 큰 통을 제공함

딱지왕 대회

열심히 딱지치기에 열을 올리던 아이들은 누가 누가 딱지를 가장 잘 치는지 시합을 하자고 제안했고 그래서 '딱지왕 대회'를 열었다. 처음에는 대회를 하자고 했던 아이들이 "딱지왕 대회 합니다"라고 외치며 대회를 홍보했다. 그런데 다른 친구들이 반응을 보이지 않자 홍보하는 방법을 바꿨다. 전단지를 만들어 교실 벽면 여기저기에 붙여서 홍보를 하기 시작했다. 나중에는 "제일 잘 보이는 곳에 붙여야겠어."라며 이마에 붙여서 홍보하고 또 가슴팍에 붙여서 친구들에게 홍보하며 다녔다.

홍보하고 다니는 친구들에게 다른 친구들은 "나는 딱지 잘 못 쳐"라고 말하기도 하고 "나는 딱지 못 접어"라고 말했다. 그래서 교사는 딱지 접는 법을 프린트해서 붙여주었다. 그리고 딱지를 잘 치는 친구는 딱지를 잘 못 친다고 말한 친구에게 딱지 잘 치는 방법을 알려주기도 했다. 그렇게 열정 넘치는 주최자들의 노력 끝에 드디어 딱지왕 대회가 열렸다. 교사는 딱지왕 대회를 위해서 바닥에 딱지치기 공간을 마련해 주었다.

Tip 교사지원

▸ (자료의 변화: 교사가 계획한 자료 제공)
딱지를 못 접어서 딱지 대회에 참가하지 않겠다는 아이들을 위해 딱지 접는 방법을 프린트해서 제공함

칠판에 아이들이 직접 심판도 정하고 대진표를 그려서 시합이 시작되었다. 쿵~ 쿵~ 교실 바닥에 울리는 딱지 소리만큼이나 아이들의 열기가 대단했다. 결승전까지 치르고 최종 우승한 친구에게 아낌없는 박수를 보내주었다.

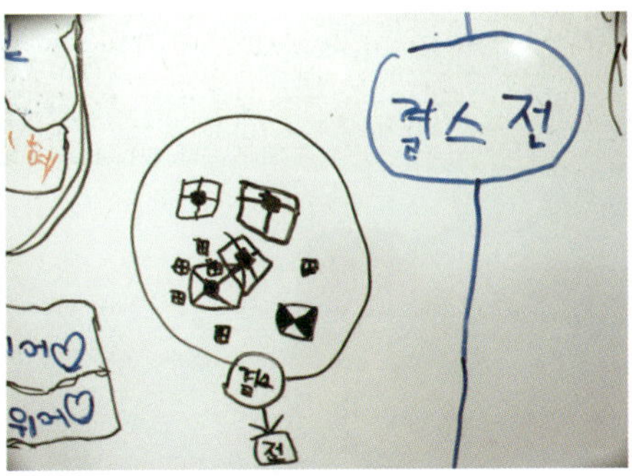

6. 윷놀이

윷놀이는 연령의 수준차를 고려해서 변형된 방법으로 놀이를 할 때가 많다. 만 3세 반에서는 윷이 뒤집힐 때 '도개걸윷모'가 아니라 '한 개, 두 개' 라고 말하며 말을 움직인다. 그리고 상대편의 말을 잡기보다는 한 바퀴를 빨리 돌고 돌아오는 팀이 이기는 방법으로 놀이할 때가 더 많다. 그래서 교사는 기존의 '도개걸윷모'의 윷판 외에 다양한 그림이 들어간 윷판을 제시하여 놀이를 지원한다. 예를 들어, 나비에 대한 생활주제로 놀이한다면 알, 애벌레, 번데기, 나비, 꽃을 넣어서 윷판을 만들어 놀이하기도 했다. 만 5세가 되면 '도개걸윷모'의 단어를 사용하여 친구들과 정통방식의 윷놀이를 한다. 잡고 잡히는 게임 방법으로 하다보면 아이들끼리 경쟁이 붙어서 열기가 더해진다. 그렇게 교실에서 소그룹으로 하던 윷놀이는 명절이 되면 모든 반 아이들이 함께 즐기는 윷놀이 한마당으로 반 대항전이 펼쳐진다. 이미 게임 방법을 익힌 유아들은 윷이 던져질 때마다 환호를 하며 즐거워한다.

Tip 교사지원

▸ (자료의 변화: 교사가 계획한 자료 제공)
생활주제에 맞는 윷판을 만들어 제공함

7. 부채춤과 탈춤

부채춤

부채춤 같은 경우는 아이들의 사전경험이 놀이로 이어지기도 한다. 재롱 발표회 때 직접 봤던 부채춤을 기억하고 아이들은 "발표회 때 했던 아리랑 부채춤 보여주세요."라는 요청으로 함께 영상을 보면서 영상 속 주인공이 된다. 영상을 시청하는 것으로 끝나지 않고 "나도 부채춤 추고 싶어요" 한다. 교사는 자료실에 있는 부채를 꺼내 와 아이들에게 제공해 준다. 아이들은 또 "나도 한복 입고 하고 싶어요"라고 요구한다.

"어디서 한복을 구하면 좋을까?" 교사가 고민을 하자 아이들은 "우리 집에 한복 있어서 가지고 오면 돼요"라고 한다. 그래서 가정과 연계해서 집에 있는 한복을 가져오기로 했다. 아이들이 가져온 한복을 행거에 걸어놓고 부채춤을 추고 싶을 때마다 한복을 꺼내 친구와 서로 입혀 주었다. 아이들은 영상을 보고 또 돌려보면서 교사가 알려주지 않아도 친구들끼리 동작을 흉내 내며 부채춤을 익혀나갔다. 이렇게 완성된 부채춤을 친구들 앞에서 선보이는 날을 정하고 친구들 앞에서 공연을 펼쳐 보였다.

Tip 교사지원

▸ (자료의 변화: 유아가 발견한 자료 지원)
부채춤놀이를 하고 싶어 하는 아이들에게 부채를 제공함. 한복을 입고서 부채춤놀이를 하고 싶어 해서 가정과 연계로 한복을 원에 비치해서 입고 할 수 있도록 함

탈춤

여자 친구들이 주로 부채춤 놀이를 해서 교사는 남자 친구들도 전통춤에 관심을 가지고 춤추면 좋을 것 같아서 탈춤을 제안했다. 처음 탈춤 영상을 제시했을 때 아이들의 반응은 한마디로 "이상해요"였다. 몸을 흐느적거리는 동작이 이상하고 마음에 들지 않는다고 했다. 그래서 아이들이 관심을 가질 만한 다른 영상들을 찾아서 함께 보았다. 타악기랑 사물과 탈춤이 대결하는 영상이었다. 다른 나라 사람과 한국 사람이 대결하는 영상을 보자 아이들의 반응이 달라졌다. "대한민국 멋지다"라고 응원하는 동시에 사물놀이와 탈춤이 어우러져 근사하다는 것을 느끼게 되었고 서로 탈춤을 춰보겠다고 했다.

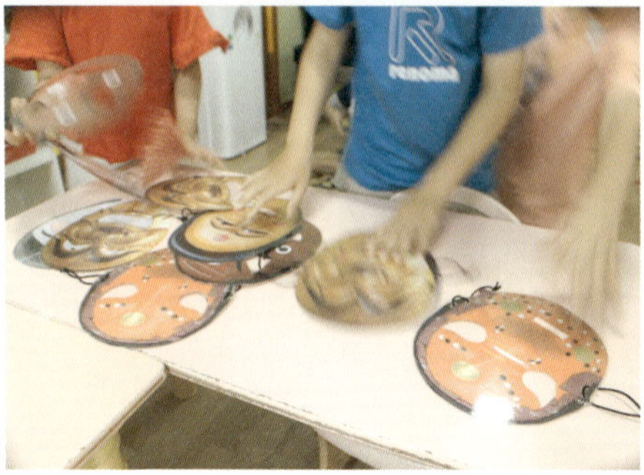

Tip 교사지원

▸ (일과의 변화: 놀이를 지원하기 위한 활동)
전통탈춤 영상에 부정적인 반응을 보여서 퓨전탈춤 영상을 다시 골라서 아이들과 함께 시청함

그렇게 아이들은 탈춤에 관심을 가지게 되었고 탈을 직접 만들어 탈춤을 추기도 하고 왜 고양이 탈을 만들었는지 이야기를 하면서 고양이 흉내를 내었다. 또 탈 그림을 가위로 오려 붙여서 탈춤 추는 모습을 그림으로 표현하기도 했다. 탈춤에 관심을 보이던 아이들은 영상 속에 나온 사물놀이에도 관심을 보이며 사물놀이도 하고 싶어 했다. 교사는 사물 악기를 제공하고 리듬을 알려주며 사물놀이와 탈춤을 함께 연계하여 놀이했다.

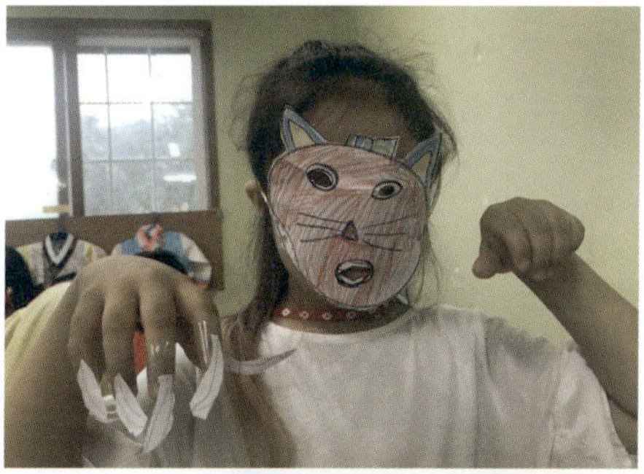

Tip 교사지원

- (자료의 변화: 유아가 발견한 자료 지원)
  영상에 나오는 사물을 함께 사용해서 탈춤을 추고 싶어 하는 유아에게 사물을 제공함

8. 실뜨기

실뜨기에 관심을 가진 한 친구로 인해 친구들 사이에서 실뜨기 놀이가 퍼져 나갔다. 실뜨기는 한 명이 할 수 있는 놀이가 아니기에 친구와 더 가까워질 수 있는 계기가 되기도 했다. 실뜨기 방법을 교사가 알려주기도 하고 집에서 실뜨기 방법을 익혀 와서 친구와 함께 실뜨기를 하기도 했다. 처음에는 털실로 실뜨기를 하다가 나중에는 교실에 있는 끈이라는 끈은 모두 실뜨기의 도구가 되었다. 털실, 흰색 고무줄, 마끈, 노끈 등 다양한 줄로 실뜨기를 하였다. 다양한 끈을 사용하다 보니 자연스럽게 아이들은 매듭 묶는 방법을 익히게 되었다. 그리고 짧은 끈으로 실뜨기를 하기도 했지만 '대왕 실뜨기'라 이름하고 아주 긴 끈으로 실뜨기를 시도하기도 했다. 대왕 실뜨기는 여러 명이 온몸을 이용해서 놀이하려고 했지만 잘되지는 않았다.

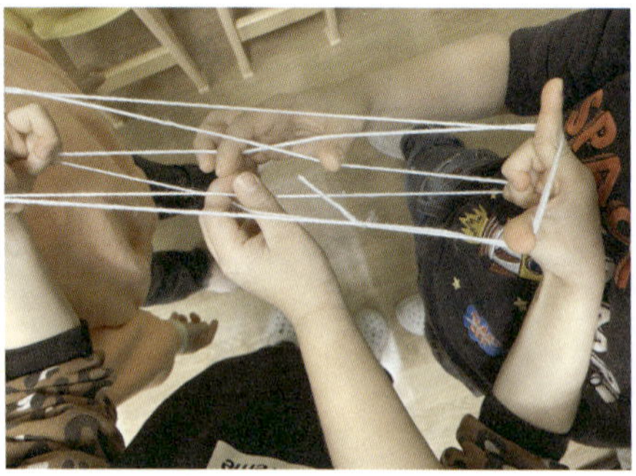

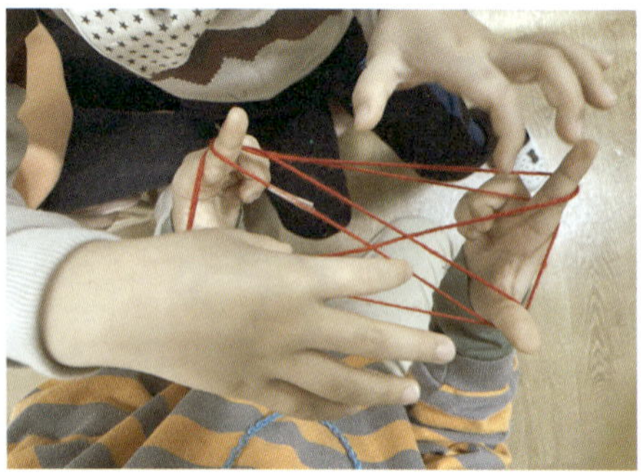

Tip 교사지원

▸ (상호작용: 놀이 참여하기)
아이들의 놀이에 함께 참여해서 실뜨기를 함

9. 투호놀이

전통놀이 중에서 가장 많이 하는 놀이 중에 하나가 투호이다. 아이들도 투호놀이를 참 좋아한다. 일정한 간격을 정해 두고 투호를 던지는데 잘 들어가지 않자 아이들의 흥미가 떨어졌다. 교사는 투호를 잡고 몸을 조금 기울이면 넣을 수 있는 정도의 거리로 간격을 좀 더 당겨서 던질 수 있도록 해주었다. 이렇게 좁은 간격에서 성취감을 맛보게 한 후에 좀 더 간격을 벌려서 던져 보도록 하였다. 던지는 요령이 생긴 친구들은 좀 더 멀리서 던져 보고 싶어 했다. 그래서 아이들마다 도전하는 거리를 달리해서 던질 수 있도록 바닥에 선을 표시해서 붙여주었다. 그렇게 하자 아이들은 계속 연습하면서 점점 높은 난이도에 도전하고 싶어 했다.

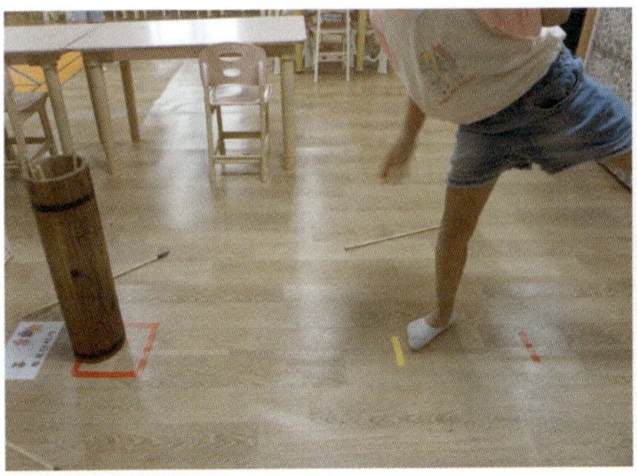

Tip 교사지원

▸ (상호작용: 관찰하기)
아이들이 투호를 잘 던져 넣을 수 있도록 놀이를 관찰하면서 거리조절을 하여 줌

10. 고무신 던지기

아이들의 발보다 조금 큰 고무신을 제공하여 발에 끼워 던져 볼 수 있도록 했다. 던져진 고무신은 통에 들어가기보다 어디론가 날아가기 일쑤다. 실내놀이 시간에도 계속 고무신 던지기를 하고 싶은데 교실에서는 다른 놀이를 하는 친구들에게 방해가 되었다. 그래서 교실 밖 계단 올라가는 입구에 마련해 주었다. 벽 아래에 통을 놓고 던져 보게 했더니 벽에 맞고 통에 떨어지는 경우가 있어서 들어가는 확률이 훨씬 높아졌다. 성공확률이 높다 보니 흥미가 지속되면서 아이들이 재밌어 하는 놀이가 되었다. 그렇게 친구와 시합을 했고 역할을 나눠 고무신을 던지는 역할, 골인이 될 때마다 점수를 붙여주는 역할을 정해서 놀이를 했다. 개인전으로 하던 놀이는 강당에서 단체전으로 모둠 대항전을 펼치기도 했다.

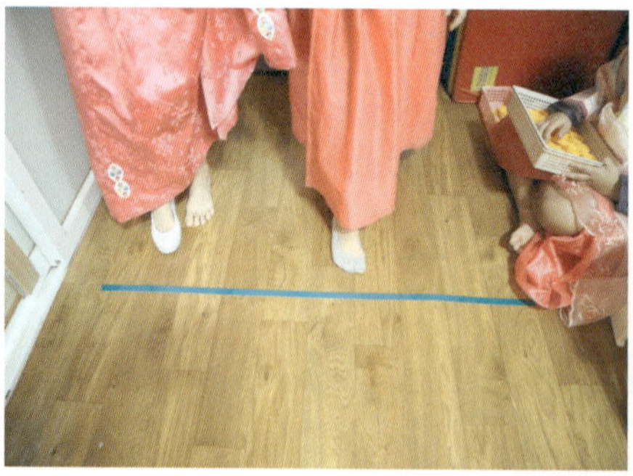

Tip 교사지원

▸ (공간의 변화: 교실 밖으로 확장)
고무신을 던지면 다른 친구들에게 방해되는 경우가 많아서 교실 밖에서 놀이할 수 있도록 공간을 마련함

11. 공기놀이

정통방식의 공기놀이는 유아들에게 난이도가 높은 전통놀이다. 그래서 정통방식 그대로 놀이하기보다는 변형된 형태의 공기놀이를 즐긴다. 한 알을 던지고 손으로 바닥을 짚은 후 던진 알을 받으면 한 알을 가져가고 잡지 못하면 다음 친구의 차례가 된다. 그렇게 놀이하다가 한 알을 던지고 한 알을 잡기에 성공하기도 한다. 유아들은 한 알 잡기 정도만 해도 크게 성취감을 느끼며 좋아한다. 정통방식의 꺾기 같은 경우는 잘 되지 않지만 먼저 손등에 올려놓은 다음 꺾지 않고 던져서 손바닥으로 공깃돌을 잡아보는 것이다. 한두 알 성공한 친구들은 좀 더 많은 알을 올려놓고 도전해 보기도 한다.

Tip 교사지원

▸ (상호작용: 함께 놀이하며 제안하기)
정통방식의 공기놀이가 어려워서 다른 방식으로 교사가 함께 놀이하면서 놀이방법을 제안함

12. 제기차기

제기차기도 유아들에게는 난이도가 높은 전통놀이다. 만 5세 유아들도 맨발로 제기차기란 쉽지 않다. 좀 더 어린 유아들은 제기를 고무줄에 달고 손잡이를 만들어 제공해 준다. 일명 '줄제기'라고 부르는 제기를 제공해 주면 관심 있는 아이들은 줄에서 흔들리는 제기를 연신 발로 차며 놀이한다. 그렇게 발로 차면서 수세기까지 이어진다. 한 발로 차다가 이후에는 오른발 왼발을 번갈아 가며 차기도 한다.

Tip 교사지원

▸ (자료의 변화: 교사가 계획한 자료 제공)
제기를 줄에 달아서 제공함

13. 사방치기

사방치기는 유아들이 즐겨하는 전통놀이 중에 하나다. 망줍기라고도 하는 사방치기에서 망을 주로 자신의 놀이이름표를 사용하거나 콩주머니를 사용한다. 두 발로, 한 발로 뛰며 균형을 잡고 돌아서서 다시 내려와 자신의 놀이이름표를 주워서 내려온다. 정통방식의 땅따먹기 방법으로 진행되지는 않지만 1부터 8까지 순차적으로 한 번씩 밟고 돌아오는 데 의의를 둔다. 놀이이름표가 있는 곳은 밟으면 안 된다는 규칙을 두고 돌아 내려올 때는 높은 숫자에 서서 자신의 이름표를 가지고 내려오면 된다. 사방치기가 조금 익숙해지면 아이들은 이름표를 놓지 않고 숫자를 왔다 갔다 하는 것에 더 큰 재미를 느끼며 놀이한다. 어느 날 한 친구가 집에서 '마법천자문' 책을 가져왔다. 한자에 관심을 보이던 아이들을 위해 사방치기 숫자 칸에 한자를 같이 붙여주었다. 그랬더니 "물수(水) 자리에 던질 차례야"라고 말하며 놀이를 이어갔다.

Tip 교사지원

▸ (자료의 변화: 유아가 발견한 자료 지원)
사방치기 숫자 칸에 아이들의 흥미를 반영해서 한자를 함께 붙여줌

세계 여러 나라의 사방치기

그리고 우리나라 사방치기에 이어 영국, 프랑스, 중국에서 즐기는 사방치기도 경험해 보았다. 세계 여러 나라에서도 우리나라 사방치기와 비슷한 놀이가 있어서 제공해 주었더니 새로운 방식의 놀이에 관심을 보이며 재미있어 했다.

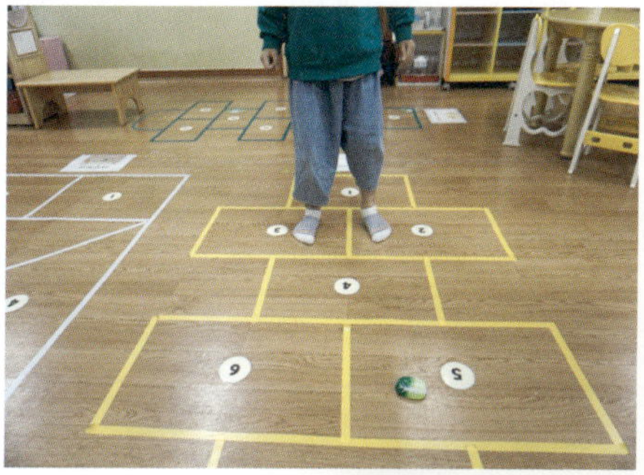

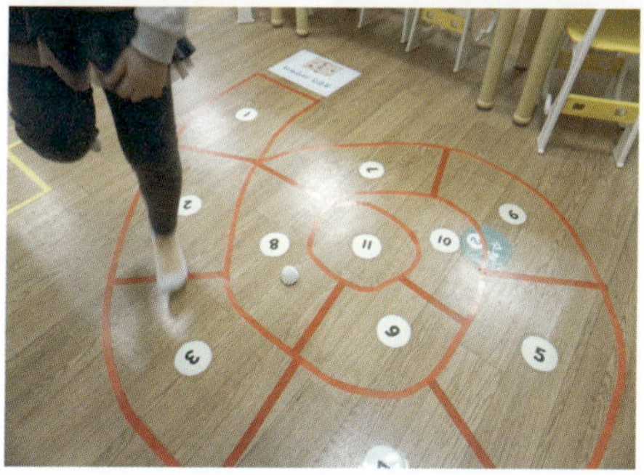

Tip 교사지원

- (자료의 변화: 교사가 계획한 자료제공)
  우리나라 사방치기에 이어 세계 여러 나라에서의 사방치기를 소개하고 함께 놀이해 봄

14. 활쏘기

양궁이라고도 하는 활쏘기는 올림픽이 있을 때 그 열기가 대단하다. 올림픽에서 금메달을 몰고 오는 효자 종목이어서 그런 것 같다. 유아들도 활시위를 당겨 10점 만점에 활이 붙으면 환호한다. 평소에 몸놀림이 활발하던 아이도 활을 잡으면 과녁을 보는 모습이 사뭇 진지해진다. 활쏘기는 개인전으로 우승자를 가려내기도 하고 단체전에서 점수를 합산해서 우승팀을 가려내기도 한다.

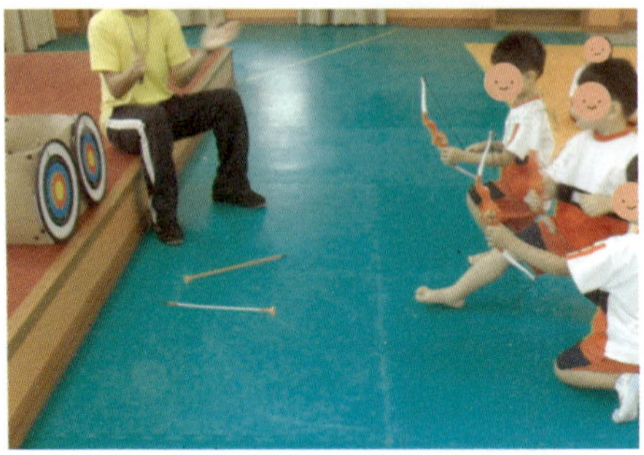

Tip 교사지원

▸ (일과의 변화: 놀이를 지원하기 위한 활동)
개인적으로 하던 놀이를 단체전으로 경기를 할 수 있도록 제안함

CHAPTER

13 바깥놀이

하루 일과 중 가장 선호하는 놀이! 바깥놀이!
교실에서의 규칙에서 벗어날 수 있어서 좋단다.
자유로움이 아이들에게 행복감을 선사한다.

1. 모래놀이	모래와 물이 만났을 때 이루어지는 환상적인 놀이
2. 잔디밭과 나무놀이터	작은 것에 집중하게 되는 공간에서의 놀이

하루 일과 중 아이들이 가장 선호하는 놀이가 바깥놀이다. 바깥놀이에서는 자유롭게 뛰어다닐 수 있고 크게 소리를 내어도 되니 규칙이 있는 교실에서 할 수 없는 것을 할 수 있기 때문에 더 선호하는 것 같다. “뛰지 말고 걸어 다니자”, “작은 소리로 얘기하자” 등 잔소리를 듣지 않아도 되니 아이들의 자존감도 올라가는 것 같다. 최근에는 놀이터에 모래를 없애고 우레탄을 깔아서 깔끔한 놀이터를 만들어 아이들에게 뛰어놀게 하는 경우가 많아졌다. 장단점은 있는 것 같다. 부모에게는 지저분해지지 않는 놀이터가 좋은 놀이터이겠지만 아이들에게 모래는 어떤 의미일까? 한 번쯤 생각해 보면 좋을 것 같다. 모래 놀이터에서 놀이해 보지 않은 아이들 중에는 모래밭 안에 들어가려고 하지도 않거나 신발에 모래가 조금만 들어가도 울음을 터트리기도 한다. 하지만 모래놀이의 매력에 빠지게 되면 아이들은 날마다 ‘모래놀이터’를 외친다.

1. 모래놀이

모래와 물이 만나서

처음에는 모래놀이터에 물을 조금 뿌려주는 정도로 물을 제공해 주었다. 모래가 물을 만나는 순간 교사의 힘겨운 일과가 시작된다는 것을 잘 알고 있기 때문이었다. 그런데 'EBS 놀이의 힘'을 시청 후 교사회의에서 모래놀이터에 물을 쓸 수 있도록 해주면 좋겠다는 의견이 많았다. 모래와 물을 가지고 너무도 행복하게 놀이하는 아이들의 모습을 보며 교사는 힘겨움을 선택하게 된 것이다. 물을 만난 아이들은 '물 만난 물고기'처럼 모래놀이에 생명력이 느껴질 정도로 신나게 놀이했다. 물을 만난 아이들의 요청은 "선생님, 신발 벗어도 돼요?"였다. 아이들의 진짜 놀이가 시작된 것이다. 신발을 벗으니 새로운 놀이가 시작되었다. 손으로만 느껴 보았던 모래를 맨발로 느껴 보고 구덩이를 파서 발을 넣고 다시 모래를 덮은 후 '누가누가 오래 버티나' 시합도 했다.

Tip 교사지원

▸ (자료의 변화: 교사가 계획한 자료 제공)
모래놀이터에 물을 제공하여 아이들이 물과 모래로 놀이할 수 있게 함

▸ (상호작용: 허용/관찰)
신발을 벗고 놀이할 수 있도록 허용한 후 놀이가 어떻게 이루어지는지 관찰함

손으로 조물조물

물컹함과 질퍽거림은 슬라임 가게에서도 볼 수 없는 모래놀이터에서만 즐길 수 있는 매력일 것이다. 이러한 놀이는 아이들의 스트레스를 날려버릴 뿐 아니라 아이들의 오감을 자극하는 놀이가 된다.

아이들도 처음에는 모래와 물이 만난 것이 낯설어서인지 맨손으로 만질 생각을 하지 않았다. 삽으로 조금씩 조심스럽게 놀이하던 아이들이 차츰 맨손으로 질퍽거리는 모래를 만지기 시작하며 질퍽거리는 그 촉감을 느꼈다.

Tip 교사지원

- (상호작용: 정서적 지원)
  삽으로 모래를 가지고 놀이할 때와 손으로 가지고 놀이할 때 어떻게 다른지 유아의 생각과 느낌을 함께 이야기 나눔

밑 빠진 독에 물 붓기

아이들은 구덩이를 파서 물을 넣기 시작했다. 열심히 물을 퍼 나르고 웅덩이가 생기자 아이들은 그곳에 발을 넣고 놀이했다. 그러다가 조금씩 물이 빠지기 시작하자 아이들이 다시 물을 퍼 날랐다. 아이들이 물을 퍼 나를 때 협동해서 함께 물을 채워보자고 제안했다. 물이 나오는 곳에서 웅덩이까지 한 줄로 늘어서서 물동이를 전달하는 방식으로 물을 채워 보자고 했다. 아이들은 줄을 서서 "빨리 빨리"를 외치며 물동이가 이동하는 것을 열심히 지켜보며 자신의 차례가 될 때 옆에 친구에게 전달했다. 물동이 하나로 하니 시간이 많이 걸려서 물동이를 더 준비해 주었다. 그러자 한 개일 때보다 더 정신이 없기는 했다. 이미 지나간 물동이를 쳐다보고 있다가 다시 오는 물동이를 미쳐 못 본 친구들도 있었다. "자 받아. 너 차례야"라고 하는 말이 계속 이어졌다. 그래도 전달하기 놀이를 하니 친구들과 더 많은 상호작용이 이루어졌고 아이들도 친구랑 힘을 합쳤기 때문에 웅덩이가 빨리 채워졌다고 좋아했다. 그런데 열심히 물을 퍼 날랐지만 '밑 빠진 독에 물 붓기'라는 속담이 절로 생각날 만큼 물은 어느새 빠져나가고 없었다. 아이들은 "선생님, 물이 안 빠졌으면 좋겠어요"라고 말했다.

Tip 교사지원

▸ (상호작용: 활동 제안하기)

퍼 놓은 웅덩이에 물을 채울 때 한 사람씩 차례대로 물을 받고 채우기를 반복하는 것이 아니라 수도꼭지에서 웅덩이까지 한 줄로 서서 물동이를 전하는 방식으로 물을 채워 보는 협동놀이를 제안함

물 빠지지 않는 웅덩이 만들기

"어떻게 하면 좋을까?" 아이들과 고민을 한 끝에 비닐을 깔아 주기로 했다. 구덩이를 파고 그 위에 비닐을 깔고 아이들은 열심히 물을 퍼다 날랐다. 물이 조금씩 차면서 아이들의 환호소리가 들려왔다. 시간이 지나도 물이 빠져나가지 않고 고이는 것을 보면서 아이들은 무척 좋아했다. 모래놀이를 통해 아이들은 자연스럽게 문제해결력뿐만 아니라 과학의 원리도 배울 수 있었다.

Tip 교사지원

▸ (상호작용: 함께 놀이하며 질문하기)
물이 빠져나가는 것을 아쉬워하는 아이들에게 어떻게 하면 물이 빠지지 않게 할 수 있는지 질문을 하고 고민 끝에 비닐을 깔아주기로 결정하였음

모래밭에 화단 꾸미기

아이들은 모래놀이터에 화단을 만들기 원했다. 화단이라고 해야 잡초를 뿌리째 뽑아서 다시 모래밭에 심는 것이다. 잡초를 다시 옮겨 심으면서 아이들은 기도한다. 무럭무럭 잘 자라주길~ 그런데 잡초가 금세 시들어 버리고 힘을 잃었다. 잘 자라길 원했던 아이들의 마음을 위로하기 위해서 진짜 식물을 키워 보자고 제안했다.

Tip 교사지원

▸ (상호작용: 허용/관찰)
모래놀이터에는 잡초가 없다. 아이들이 화단을 만들기 위해 식물을 모래놀이터에 가져오는 것을 허용하고 어떻게 놀이가 이루어지는지 관찰함

▸ (지원계획)
오늘은 잡초로 화단을 만들어 놀이했지만 화단을 만들기 원하는 아이들에게 진짜 꽃이 피고 열매가 열리는 식물을 함께 키워 볼 수 있도록 해주어야겠다.

진짜 화단과 텃밭 가꾸기

모래놀이터 앞에 흙을 고르고 고랑을 만들어서 '메리골드'를 심었다. 아이들은 직접 심은 꽃을 바라보며 잡초에게 품었던 마음보다 더 간절하게 잘 크길 기도했다. 그리고 한쪽에 아이들이 직접 먹을 수 있는 상추도 직접 심어서 아이들과 상추를 따서 먹어보기도 했다. 상추에 대한 거부반응이 있던 아이들도 상추에 관심을 가지게 되었고 집에서도 매일 밥 먹을 때마다 상추로 쌈을 싸 먹게 되었다고 한다.

모래밭 함정

풀을 뽑아서 놀아도 된다고 허용해 주자 아이들은 화단을 만들 뿐 아니라 나뭇가지를 가지고 와서 함정을 만들기 시작했다. 작은 구덩이를 파고 거기에 나뭇가지를 얼기설기 올려놓은 다음 나뭇잎으로 보이지 않게 덮었다. 아이들의 함정은 매우 정교하게 만들어졌다. 그리고 모래놀이터 곳곳에 만들어 놓았다. 이 함정으로 무엇을 할 건지 물었다. 자신들이 좋아하는 '사슴벌레', '장수풍뎅이'가 잡혔으면 좋겠다고 한다. 곤충들을 잡아서 곤충들과 같이 놀고 싶다고 한다. 아이들의 소원대로 곤충들이 잡힐지...

Tip 교사지원

▸ (상호작용: 관찰/ 정서적 지원)
정교하게 만든 함정으로 무엇을 하고 싶은지 아이들의 생각을 들어주고 곤충을 사랑하는 아이들의 마음을 읽어줌

모래놀이 정리

이렇게 모래놀이 후 제일 중요한 것이 정리다. 젖은 모래로 뒤덮인 도구들을 물로 씻고 말려서 정리할 수 있도록 아이들에게 방법을 알려주고 함께 정리를 하고 아이들도 손발을 깨끗이 씻는 시간을 가졌다. 도구를 씻는 시간은 또 다른 놀이시간이 되어서 특별히 열의를 보이는 아이들도 생겨났다. 부모님이 설거지를 하고 그릇을 어떻게 말리는지 경험을 통해 배웠던 아이는 도구를 엎어 놓아야 물이 빠진다고 친구들에게 알려주기도 한다. 그래서 모래놀이 삽도 모두 세워서 물이 잘 빠지도록 했다.

Tip 교사지원

▸ (상호작용: 제안하기)
모래놀이 도구를 깨끗이 씻어 정리할 수 있도록 방법을 알려주고 함께 정리함

2. 잔디밭과 나무놀이터

봄, 여름, 가을, 겨울 사계절을 뚜렷하게 느낄 수 있는 잔디밭과 나무놀이터 또한 아이들이 선호하는 바깥놀이터다. 자연을 느낄 수 있는 공간이 어린이집 바로 옆에 있다는 것은 참 감사한 일이며 또한 이런 공간에서 매일 마음껏 자연을 느낄 수 있는 아이들이 참 행복한 아이들인 것 같다.

멈춰야 보이는 것

아무것도 없는 것처럼 보이는 나무놀이터에서 "여기서 뭐 해요?"라고 말하던 학기 초 아이들은 "나무놀이터에서 무당벌레 봤어요.", "나무놀이터에서 매미 허물 찾았어요."라고 말하는 아이들로 바뀌었다. 가만히 앉아 있으면 발견하게 되는 작은 것들에 아이들의 시선이 머물게 되는 곳이 나무놀이터다. 또한 살아 있는 생명체를 만나게 되는 곳이기도 하다. 움직이는 것에 대한 아이들의 관심은 대단하다. 아주 작은 개미 한 마리의 움직임에도 신기함을 느끼고 개미가 무언가 옮기는 것을 발견하게 되면 가만히 숨죽여서 쳐다본다. 교실에서는 볼 수 없는 아이들의 정지화면을 자주 보게 된다. 생명체에 대한 경이로움에 아이들의 움직임도 몸소 감탄하는 것 같다.

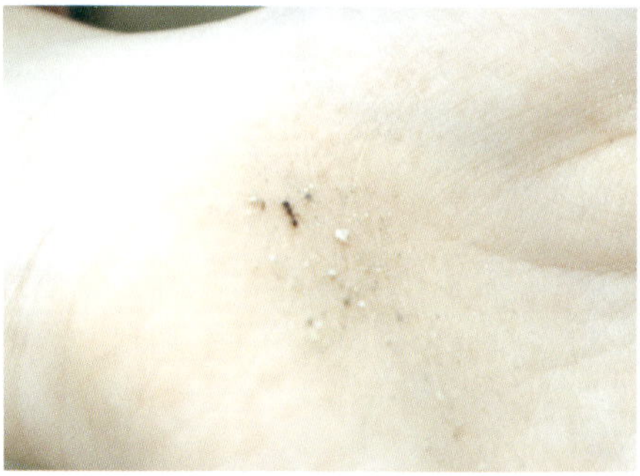

Tip 교사지원

▸ (상호작용: 관찰하기/정서적 지원)
개미에 대한 어떤 관심과 흥미를 가지고 살피는지 관찰하며 개미에 대한 호기심이 유지될 수 있도록 격려함

그림에 배경을 담다

"하늘에 그림을 그리면 어떨까?"라는 질문으로 시작해서 어떻게 하면 하늘에 그림을 그릴 수 있을까? 고민 끝에 OHP 필름에 그림을 그려서 하늘과 풍경을 배경으로 담아 보았다. 그랬더니 정말 아이들이 하늘에 그림을 그린 것처럼 아름다운 배경이 되었다. 이 자연의 배경색을 그대로 담아 보기 위해서 아이들과 파스텔로 그림의 배경을 칠해 보기로 했다.

Tip 교사지원

▸ (상호작용: 함께 놀이하며 제안하기)
하늘에 그림을 그리고 싶다는 아이들의 생각을 OHP 필름에 담아낼 수 있도록 자료를 지원해 주었음

아무것도 없어도

아무것도 없어도, 나무 한 그루와 아이들만 있으면 즐길 수 있는 놀이 "무궁화 꽃이 피었습니다"가 한창이다. 서로 술래가 되지 않으려고 넓은 잔디밭을 뛰어다닌다. 그저 뛰기만 해도 너무 좋은 곳이 바로 넓은 잔디밭이다. 잔디밭에서는 아무것도 없어도, 낙엽만 있으면 쌓기놀이가 가능하다. 아이들은 서로 힘을 모아서 계속 낙엽을 가져와 모은다. 그저 높이 쌓고 싶은 생각으로 계속 쌓아올린다. 쌓아 올리기만 해도 아이들은 즐겁다.

매미 허물

여름이 되면 나무놀이터 여기저기에서 매미 허물 찾기 놀이가 펼쳐진다. 처음에는 살아있는 매미인 줄 알고 징그러워서 만지지 못하던 아이들도 선생님과 몇몇 친구들이 서슴없이 만지는 것을 보고는 자연스럽게 매미 허물을 만질 수 있게 되었다. 그리고 매미가 나왔던 땅 구멍도 찾아서 매미 허물의 크기와 구멍의 크기를 비교해 보았다. 매미 울음소리를 들으며 매미 허물 찾기는 여름에 바깥놀이에서 즐기는 대표적인 놀이가 되었다.

자유롭게 마음껏

잔디밭에서는 교실에서 할 수 없는 다양한 놀이를 할 수 있다. 종이컵으로 비눗방울 불어보기도 자유롭게 할 수 있고 여름이 되면 물총놀이, 분무기 놀이도 자유롭게 마음껏 즐길 수 있다.

여럿이서

잔디밭은 여럿이서 함께 즐길 수 있는 공간이다. 쌍둥이 나무를 반환점으로 처음에는 두 명에서 그리고 세 명, 네 명의 친구와 함께 손을 잡고 달리는 신체활동을 하면 어느새 친구와 호흡을 맞추는 아이들을 볼 수 있다. 친구와 손을 놓지 않고 달린다는 조건부는 아이들로 하여금 협력하는 힘을 기를 수 있는 기회가 된다. 그리고 가을 하늘의 뭉게구름을 보면서 어떤 모양일까 상상의 나래를 펼쳐본다. 정답이 없는 자유로운 하늘을 바라보며 아이들의 마음도 평온해짐을 느낄 수 있다.

이름 불러주기

나무놀이터에 동글동글한 알리움 꽃이 예쁘게 피었다. 아이들은 꽃이름이 무엇인지 궁금해했다. 아이들과 함께 꽃이름과 꽃말을 찾아보았다. '알리움'이라는 꽃이름이 있지만 아이들은 "저 꽃은 내 꽃이야" "저 꽃은 네 꽃 해"라고 말한다. 그렇게 '니꽃 내꽃'이라고 말하다가 아이들과 함께 꽃에 이름을 붙여주자고 제안했다. 아이들은 '튼튼이', '사랑이', '멋쟁이' 등 자신이 부르고 싶은 이름의 이름표를 만들어서 알리움 꽃에 붙여주었다. 그렇게 등원길에 하원길에 자신이 붙여준 이름을 부르며 알리움 꽃에게 인사를 나누었다.

Tip 교사지원

▸ (상호작용: 함께 놀이하며 제안하기)
알리움 꽃에게 이름을 지어주고 이름표를 붙여주자고 제안함. 이름표를 붙여주고 등하원길에 이름을 불러줌

쓰레기 줍기

나무놀이터에서 놀이하면서 하나둘 발견하게 되는 쓰레기를 보면서 아이들과 함께 '쓰레기 줍기' 캠페인을 해보자고 제안했다. 캠페인을 위한 어깨띠도 만들고 각자 쓰레기를 담을 봉지도 챙기고 손장갑도 끼고 밖으로 나갔다. 생각보다 곳곳에 크고 작은 쓰레기들이 많았다. 아이들과 함께 쓰레기를 줍고 분리수거한 후에 다시 한 번 나무놀이터를 돌아보았다. 깨끗해진 모습을 보자 아이들도 스스로를 대견하게 생각하며 뿌듯해했다.

Tip 교사지원

▸ (일과의 변화: 놀이를 지원하기 위한 활동)

나무놀이터 쓰레기 줍기 캠페인을 제안하고 함께 쓰레기 줍기 활동을 함

CHAPTER 14

놀이 궁금증

놀이에 대한 이해는 누가 어떤 관점으로 바라보느냐에 따라 다르게 해석된다. 아이의 흥미를 이해하고 파악하기 위해 아이의 놀이를 바라본다면 아이가 하는 놀이에 더 관심을 가지고 바라보게 될 것이다. 또한 아이의 사회성을 파악하기 위해서 놀이를 바라본다면 혼자놀이를 하는지, 또래 간에 상호작용은 어떻게 일어나는지에 더 관심을 가지고 바라보게 될 것이다.

이렇듯 어디에 관심을 두고 놀이를 바라보느냐에 따라 그 해석도 달라지게 된다. 물론 이런 해석들은 시대의 요구에 따라 달라진다. 양보가 사회의 미덕이던 시대에서는 친구랑 놀잇감을 나눠 쓸 줄 아는 아이로 성장시키기 위해 양보와 공유를 가르친다. 하지만 지금은 양보보다는 더 많은 양의 놀잇감을 준비해서 아이들을 기다리게 하거나 다툼이 생기지 않게 환경을 조성해 주는 것에 더 많은 에너지를 쏟고 있다. 그렇기 때문에 놀이에 대한 해석도 답을 찾아가는 과정도 시대에 따라 달라진다. 교사가 놀이하던 시대의 놀이와 현재 아이들이 놀이하는 시대의 놀이는 달리 해석된다. 그렇기 때문에 교사도 시대의 흐름에 맞게 놀이에 대한 생각을 바꾸고 놀이를 새롭게 이해하려고 노력해야 한다.

1. 놀이에 대해 묻고 답하기

아래 내용은 2019 개정 누리과정 놀이이해자료를 참고하여 작성되었다.

1) 자유롭고 즐거운 놀이의 의미

유아가 마음껏 놀이할 수 있는 자유를 강조하는 이유가 있나요?

마음껏 놀이할 수 있는 자유는 유아에게 즐거움과 행복감을 줍니다. 이는 하고 싶은 것을 할 수 있다는 데서 오는 즐거움과 행복감입니다. 또한 유아의 흥미와 욕구에서 시작된 놀이는 유아에게 즐거운 배움이 일어나도록 합니다. 유아가 주도하는 모든 놀이에는 의미 있는 경험이 있습니다.

유아가 즐겁게 뛰어놀기만 해도 괜찮을까요?

놀기만 해도 괜찮냐는 질문에는 과연 놀이가 배움이 될 수 있을까 하는 교사의 의문이 포함되어 있는 것 같습니다. 그동안 많은 사람들이 놀이와 학습, 놀이와 배움은 서로 다르다고 생각하였습니다. 「2019 개정 누리과정」에서는 놀이가 곧 배움이 된다고 봅니다. 유아가 자유롭게 놀이하는 과정에서 유의미한 배움이 일어난다고 보는 것입니다. 이제는 유아의 놀이를 이러한 관점에서 놀이를 따라가며 놀이에서 어떻게 배움이 일어나는지 이해해 보려는 노력이 필요합니다. 우리가 그동안 지나쳤던 유아의 놀이에서 어떤 배움이 일어나고 있는지를 포착해 보는 것은 어떨까요? 또 배움의 과정에서 놀이가 어떤 의미와 가치를 가지고 있는지를 발견해 보면 어떨까요?

한 아이가 놀이를 주도해도 괜찮은가요?

놀이를 주도하는 경험은 유아에게 의미가 있습니다. 다른 유아들의 호응과 참여가 있어서 놀이가 지속되는 경우, 주도적인 유아의 영향이 어느 정도는 긍정적일 수 있습니다. 다만 주도적인 유아로 인해 소외되는 유아들이 나타날 수 있다는 것에서 교사의 고민이 시작됩니다. 그러나 때로는 교사의 존재 자체가 유아의 놀이에 영향을 미치기도 합니다. 교사의 존재, 교사의 표정과 제스처, 유아들 주변에서 왔다 갔다 하는 움직임, 교사의 말이나 침묵, 유아는 이 모든 것에 민감한 것 같습니다. 놀이를 주도하는 유아가 교사가 옆에 있다는 것을 의식해서 친구들과 이야기를 조율하는 것을 발견하였습니다. 그리고 주도적인 유아의 독단성을 두고 벌어지는 유아들 간의 심리적 줄다리기가 있다는 점을 눈여겨볼 수도 있습니다. 예를 들어 구슬치기 능력이 뛰어난 편이 아닌 한 여자 유아가 "새로운 게임하자.", "새로운 게임을 발견했어."라며 주도적인 유아의 놀이를 전환하려고 시도했습니다. 교사가 성급히 판단하여 개입하기보다는 유아의 역동적인 관계성을 잘 살펴보면서 놀이의 자율성을 지켜 주는 것도 중요합니다.

2) 놀이와 활동의 관계

놀이와 활동은 다른가요?

놀이는 유아 스스로 선택하고 주도적으로 참여하는 과정에서 즐거움을 느낄 수 있는 것입니다. 활동은 놀이를 지원하기 위해서 교사가 유아의 흥미와 욕구, 의도를 고려하고 놀이 맥락 안에서 계획을 실행하는 것을 말합니다. 활동이 유아의 흥미와 욕구를 반영하여 놀이 맥락 내에서 이루어지고 여기에 즐거움이 더해진다면 이전놀이를 확장시키거나 유아에게 새로운 놀이로의 출발점이 될 수 있습니다.

유아가 교사의 예상이나 계획과 다르게 놀이할 때에는 어떻게 해야 할까요?

교사의 예상과 다르게 놀이를 하더라도 유아의 놀이를 인정합니다. 교사의 계획은 유아 놀이를 확장하기도 하지만 제한하기도 하므로 유아에게 놀이의 주도권을 넘겨주는 것도 좋습니다. 그리고 유아의 놀이를 따라가 보십시오.

유아의 놀이 때문에 주제 관련 활동을 하지 못했어요. 괜찮을까요?

주제를 다루는 계획적 활동을 통해서만 유아가 배운다는 생각에서 조금 물러나 보는 것은 어떨까요? 우리가 주제 중심으로 접근한 이유는 유아의 흥미와 관심을 고려하여 교육하고자 하였기 때문입니다. 그런데 유아의 흥미와 관심은 주제에만 머물러 있지 않고 마주치는 모든 것에 관심이 있고 이것을 놀이로 만듭니다. 유아들이 주도적으로 만든 놀이에서 더 의미 있는 경험이 일어납니다.

수학적으로 과학적으로 탐구하는 놀이란 무엇인가요?

유아는 친구와 사이좋게 놀기 위하여 수를 세고, 나누면서 공평함을 찾고, 가게 놀이를 하며 물건 값을 매기기 위하여 수량을 세기도 하고, 수의 크기도 생각해 봅니다. 풀밭에서 본 사마귀를 보며 사마귀의 모습을 궁금해하고, 무엇을 먹고 어디서 사는지를 알고 싶어 합니다. 유아는 놀이, 일상생활에서 수학적, 과학적으로 탐구하는 것 같습니다. 유아에게 수학적, 과학적 탐구는 일상생활과 놀이에서 만나는 문제를 탐구하는 방식입니다. 그래서 놀이에서도 유아는 충분히 수학적, 과학적 탐구를 합니다.

3) 풍부한 놀이 자료의 의미

실내 놀이와 바깥에서 하는 놀이는 어떻게 다른가요?

유아는 숲과 같은 바깥놀이터에서 오감을 다양하게 사용하고 적극적으로 몸을 이용하는 것 같습니다. 개방적인 바깥 공간은 유아의 몸과 마음을 자유롭게 합니다. 그래서 더 몸을 움직이는 것 같습니다. 유아는 바깥이나 숲에서 더 다양한 변화를 경험하는 것 같습니다. 바깥에서 자연물의 변화를 우연히 발견하거나 새롭게 볼 수 있는 기회가 많습니다. 이처럼 변화무쌍한 바깥세상은 유아의 놀이 특성과 많이 닮아 있습니다. 그래서 유아는 바깥놀이를 무척 좋아하는 것 같습니다. 바깥은 유아가 놀이하기 좋은 공간입니다.

유아가 놀이 자료를 자유롭게 탐색할 수 있도록 하고 싶습니다. 교실 공간을 어떻게 만들어야 할까요?

놀이 자료를 어떻게 배치하느냐에 따라 유아의 관심과 호기심이 달라집니다. 반짝거리는 물체를 투명한 통에 제공하면 유아는 그 물체에 관심을 갖고 무엇인가를 만들며 놀이하고 싶어 합니다. 또 미술 공간에 크레파스와 색연필 외에 다양한 색과 굵기의 그리기 도구를 제공하면 유아의 표현 방식이 변하는 것을 발견할 수 있습니다. 따라서 다양한 놀이 자료를 제공하고 유아의 놀이를 지켜보면서 공간을 확장, 이동, 분리, 연결하기도 합니다. 놀이 자료를 사용하는 방식을 유아가 결정하도록 허용하면 유아 스스로 놀이 자료를 사용하는 방식을 찾아낼 것입니다.

블록은 왜 중요한 놀이 자료인가요?

블록은 계속해서 만들고 부수는 과정 속에서 재창조되는 속성이 있어서 유아가 재미있게 놀이 맥락을 만드는 즐거움을 주는 좋은 놀이 자료입니다. 블록 놀이에서 유아는 자신의 실제 경험을 반영하거나, 상상의 이야기를 만들기도 합니다. 블록 놀이는 사실과 상상이 만들어 내는 새로운 경험의 장입니다. 또한 블록 놀이는 혼자놀이도 가능하고 협력 놀이도 가능합니다. 이렇게 블록은 변형과 생성이 자유롭기 때문에 유아가 좋아하는 놀이 자료인 것 같습니다.

블록의 종류에 따라 유아의 놀이가 달라지나요?

나무 블록은 그 자체로 유아의 놀이에 필요한 소품이 될 수 있습니다. 또한 다양한 모양과 많은 조각들은 유아로 하여금 더 세심한 특징까지 생각하면서 구체적이고 복잡한 구조물을 만들 수 있도록 도와줍니다. 반면에 종이 블록은 가볍고 크기가 크기 때문에 구조물을 부수고 세우는 변형의 과정이 용이합니다. 그래서 유아가 집이나 울타리, 탑 쌓기 등과 같이 쉽게 세우거나 쌓는 놀이를 가능하게 합니다. 유아가 이러한 두 가지 블록을 함께 가지고 놀 때 구성물이 복잡해지고 세밀해지기도 합니다. 성질이 다른 놀이 자료는 유아가 새로운 놀이 경험을 할 수 있도록 도와줍니다.

유아에게 다양한 놀이 자료를 주는 것이 왜 필요할까요?

다양한 물체를 만나면 유아는 더욱 열심히 놀이합니다. 여러 가지 물체가 유아의 생각을 더 풍부하게 자극하기 때문입니다. 유아의 놀고 싶은 욕구는 익숙한 물체와 새로운 물체가 만났을 때 더 크게 일어납니다. 유아의 놀이를 살펴보면 좋아하는 놀이 자료가 무엇이며 어떻게 놀이하는 것을 선호하는지 알 수 있습니다. 한 학기를 가지고 놀았어도 또 가지고 놀이하는 것이 있고 금방 지루해하는 것이 있습니다. 유아가 좋아하는 놀이 자료를 발견할 수 있습니다. 유아의 놀이를 풍부하게 하기 위해서는 유아가 자유롭게 몸으로 가지고 놀 수 있는 놀이 자료를 주는 것이 좋습니다. 끈, 찰흙, 흙, 물, 종이, 색 철사, 옷감, 돌, 단추, 자연물 등 무엇이든 될 수 있는 자료가 유아의 놀이를 풍부하고 다채롭게 합니다.

유아는 물체의 속성을 어떻게 알아갈까요?

모든 물체(물질)에는 속성이 있습니다. 유아는 물체(물질)를 만나면 놀이하고 싶은 욕구가 가득해집니다. 왜냐하면 유아는 감각적이며, 몸을 이용한 작용에 익숙하기 때문입니다. 삽, 돌, 끈, 정(플라스틱)과 같은 재료를 제공하였을 때 유아가 어떻게 노는지 살펴보면 유아가 무엇에 호기심이 있으며 호기심을 어떻게 해결해 가는지 알 수 있습니다.

한 가지 놀이(예를 들어 팽이놀이)는 정말 한 가지의 놀이라고 할 수 있나요?

유아의 놀이를 교사의 시선으로 바라보았을 때 흙 놀이, 점토 놀이, 팽이 놀이 등으로 명명하기 때문에 이 안에서 펼쳐지는 다양성과 역동성, 창의적 사고 과정이 잘 드러나지 않는 것 같습니다. 유아가 경험했던 다양한 것들이 팽이를 중심으로 여러 가지 형태로 놀이 안에 나타났습니다. 유아는 이전의 경험을 팽이 놀이 안에서 풀어냈고, 팽이 놀이는 또 다시 교실 안의 다른 놀이와 연결되어 새로운 놀이가 만들어졌습니다. 유아들은 자석 블록 팽이로 시작해서 나만의 팽이 꾸미기, 점 스티커 팽이, 재미있는 팽이 경기장, 팽이 그림 그리기, 여러 가지 가상놀이 등 자신들만의 다양한 놀이를 했습니다. 팽이 놀이는 성인들이 걱정하는 것처럼 팽이를 돌리고 누구의 팽이가 오래 도는지 승패를 겨루는 단순한 게임의 무한 반복이 아니었습니다. 즉, 팽이놀이라는 한 가지 유형의 놀이인 듯 보이지만 유아에게는 무궁무진한 아이디어가 담겨 있는 변형된 놀이이면서, 놀이하면 할수록 놀잇거리가 만들어지는 매력이 있는 놀이였습니다.

유아가 똑같은 놀이를 계속하는 힘은 어디에 있나요?

유아가 오랜 시간 동안 팽이를 중심으로 한 놀이를 지속할 수 있었던 이유는 바로 즐거움인 것 같습니다. 유아가 주도하고, 유아가 좋아하는 놀이에서 자신의 생각을 마음껏 펼칠 수 있는 자유로움이 있었기 때문입니다. 팽이 놀이에서는 여러 놀이 자료를 이용해 나만의 팽이를 만들 수 있습니다. 팽이를 돌려 보고 마음에 들지 않거나, 기발한 아이디어가 떠오르면 다시 새로운 팽이를 만들어 보는 즐거움이 있습니다. 경기장도 내가, 우리가 마음껏 자유롭게 만듭니다. 또한 이 즐거움을 함께할 수 있는 또래가 있습니다.

서로의 경험이 합쳐져 팽이 놀이가 더욱 새로워지고 풍성해졌습니다.

4) 놀이의 변화와 반복

교사는 유아가 순간순간 놀이를 바꿀 때 불안하지 않았나요?

처음에는 유아의 변화무쌍한 놀이를 이해하기 어려울 수 있습니다. 유아의 경험은 모두 다릅니다. 그래서 유아가 함께 놀이한다는 것은 유아들의 서로 다른 놀이 경험이 만나게 된다는 의미입니다. 유아는 함께 놀이하며 친구의 아이디어를 받아들입니다. 친구도 내 생각을 받아 줍니다. 이러한 이유에서 유아의 놀이는 자꾸 변형됩니다. 또한 유아는 놀이하면서 다른 놀이를 떠올리는 것 같습니다. '무엇을 해야지.'라고 생각하고 놀이를 하지만 이내 놀이는 변형됩니다. 왜냐하면 놀이가 놀이를 만들기 때문입니다. 놀이의 특성을 이해하면서 유아의 놀이를 지켜볼 수 있게 됩니다. 변화무쌍한 놀이가 오히려 재미있습니다. 진짜 놀이인 것 같습니다.

교사는 유아의 변화하는 놀이를 어떻게 지원해 주어야 할까요?

자주 변하는 놀이 맥락에서 유아가 즐기는 부분을 궁금해하는 것이 필요합니다. 그래서 유아의 놀이를 지켜보거나 함께 놀이해 봅니다. 교사 역시 유아 놀이를 지원해 줄 수 있는 적절한 방법을 찾을 수 있을 겁니다. 새로운 놀이 자료를 사용할 것을 제안하거나, 질문을 해 봅니다. 그리고 유아가 교사의 제안을 어떻게 받아들이는지 살펴보기도 합니다. 가끔은 교사의 제안대로 유아가 놀이하지 않기 때문입니다. 교사의 제안대로 유아가 놀이하지 않을 때 유아의 생각을 더 잘 이해하게 되는 것 같습니다. 그래서 교사는 유아의 놀이를 지원하기 위해 노력해야 하는 것 같습니다.

유아의 놀이는 언제 시작되고, 어떻게 끝이 나나요?

놀이는 유아가 무언가에 대해 흥미를 가지는 순간 시작됩니다. 유아의 흥미는 미리 준비된 것이나 특별한 것에서 촉발될 수도 있지만 간식 시간과 같은 반복적인 일상 속 아주 작은 관심에서부터 시작될 수도 있습니다. 그리고 새로운 놀이 자료가 놀이를 시작하게 만들기도 합니다. 유아가 주도적으로 놀이를 시작하기도 하지만 놀이를 하는 동안 놀이가 새로운 놀이를 만들어 냅니다. 그래서 놀이의 시작과 끝은 분명하지 않은 것 같습니다. 오늘 끝난 것 같은 놀이가 며칠 후 다시 살아나는 것을 봅니다. 놀이는 유아가 마음에 품고 있는 경험이기 때문에 어떻게 다시 살아날지 예측할 수 없습니다. 이처럼 놀이는 유아의 마음과 손에서부터 시작되는 것 같습니다. 그래서 놀이 공간과 시간의 구획은 유아의 놀이와 맞지 않는 것 같습니다. 때로는 놀이 공간이 유아의 놀이를 기다리기도 합니다. 유아가 놀이하기 시작하면 놀이 공간이 살아나고, 놀이가 다시 이어집니다. 놀이의 시작과 끝은 유아에게 중요한 것이 아닌 것 같습니다. 왜냐하면 놀이가 놀이를 만드니까요. 놀이의 끝은 또 다른 놀이의 시작입니다.

유아가 놀이를 반복하는 것이 괜찮을까요?

유아의 놀이는 늘 비슷해 보입니다. 상상으로 이야기를 만들고, 종이를 접고 또 접고, 편지를 쓰고 또 쓰고, 엄마 놀이를 하는 등 유아의 놀이는 반복적입니다. 그래서 유아의 놀이를 관찰해 보면 동일한 것을 반복하는 것만은 아닙니다. 종이 접는 방식이 바뀌기도 하고, 편지의 그림이 달라지고, 엄마 놀이도 이야기가 달라지고 있습니다. 우리는 그동안 유아 놀이를 유형으로만 보고 있었던 것은 아닐까요? 유아의 놀이가 변화하도록 놀이 자료를 다양하게 제공해 볼 수 있습니다. 다양한 종이를 주거나, 쓰기 도구를 다양하게 주거나, 다양한 스티커를 주면 유아의 놀이가 변하는 것을 볼 수 있습니다. 교사의 눈에 반복되는 놀이는 교사의 적극적인 지원이 필요하다는 신호

였던 것 같기도 합니다. 그런데 무조건 놀이가 달라져야 하는 것은 아닌 것 같습니다. 놀이는 시간이 지나면서 변화하기 때문입니다.

5) 놀이관찰

유아의 놀이를 잘 관찰할 수 있는 좋은 방법이 있나요?

교사가 유아의 모든 놀이를 다 관찰하고 기록할 수는 없을 것입니다. 또 어떤 놀이를 기록했다고 해서 바로 교육적 가치를 발견할 수 있는 것은 아닙니다. 물론 유아의 놀이를 관찰만 한 경우, 기록까지 남긴 경우 놀이에 대한 이해 정도는 각각 다를 수 있습니다. 다만 지나친 의욕을 앞세우기보다는 교사 자신이 할 수 있는 만큼 시도해 보는 것이 중요합니다. 예를 들어 영상이 아닌 사진 몇 장이라 하더라도 교사가 자신의 기억을 담아 짧은 글과 함께 남겨 두면 그것이 바로 유아의 놀이에 대한 이해의 시작이 됩니다. 놀이기록 역시 유아의 놀이처럼 무엇을 어떻게 기록할지를 알아 가게 되는 것 같습니다. 그리고 교사 자신의 시선과 해석을 부끄러워하지 마세요. 선생님 반의 놀이는 선생님의 관찰과 기록이 가장 정확합니다. 다만 관찰과 기록에서 경계해야 할 것은 과대 해석입니다. 놀이를 과대 해석하거나 과소평가하지 않기 바랍니다. 놀이를 관찰하고 기록하는 순환을 통해 교사 스스로 교육적 의미를 발견할 수 있습니다. 이때 동료 교사와 함께하면 좀 더 수월할 수 있겠지요. 놀이 관찰과 기록은 우선 유아의 놀이에 귀를 기울이는 것에서부터 시작됩니다. 유아의 놀이를 들여다보면 자연스럽게 기록하고 싶은 것이 생길 것입니다.

교사는 왜 유아의 놀이를 관찰하여 기록하고, 전체 유아와 공유하나요?

교실의 유아가 서로를 이해하기는 어렵습니다. 유아들은 교사의 도움으로 서로에 대하여 알아 가게 됩니다. 유아의 놀이를 함께 공유함으로써 서로를 이해하게 됩니다. 또 놀이를 공유하는 것은 놀이를 전체에게 소개하는 효과도 있습니다. 유아는 다른 유아의 놀이에서 놀이 아이디어를 얻기도 하기 때문입니다.

6) 놀이의 규칙

놀이에서 지켜야 할 규칙과 놀이의 즐거움 사이의 균형을 어떻게 맞추어야 할까요?

놀이의 즐거움이 중요하다고 해서 규칙이 무시될 수는 없습니다. 특히 안전 문제가 발생할 경우에는 신속한 대처가 필요합니다. 그런데 유아의 놀이를 관찰해 보면 유아는 놀이 규칙을 어기거나 방해하는 행동이 일어나더라도 놀이를 중단하지 않고 놀이를 이어가는 경우가 많습니다. 유아의 놀이에 대한 욕구가 놀이 속에서의 차이나 갈등을 스스로 조정할 수 있도록 하는 것은 아닐까요? 유아는 놀이하는 과정에서 지켜야 할 규칙과 놀이의 즐거움을 스스로 조정해 나갈 수 있습니다.

유아의 놀이에 규칙이 없는 것이 불편해요. 그대로 두어도 될까요?

유아의 놀이가 '게임'의 형태를 갖추지 않으면 불편하다고 생각할 수 있습니다. 그러나 교사가 규칙을 강조하는 것이 때로는 성인이 가지고 있는 기준에 유아를 끼워 맞추는 것은 아닐까 하는 생각을 하게 된 계기가 있습니다. 규칙이 없어도 유아는 다치지 않고 즐겁게 놀이하는 것을 볼 수 있었습니다. 유아는 "친구하고 같이 뛰면 심심한 기분이 사라져요."라고 이 놀이가 왜 좋은지를 말해 주었습니다. 이를 통해 유아는 놀이의 즐거움을 유지하기 위해 규칙을 바꾸며 놀이하는 경우도 많다는 것을 알게 되었습니다.

유아에게 숨는 공간이란 어떤 의미일까요?

유아는 비밀스런 공간을 좋아해요. 그러나 그것이 나 혼자만의 동굴을 뜻하지는 않는 것 같습니다. 유아에게 비밀은 친구들과 공유하고 싶은 것을 뜻하는 것이 아닐까요? 또 숨는다는 것은 누군가가 찾아 주기를 바라는 마음에서 비롯된 행동일지도 모릅니다. 유아는 종종 숨어서 "나 찾아 줘."라고 큰 소리로 이야기하기도 하니까요. 그리고 유아는 숨어서 찾을 듯 찾지 못하는 아슬아슬한 느낌을 좋아합니다.

교사의 시선이 잘 미치지 않는 공간에서 유아를 놀게 해도 괜찮을까요?

안전이 확보된다면 이러한 공간에서의 놀이를 허용할 수 있다고 생각합니다. 그 속에서 유아는 사물과의 우연한 만남과 다양한 놀이를 할 수 있기 때문이지요. 유아가 자유로움을 느끼는 공간일수록 놀이의 변형과 확장은 더욱 풍부해질 수 있을 것이라 생각합니다.

이야기 맥락을 모른 채 끼어드는 유아가 있을 때 갈등이 생기지 않았나요?

우리는 놀이의 맥락을 모른 채 새롭게 끼어드는 유아로 인해 순간 당황스러워집니다. 그러나 유아는 맥락을 합의하지 않아도 서로 협력하는 힘이 있습니다. 즉, 매우 유연하게 놀이를 이끌어 간다는 의미입니다. 나이가 어릴수록 함께 놀이할 때 모든 맥락을 동의하여 하나로 통일시키지 않습니다. 새로운 친구가 개입되면서 놀이는 처음의 맥락이 아니라 다른 곳으로 흘러갈 수도 있지만 유아는 그 맥락 자체를 즐기기 때문에 불편해하지 않는다는 것입니다. 교사들은 맥락을 이해하지 못하는 유아로 인해 기존 유아가 불편함을 느낄 것이라고 생각하지만 유아들은 금세 놀이를 새롭게 하여 함께 즐기는 형태로 재창조해 내는 힘이 있습니다. 그것이 놀이의 자유로움이며 즐거움이라고 볼 수 있습니다.

2. 현장사례를 통한 궁금증과 답하기

안전이 계속 걱정되는 놀잇감 괜찮은가요?

Q: 교실에 비치볼을 제공해 주고 가지고 놀이하는데 아이들이 던지며 놀았는데 다른 친구들에게 방해가 되었다. 아이들과 약속을 하였음에도 불구하고 계속 약속을 지키지 않는다면 공을 잠시 다른 곳에 두는 방법을 써야 하는지 궁금하다. 만약 이러한 방법을 쓴다면 얼마만큼 기다려 주어야 하는지, 이러한 방법을 사용하는 것이 적절한지 고민이 된다.

A: '공'이라는 놀잇감을 떠올리면 '발로 찬다', '던진다'는 것이 제일 먼저 떠오르죠. 아이들도 마찬가지인 것 같아요. 평소 공으로 어떤 놀이를 경험했느냐에 따라 다를 수 있을 것 같아요. 공을 안전하게 '교실에서' 가지고 놀이하려면 '약속'이 꼭 필요한 것 같아요. 아이들이랑 함께 약속에 대해 이야기 나누고 스스로 약속을 지킬 수 있도록 하고 만약에 공을 잠시 다른 곳에 두는 방법을 사용한다면 놀이 전에 아이들과 의논이 되어야 할 것 같아요. 의논하고 최대한 약속을 지킬 수 있도록 이끌고 그렇지 않을 때 어떻게 하면 좋을지 의논하고 결과를 적용해 보는 '논리적 귀결' 방법을 생각해 보면 좋을 것 같아요. 논리적 귀결은 행동에 따른 결과를 경험해 보게 하는 방법입니다.

교실에서 뛰는 신체놀이 어디까지 허용해야 할까요?

Q: 교실에서 어느 정도 뛸 수밖에 없는 신체놀이를 할 때, 유아가 뛰는 행동을 한다면 어느 정도의 선에서 뛰는 것을 허용해 주고 또 어느 정도의 선에서는 약간의 통제를 해주어야 하는지 아직은 어려운 것 같아요. 혹시 어느 정도의 선이라는 것이 있을까요? 아니면 안전을 위해 사전에 많이 조심하는 것이 좋을까요?

A: '어느 정도의 선'이라는 것은 교실 상황마다 다른 것 같아요. 운전을 처음 배울 때 사람들이 제일 어려워하는 게 차선 변경이에요. 차선을 변경할 때 알아야 할 것이 옆 차선 뒤쪽에서 오는 차의 속도를 감지하는 거예요. 그 차가 빠르게 다가오는지 천천히 다가오는지는 운전을 계속 해봐야 느낄 수 있게 되는 것 같아요. 이처럼 정도의 선은 교사의 경험으로 깨닫게 되는 것 같아요. 한 가지는 말해 줄 수 있을 것은 일어서서 놀이할 때는 안전에 대한 돌발 상황이 생길 수 있으니 교사는 늘 주의를 잘 살펴봐야 한다는 거예요.

혼자놀이 욕심 VS 진심

Q: 간혹 같이 놀자고 하면 혼자 놀고 싶다고 대답하는 유아가 있는데, 진짜 혼자 놀이를 하고 싶은 것인지 놀잇감을 혼자 가지고 놀고 싶은 욕심 때문에 혼자 놀 거라고 대답하는 것인지 구별하기가 어려운 것 같다. 혼자 놀이하고 싶은 유아가 욕심 때문에 혼자 놀겠다고 할 때 다른 유아와 놀잇감을 나누어 쓰자고 해야 하는 것인지 이런 상황에서는 어떻게 하는 것이 좋을까요?

A: 혼자 놀이인지, 욕심인지는 평소 유아의 놀이하는 모습을 바탕으로 이해해야 할 것 같아요. 평소에 주로 혼자놀이를 즐기는 아이라면 욕심이라기보다는 놀이스타일이라고 생각하면 될 것 같아요. 이전에는 혼자놀이를 하면 걱정하는 어른들이 많았다면 최근에는 혼자놀이도 존중되어지면서 혼자놀이에 몰두를 하고 그 놀이로 만족하고 즐거워한다면 그 아이에게는 혼자놀이가 의미 있는 놀이일 것 같아요. 정말 혼자 놀고 싶은데 억지로 '같이 놀아야 한다.' '나눠 써야 한다.'라고 말하는 것은 아이의 생각이 존중 받지 못하게 되는 것 같아요. 다만, 유아가 혼자놀이만 하는지, 아니면 혼자놀이도 즐기지만 협동놀이도 잘하는지 살펴볼 필요는 있을 것 같아요. 만약 욕심 부리는 마음이 있어서 혼자놀이를 한다면 왜 욕심을 부리게 되었는지 마음을 한번 읽어주는 것도 필요한 것 같아요. 좋아하는 장난감을 혼자 가지고 놀이하고 싶어 한다면 그것 또한 존중해 주어야 하는 것 같아요.

정리도 놀이처럼

Q: 여러 영역의 놀잇감들이 뒤섞여 있으면 '나중에 정리하기가 힘들 텐데' 하는 마음이 들다가도 계속 놀이할 거라고 말하는 유아들의 놀이를 방해하는 것은 아닐까 하는 마음에 어떻게 해야 할지 어려운데, 이럴 땐 어떻게 하는 것이 좋을까요? 정리 시간이 되어 정리노래를 틀었는데도 치우지 않는 아이들을 보며 아직까지 정리하는 것을 귀찮아하고 힘들어하는데 '정리도 놀이처럼 즐겁게 할 수는 없을까?' 고민이 됩니다.

A: 놀이 영역의 구분이 없어지고 여러 영역의 교구를 섞어서 놀이하는 것이 허용되면서부터 '정리를 잘할 수 있을까'라는 교사들의 고민도 깊어지게 되는 것 같아요. 더욱이 놀이 후 정리를 귀찮아하고 힘들어하는 아이들이 많아졌다는 거죠. 이럴 때는 정리시간을 좀 더 길게 정하는 것도 하나의 방법인 것 같아요. 그리고 놀이를 하기 전 자기가 놀이한 것은 자기가 정리하도록 약속을 정

해서 정리하는 습관을 길러주는 것이 필요해요. 많은 교구를 꺼내서 놀이한 경우 막상 정리하려고 하면 막막한 경우가 있죠. 이런 경우 교구 바구니를 바닥에 줄 세워 놓고 분류놀이를 해보며 정리를 해 보는 것도 좋은 방법인 것 같아요. 이때, 분류를 잘할 때마다 교사의 칭찬이 있으면 아이들은 훨씬 더 정리를 잘하게 된답니다. 그리고 정리시간 전에 곧 정리시간이 된다는 것을 알려주고 많은 교구를 꺼내서 놀이한 경우는 먼저 정리할 수 있도록 해서 정리시간이 끝날 무렵 다른 친구들과 비슷하게 정리를 마칠 수 있도록 하면 아이의 자존감도 높일 수 있답니다.

놀이를 즐기는 교사 되기

Q: 때로 놀이하다 보면 '과연 유아가 교사랑 노는 것이 재밌을까?'라는 생각이 들 때가 있다. 사고가 굳어져 아이의 입장에서 놀이를 바라보고 즐기는 것에 한계가 있음을 느끼고 놀이에 몰입하지 못하는 때가 더 많은 것 같다. 어떻게 하면 유아들과 함께 다양한 놀이를 즐길 수 있는 교사가 될 수 있을지 고민이 된다.

A: EBS '놀이의 힘'이라는 프로그램에 2부 '진짜놀이 가짜놀이'가 있어요. 엄마와 아이들이 함께 한 놀이실험을 통해 진짜놀이가 무엇인가를 말해주어요. 어른은 아이들이랑 놀아준다고 생각하는데 '가짜놀이'라고 언급하는 부분이 있어요. 놀이에 몰입하지 못하고 놀이 속에서 계속 무언가를 가르치려고 할 때 '가짜놀이'의 모습이 나타나는 것 같아요. '아이가 선생님이랑 노는 것이 재밌을까?'라고 고민하게 된다면 '선생님은 아이랑 노는 게 재미있는지?' 입장을 바꿔 생각해 보면 답을 얻을 수 있답니다. 선생님이 아이와 놀이하는 것이 재미가 없다면 아이도 재미가 없을 것이고 반대로 선생님이 아이와 놀이하는 것이 재미가 있다면 아이도 덩달아 재미를 느끼고 있을 거예요. 아이들과 함께 다양한 놀이를 즐기려면 교사도 놀이 속에서 즐거움을 찾아야 하는 것 같아요. 아이들과 놀이 속에서 생각을 나누고 함께 문제를 해결하고 어떻게 하면 재밌게 놀이할 수 있는지 계속적으로 놀이지원을 계획하다 보면 놀이를 즐기고 있는 선생님의 모습을 볼 수 있게 될 거랍니다.

짧고 다양한 영아 놀이지원 어떻게?

Q: 영아의 놀이는 보통 한 놀이가 길게 이어지기보다는 친구가 하는 게 재밌어 보이면 금세 친구와 같은 놀이를 하는 등 또 다른 놀이를 시작하는 것 같다. 이처럼

놀이가 짧고 다양하게 이루어지다 보니 어떻게 놀이지원을 해줘야 하는지도 생각보다 어렵다.

A: 영아는 유아와 달리 흥미 지속력이 짧죠. 그렇기 때문에 영아에게는 다양한 놀이를 통해 다양한 배움이 일어날 수 있도록 놀이를 관찰하고 흥미 있어 하는 놀이의 놀잇감을 좀 더 보충해 주면 좋을 것 같아요. 친구의 놀이를 모방한다는 것은 또 다른 사회성을 배워 나가는 과정인 것 같아요. 친구의 놀이가 더 재밌어 보이고 친구와 함께 놀이하고 싶어 하는 영아의 마음을 이해하고 함께 어울려 놀이할 수 있는 장을 마련해 주면 좋을 것 같아요.

매일 같은 놀이를 하는 영아

Q: 어느 영아는 다양한 놀이를 하기보다 매일 같은 놀이를 반복하는 것 같아요. 그래서 더 다양한 놀이를 할 수 있도록 영아에게 풍부한 경험을 제공해 주어 다양한 놀이를 시도하도록 해주는 게 좋겠죠?

A: 매일 같은 놀이인 것처럼 보이지만 아이들은 놀이가 매일 새롭기도 하고 낯선 것보다 익숙한 놀이가 더 재밌고 즐거움을 주기도 한답니다. 그리고 익숙한 놀이와 놀잇감은 영아에게 안정감과 자신감을 갖게 하죠. 그렇게 익숙한 놀이 속에서 확장놀이로 이어지기도 한답니다. 선생님은 옆에서 놀이를 지켜보거나 참여하여 영아가 더 흥미를 가지고 놀이할 수 있도록 지원해 주면 좋을 것 같아요. 영아들은 대체로 동물이 나오거나 자동차가 나오는 노래를 좋아한답니다. 아무리 불러도 지루해하지 않고 오히려 즐거워하죠. 거기에 선생님이 흉내를 내어 주면 더 좋아해요.

영아들의 정리 수준은 어디까지

Q: 영아는 새로운 놀이를 시작하는 속도가 빨라서 바로 정리하지 않으면 놀잇감도 그만큼 더 빠르게 바닥에 쌓이는 것 같다. 하지만 정리시간에도 정리하다가 잠깐 다른 놀이에 다시 빠지기도 하는 등 아직 정리하기가 쉽지는 않는 것 같다. 그래서 나도 모르게 몸을 빠르게 움직여 치우게 되는데 내가 계속 이렇게 치워도 되는지 영아들이 더 많이 스스로 치울 수 있도록 해야 하는지 치울 때마다 고민이 되었다.

A: 영아들은 이제 막 정리라는 개념을 배워 나가는 시기인 것 같아요. 그렇기 때문에 정리를 어디에 어떻게 해야 하는지 지속적으로 알려주며 정리습관을 길

러 주어야 해요. 교구 바구니와 위치를 알려주고 교구 바구니에 맞는 교구를 넣을 수 있도록 지도해 주면 된답니다. 짝을 찾아서 넣는다는 개념으로 놀이 형식으로 정리가 이루어진다면 영아들이 더 쉽고 재밌게 정리를 배워 나갈 수 있을 거예요. 그렇기 때문에 정리시간에 교사가 더 바빠지는 것 같아요. 그리고 영아들이 정리를 하다 다른 놀이를 하는 경우도 종종 있죠. 영아들은 정리에 대한 집중력도 짧기 때문에 정리를 하다가도 새로운 놀이가 시작될 때도 많답니다. 그럴 때 더 놀고 싶은 마음을 헤아려 주면서 지금은 정리할 시간임을 다시 알려 주어야 해요. 이러한 과정이 계속 반복되어지면서 점차적으로 스스로 정리할 수 있는 능력이 길러지기는 것 같아요.

연령별로 다른 놀이 이해하기

Q: 최고 연령인 만 5세를 만났는데 그동안 다른 연령에서 해 왔던 것과는 다른 것이 많아 깜짝 놀랐다. 그동안 교사가 도와주어야 했던 부분들을 만 5세 유아들이 대부분 스스로 할 수 있었기 때문이다. 또한 연령에 따라서 놀이의 유형이나 깊이에 큰 차이가 있음을 몸소 느끼게 되었답니다. 연령별로 놀이가 어떻게 다른지 궁금해요.

A: 연령별로 놀이의 유형과 깊이에 큰 차이가 나죠. 영아들이 놀이의 흥미지속력이 짧다면 만 5세 유아들은 흥미지속력이 길어서 오랫동안 한 가지 놀이에 집중하는 유아가 많죠. 그리고 문제해결력을 요구하는 놀이에 더 흥미를 느끼고 새로운 놀이에 도전하려고 하는 경향도 많죠. 영아들이 혼자놀이를 많이 한다면 유아들은 혼자놀이뿐 아니라 협동놀이도 많이 이루어지고 또래와 많은 상호작용을 통해 놀이를 확장해 나갈 수 있죠. 그렇기 때문에 연령이 높아질수록 놀이의 주도권을 좀 더 아이들이 갖고 놀이할 수 있도록 교사는 적절히 개입하는 것이 필요한 것 같아요. 영아에게는 교사가 좀 더 놀이를 제안한다면 유아에게는 질문을 통해 유아 스스로 놀이를 이끌어 갈 수 있도록 지원해 주면 좋아요.

참고문헌

강정원, 홍기묵, 안지영(2018). 아동상담. 경기: 정민사.

고문숙, 임영심, 황정숙(2012). 영유아 놀이 지도. 경기: 양서원.

고재정(2009). 유아의 긍정적 하나님 표상 형성을 위한 부모교육: 대상관계 이론을 중심으로. 한신대학교 대학원 석사학위논문.

고준희(2012). 유아 대상 TV 프로그램 캐릭터 놀이감이 유아의 가상놀이에 미치는 영향. 이화여자대학교 대학원 박사학위논문.

과학기술정보통신부, NIA한국지능정보사회진흥원(2021). 스마트폰 과의존 예방·해소 가이드라인. 스마트쉼센터.

곽아정(2006). 유아의 학습과 관련된 사회적 기술척도의 타당화 및 학습능력과의 관계. 이화여자대학교 대학원 박사학위논문.

곽희경(2011). 유아교사의 행복감 및 자아정체감과 교사효능감, 교사-유아 상호작용의 관계. 전북대학교 대학원 박사학위논문.

교육과학기술부, 보건복지부(2019). 2019 개정 누리과정 해설서. 세종: 교육부, 보건복지부.

교육과학기술부, 보건복지부(2019). 2019 개정 누리과정 놀이이해자료. 세종: 교육부, 보건복지부.

권다은(2019). 유아교사의 교수창의성과 수업역량의 관계에서 놀이교수효능감의 매개효과. 성신여자대학교 대학원 석사학위논문.

권미량(2015). 기독교 가정과 영유아교육. 경기: 공동체

권수진(2007). 어머니의 부모역할과 유아의 놀이성, 문제행동과의 관계. 한양대학교 교육대학원 석사학위논문.

권은주(2012). 미술치료그로그램이 유아의 정서지능과 공격성에 미치는 효과. 사회복지실천학회지, 4(1), 49-90.

권정윤, 안혜준, 송승민, 권희경(2013). 유아생활지도. 서울: 학지사.

권혜진, 김경은, 우현경, 전가일, 전숙영, 정윤주, 한유진(2017). 아이와 교사가 즐거운 놀이지도. 경기: 양서원.

김경준, 김진숙, 임경진(2016). 영유아기 스마트폰 사용 실태 관련 연구분석. 예술인문사회융합멀티미디어논문지, 6(6), 423-432.

김경화(2018). 보육교사의 그릿과 교사효능감이 문제행동 지도전략에 미치는 영향. 충북대학교 교육대학원 석사학위논문.

김광웅, 유미숙, 유재령(2005). 놀이치료학. 서울: 학지사.

김금선(2011). 부모의 양육태도가 유아의 사회성 발달에 미치는 영향: 청주지역 어린이집 이용 유아를 대상으로. 청주대학교 사회복지·행정대학원 석사학위논문.

김남희(2010). 유아교육평가의 구조적 문제 진단 및 방향 모색을 위한 탐색 연구. 생태유아교육연구. 9(4), 135-163.

김도형, 놀이를 활용한 집단미술치료가 유아의 사회성과 친사회적 행동에 미치는 효과. 건국대학교 예술디자인대학원 석사학위논문.

김보령(2019). 집단놀이치료 프로그램이 유아의 정서조절능력 및 사회성에 미치는 효과. 동아대학교 교육대학원 석사학위논문.

김수영, 김수임, 정정희(2017). 놀이지도. 경기: 양서원.

김순환, 오현주(2019). 유아의 놀이를 통한 교육과정 운영방안에 대한 실행연구. 육아지원연구, 14(2), 55-83.

김승연(2016). 집단치료놀이가 유아의 또래놀이 상호작용과 어린이집 적응에 미치는 효과. 명지대학교 대학원 석사학위논문.

김예주(2012). 국내 놀이치료의 연구동향과 효과. 영남대학교 교육대학원 석사학위논문.

김예진(2019). 유아 대상 유튜브 키즈 콘텐츠의 재미요소에 관한 연구. 한양대학교 대학원 석사학위논문.

김윤선(2020). 부모의 스마트기기 의존도, 놀이신념, 놀이참여도가 영·유아 스마트기기 의존도에 미치는 영향.

김은주, 신주연, 이주영, 류주연(2019). 이것이 진짜 아이들 놀이다. 경기: 공동체.

김은해(2009). 모래놀이가 유아의 사회성에 미치는 영향. 숭실대학교 교육대학원 석사학위논문.

김정미(2004). 모래상자놀이 활동에서 주제 제시가 유아의 창의성 계발에 미치는 영향. 전북대학교 교육대학원 석사학위논문.

김종훈, 박선미(2020). 언어 네트워크 분석을 통한 유아놀이 관련 연구동향 탐색. 한국산학기술학회논문지, 21(2), 296-303.

김지훈(2010). 개별성-관계성과 공동체 영성의 관계. 장로회 신학대학교 신학대학원 석사학위논문.

김초롱(2017). 유치원에서의 자발적 놀이에 대한 현상학적 탐구. 고신대학교 대학원 석사학위논문.

김태인(2009). 부적응 유아를 위한 교사놀이치료 과정의 교육적 의미. 중앙대학교 대학원 박사학위논문.

김희태, 김정림, 이임순, 남연정(2014). 유아의 부정적인 또래상호작용 행동과 관련변인들간의 관계구조분석. 유아교육연구, 34(2), 29-48.

단현국(2005). 유아의 놀이와 유치원 적용: 놀이의 치료적 활용. 탐라교육원(편), 2005 유치원 전문 상담과정 직무연수. 제주: 탐라교육원.

두산백과(2021). 놀이. http://www.doopedia.co.kr/doopedia/master/master.do?_method=view&MAS_IDX=101013000723395에서 2021년 6월 18일 인출.

류지후, 서용선(1983). 유아교사의 교수방법이 유아의 놀이활동에 미치는 영향. 유아교육연구, 4, 33-43.

류진순(2007). 유치원 교실에서의 교사 개입에 관한 연구: 자유선택화동시간을 중심으로. 숙명여자대학교 대학원 박사학위논문.

머니투데이(2015.09.08.). 부모들이 새벽 3시 마트 앞에 텐트치고 줄 선 까닭은? https://news.mt.co.kr/mtview.php?no=2015090713101910407

박정옥, 김미량, 김수희(2017). 영유아 놀이지도. 경기: 양서원.

박정은(2020). 유아 주도적 바깥놀이가 유아의 놀이성 및 자기조절력에 미치는 영향. 경인교육대학교 교육전문대학원 석사학위논문.

박종미(2021). 생활용품을 활용한 놀이에 참여한 유아의 경험과 그 의미. 한국교원대학교.

박찬옥(2008). 놀이지도. 경기: 정민사.

박찬옥, 정남미, 곽현주(2020). 놀이지도. 경기: 양성원.

박찬옥, 정남미, 임경애(2004). 유아놀이지도. 서울: 학문사.

박희숙, 윤수정(2014). 24시간 어린이집 교사-유아 상호작용이 유아의 감정이입 능력과 타인 이해력에 미치는 영향. 미래유아교육학회지, 21(1), 1-22.

배구택(2019). 어머니의 양육행동과 유아의 전자미디어 놀이시간, 외현화 문제행동, 학교준비도에 관한 구조적 관계분석. 경남대학원 교육대학원 박사학위논문.

배선미(2010). 부모의 양육태도와 유아의 인성특성이 유아의 일상스트레스에 미치는 영향. 수원대학교 교육대학원 석사학위논문.

배애라(2020). 어머니와 유아의 스마트폰 사용습관이 유아의 놀이성 및 또래 유능성에 미치는 영향. 동국대학교 대학원 석사학위논문.

백경라(2009). 유아의 기질에 따른 놀이행동에 관한 연구. 국민대학교 교육대학원 석사학위논문.

보건복지부(2020). 제 4차 어린이집 표준보육과정. 세종: 보건복지부.

보건복지부, 한국보육진흥원(2021). 2021 어린이집 평가지표. 세종: KCE.

서향원(2019). 유아교사의 민감성과 놀이성이 교사-유아 상호작용에 미치는 영향. 인천대학교 교육대학원 석사학위논문.

송하나(2010). 신경심리학적 관점에서 본 놀이와 학습. 한국육아지원학회.

신숙재, 이영미, 한정원(2000). **아동중심 놀이치료 아동상담**. 서울: 동서문화원.

신유림, 김선영, 김숙이, 나종혜, 문혁준, 박진옥, 서소정, 신혜영, 신혜원, 유경애, 이미란, 조혜정(2007). **놀이지도**. 서울: 창지사.

신은수(1990). 교사개입의 유형과 유아의 놀이형태와의 관계. **유아교육연구, 10**, 243-260.

신현옥(2002). 유아의 수줍음과 자아개념에 관한 연구. **배화논총, 21**, 153-171.

오금은(2012). 자연체험활동이 유아의 자아개념에 미치는 영향. 경인교육대학교 교육대학원 석사학위논문.

오정희, 최남정(2010). 유아교실에서 발생하는 몰입과 미적경험: 자유선택활동 시간을 중심으로. **유아교육연구, 30**(1), 173-196.

우혜민(2020). 놀이와 놀이 중심교육에 대한 유아교사의 인식. 이화여자대학교 대학원 석사학위논문.

유은혜(2018). 부모의 양육태도와 영아의 스마트폰 사용정도가 만2세 영아의 자기조절력과 놀이성에 미치는 영향. 성신여자대학교 대학원 석사학위논문.

유재경, 황지영, 박은미(2020). 2019 개정 누리과정을 반영한 유아교사 핵심역량 모델 개발. **유아교육 · 보육복지연구, 24**(1), 94-123.

유한나, 엄정애(2014). 교사의 놀이 개입에 대한 유아의 생각과 기대. **한국교원교육연구, 31**(2), 255-284.

윤경욱(2020). 보육교사의 2019 개정 누리과정 실행에 대한 내러티브 탐구. 배제대학교 대학원 박사학위논문.

윤민아(2019). 유아교사의 놀이중심교육과정 실천에 대한 어려움과 현장 지원요구. 유아교육연구, 39(3), 5-30.

이경미(2016). 어린이집 저경력 교사가 경험하는 영유아의 상호작용의 어려움. 중앙대학교 교육대학원 석사학위논문.

이경화, 김연진, 배지현(2019). 영유아놀이지도. 경기: 양서원.

이근재(2001). 소집단 활동을 통한 사회적 상호작용 학습과 동기화. 부산유아교육학회, 5(3), 239-250.

이동진(2010). 집단치료놀이 프로그램이 시설유아의 공격성에 미치는 효과. 대구대학교 재활과학대학원 석사학위논문.

이미화(2015). 어머니의 놀이인식과 공감능력이 유아의 또래상호작용에 미치는 영향. 총신대학교 대학원 석사학위논문.

이성한, 이귀숙, 하진희, 문형은, 하연희(2014). 놀이지도. 서울: 동문사.

이성한, 하연희, 이귀숙(2018). 아동상담. 경기: 지식공동체.

이숙재(2008). 제3판 유아를 위한 놀이의 이론과 실제. 서울: 창지사.

이시연(2017). 유아교육기관 물리적 환경과 유아 놀이성 간의 관계. 덕성여자대학교 교육대원 석사학위논문.

이영석(1998). 유아교육론. 서울: 형설출판사.

이은아(2012). 유아의 기질, 아버지의 양육태도와 유아의 사회성 발달과의 관계. 경희대학교 교육대학원 석사학위논문.

이현진(2013). 아버지의 양육태도가 유아의 놀이성 및 사회성 발달에 미치는 영향. 우석대학교 대학원 석사학위논문.

이희란, 이승복(2014). 아동의 디지털 기기 사용과 언어발달에 관한 부모의 인식조사. Communication Sciences and Disorders, 19(2), 178-190.

임명희, 성영화, 윤수진(2016). 영유아사회교육. 경기: 양서원.

임부연, 손연주(2020).「2019 개정 누리과정」교육내용과 관련한 유아 교사의 역할 탐구: 국가와 유아 '사이 존재자'를 중심으로. 교육혁신연구, 30(3), 127-148.

임재택(2009). 어린이집에서의 만 5세 유아의 일과 분석. 아동학회지, 30(4), 223-239.

전정애(2017). 실외놀이 활동이 유아의 신체적 자아개념과 놀이성에 미치는 효과. 광주교육대학교 교육대학원 석사학위논문.

정동희, 한진주, 조경자(2018). 영유아 놀이지도. 서울: 동문사.

정명숙(2007). 유아가 지각한 부모와 교사의 기대에 따른 유아의 자아개념의 차이. 유아교육학논집. 11(2), 47-64.

조규영, 어용숙, 안민순(2010). 학령전기 아동의 문제행동과 어머니의 양육스트레스 및 거부적 양육태도, 아동간호학회지, 16(2), 136-143.

조성경(2020). 2019 개정 누리과정에서 평가에 대한 유아교사의 인식과 어려움. 성결대학교 교육대학원.

조순옥(2001). 유아의 사회극놀이 수준과 의사소통에 관한 연구. 이화여자대학교 대학원 박사학위논문.

조순옥, 이경화, 배인자, 이정숙, 김정원, 민혜영(2015). 유아사회교육. 서울: 창지사.

중앙육아종합지원센터(2020). 제4차 어린이집 표준보육과정 놀면서 자란다. 서울: 중앙육아종합지원센터.

최미나, 신나나(2015). 보육경험과 어머니의 양육행동이 유아의 문제행동에 미치는 주효과와 상호작용효과. 한국보육학회지, 11(2), 283-310.

최지민(2014). 관계성의 도덕교육적 의미 연구. 한국교원대학교 대학원 석사학위논문.

최지은(2019). 키워드 네트워크 분석을 활용한 영유아 놀이 관련 연구동향 분석. 학습자중심교과교육연구, 19(14), 605-626.

최희숙, 강병호(2016). 스마트 교육의 주요기능과 유아교육에서 활용방안에 관한 연구. 한국엔터테인먼트산업학회논문지, 10(1), 159-170.

프레시안뉴스(2018.10.22). 스마트폰으로 우는 아이 달래기 괜찮을까?

하재옥(2006). 유아교사의 테크놀로지 활용태도 및 능력변인 연구. 숙명여자대학교 대학원 석사학위논문.

하정연, 좌승화, 조채영(2008). 유아놀이지도. 경기: 공동체.

한서원(2018). 유아교사의 행복감 및 교사효능감과 교사-유아 간 상호작용과의 관계. 중앙대학교 대학원 석사학위논문.

한은미(2015). 유아 주도의 바깥 자유놀이에 관한 사례 연구. 전남대학교 교육대학원 석사학위논문.

홍순정, 최석란, 신은수(1999). 평화를 사랑하는 어린이: 평화적 갈등해결 프로그램. 서울: 학지사.

홍지명(2015). 유아의 자아탄력성과 유아교육기관 적응 간의 관계 연구. 아시아문화학술원, 6(4), 911-927.

홍혜진(2017). 어머니 훈육방식과 유아 또래놀이 상호작용 및 문제행동 간의 관계. 전남대학교 대학원 석사학위논문.

황혜정(2005). 유아의 문제행동 진단을 위한 부모용, 교사용 검사 개발 연구. 유아교육연구, 25(2), 235-257.

Axlin, V.(1969). *Play therapy(revised edition).* New York: Ballantine Books.

Barkley, RA(1977). The effects of methylphenidate on various types of activity level and attention in hyperkinetic children. *Journal of Abnormal Child Psychology, Vol. 5* pp.351-369.

Bronfenbrenner, U.(1979). *The ecology of human development.* Cambridge, MA: Harvard University Press

Burghardt, G. M.(2005). *The genesis of animal play: Testing the limits*. Cambrige, MA: MIT Press.

Cataldo, C. Z. (1983). *Infant and toddler programs*: *A guide to very early chidhood education. Reading.* Massachusetts Addison-Wesley Publishing Company, Inc.

Connolly, J. A., & Doyle, A. B.(1984). Relation of social fantasy play to social competence in preschoolers. *Developmental Psychology, 20*, 797-806.

Eberle, S. G.(2014). The elements of play: Toward a philosophy and a definition of play. *Journal of Play*. 6(2), 214-233.

Elkind, D.(1981). *The hurried child. Growing up too fast too soon*. Reading MA: Addison-Wes-ley.

Elkind, D.(1987). *Miseducation: Preschoolers at risk*. New York: Knopf.

Fantuzzo, J., & Mcwayne, C.(2002). The relationship between peer play interactions in the family context and dimensions of school readiness for low-income preschool children. *Journal of Educational Psychology, 94*(1), 79-87.

Field, T. M.(1980). Preschool play: Effects on teacher/child ratios and organization of classroom space. *Child Study Journal, 10,* 191-205.

Handbook of child psychology: Vol 4. Socialization, personality, and social development. New York: Wiley.

Harter, S.(1999). *The construction of the self.* NY: The Guilford Press.

Hurlock, E. B.(1978). *Child Development*. New York: McGravi Hill.

Hutt, C.(1971). Exploration and play in children. In R. E. Herron & Sutton-Smith(Eds.), *Child's Play*. New york: John wiley and Sons.

JTBC 뉴스(2015.07.08.). 선풍적 인기에 끝없는 줄.... "그 장난감 미워" https://news.jtbc.joins.com/article/article.aspx?news_id=NB10956244

Kaiser, B., & Rasminsky, J. S.(2003). *Challenging behavior in young children: understanding, preventing, and responding effectively.* Boston: Allyn and Bacon.

Kerns, K. A Contreras, J. M, & Neal-Barnett, A. M(2000). Praeger series in applied. psychology. *Family and peers: Linking two social worlds.* Westport, CT; Praeger.

Levy, J.(1978). *Play behavior*. New york: John wiley and Sons.

Liberman, J. N.(1977). Preschoolers' competence with a peer: Relations with attachment and peer experiences. *Child Development*, *48*, 1277-1278.

Logan, R. D.(1977). Sociocultural change and the emergence of children as burdens. *Child and Family*, 16, 295-304.

Marsh, H. W.(1997). *Septation of competency and affect componental perspective.* University of Western Sydney, Australia.

Pellegrini, A. D.(2009). *The role of play in human development*. New York, NY: Oxford University Press.

Pepler, D. J., & Ross, H. S.(1981). The effects of play on convergent and divergent problem solving, *Child Development, 52*, 1202-1210.

Piaget, J.(1962). *Play, dreams and imitation in childhood.* NY: W.W. Norton.

Rosen, C. E.(1974). The effect of sociodramatic play on problem-solving behavior among culturally disadvantaged preschool children, *Child Development, 45*, 920-927.

Rubin, K. H., Fein, G & Vandenberg, B.(1983). Play. In H. Mussen & E.M. Hetherington(Eds.), *Caimichael's manual of child psychology: Social development*. New york: John wiley and Sons.

Schaefer, C. E.(1993). *Therapeutic Power of Play.* North vale: Jason Aronson Inc.

Schaefet, C. E., & Drewes, A. A.(2013). *The hercpentie ponverof pigy 20 core agents of change*(2hndet) New York, NY: John Wiley & Sons.

Singer, J., & Singer, D.(1976). Can TV stimulate imaginative play? *Journal of Communication, 26*, 74-80.

Sweeny, D. S., & Homeyer, L. E(1989). *The handbook of group play therapy: How to do it, how it works, whom it's best for.* California: Jossey-Bass Inc.

Zigler, E, & Lang, M.(1991). Child care choices: *Balancing the needs of children, families and society.* New York: Free Press.

저자소개

하연희
고신대학교 대학원 교육학박사(유아교육학)
고신대학교 유아교육과 교수

문정주
고신대학교 대학원 교육학박사(유아교육학)
제일어린이집 원장

황은희
고신대학교 교육대학원 교육학석사(유아교육전공)
제일어린이집 부장교사

이성한
일본 츠쿠바대학 대학원 교육학박사(교육학)
고신대학교 아동복지학과 교수

한현지
대구가톨릭대학교 대학원 심리학박사
성운대학교 아동복지학과 교수(학부장)

놀이지도

초판 1쇄 인쇄 / 2021년 8월 20일
초판 1쇄 발행 / 2021년 8월 25일

공저자 / 하연희 · 문정주 · 황은희 · 이성한 · 한현지
발행인 / 이 중 수
발행처 / **동 문 사**

서울특별시 서대문구 홍제원 1길 12
(홍제동 137-8)
Tel: 02)736-3718(대), 736-3710, 3720
Fax: 02)736-3719
등록번호: 제9-17호
가격: 22,000원

ISBN: 979-11-6328-338-6(93370)
E-mail: dong736@naver.com
www.dongmunsa.com